EVROPA

Peter O. Chotjewitz

DER FALL HYPATIA

Eine Verfolgung

Europäische Verlagsanstalt

Dank der Ägyptologin und Freundin
Rosemarie Klemm, M.A.

Die Deutsche Bibliothek – CIP-Einheitsaufnahme

Ein Titeldatensatz für diese Publikation ist bei
Der Deutschen Bibliothek erhältlich

Umschlaggestaltung: Projekt ®/Walter Hellmann, Hamburg
Motiv: Griechisch-römische Statue »Hygieia«, © CORBIS
Signet: Dorothee Wallner nach Caspar Neher »Europa« (1945)
Herstellung: Das Herstellungsbüro, Hamburg
Satz: Rüdiger Mohrdieck, Hamburg
Druck: Freiburger Graphische Betriebe

ISBN 3-434-50512-1

Informationen zu unseren Verlagsprogrammen finden Sie im Internet
unter www.europaeische-verlagsanstalt.de

Inhalt

DER TEMPEL DER MUSEN

Auf den Gedanken, den Fall Hypatia noch einmal zu untersuchen (eine uralte Akte), kam ich im letzten Herbst. Ich saß in einer Konditorei im Stuttgarter Bohnenviertel und zerkrümelte einen Florentiner. Ich träumte vor mich hin, zum Beispiel von einer Wasserpfeife und einem Tee mit Pfefferminzblättern in einer lauten Marktstraße in Alexandria oder Kairo. Solche Zufälle gibt es. Am Nebentisch saß eine junge Frau und las. Sie hatte diese großen Augen, die ich ägyptische Augen nenne, weil man sie von den sogenannten Mumienportraits kennt, aus Fayum zum Beispiel, obwohl sie aus römischer Zeit stammen.

Sie schaute hoch und sah zu mir herüber. »Was lesen Sie da?« fragte ich. Sie hob das Buch. Es hieß »Der Tempel der Musen« und stammte von dem berüchtigten Serienautor John M. Roberts. John M. Roberts ist der Verfasser der bekannten SPQR-Reihe, und seine Kriminalromane, die grundsätzlich in der Antike spielen, kennt jeder, dessen Hobby alte Geschichte ist.

»Darf ich mal?« sagte ich und streckte den Arm aus. Ich nahm das Buch und überflog den Klappentext. Sie lächelte amüsiert. Die Schmonzette lautete:

»Die Hetäre Hypatia lernt auf einer Party im Atrium des römischen Botschafters Theognostus Gerontius den griechischen Philosophen Metellus kennen und verabredet sich mit ihm zu einem Tête-à-tête im Park der Daphne. Hingerissen von seinem polyglotten Charme gewährt sie ihm eine Liebesnacht in ihrem Haus im ägyptischen Stadtviertel Rhakotis. Als Metellus am nächsten Morgen erwacht, liegt Hypatia ermordet neben ihm im Bett. Der Roman spielt in der ägyptischen Hauptstadt Alexandria kurz vor der Annexion durch die Römer und schildert die Intrigen am Hof der Pharaonin Kleopatra VII. und ihres Bruders Ptolemaios XIII.«

»Nicht schlecht«, sagte ich. »Ja, wirklich spannend«, sagte sie. »Ach ja?« sagte ich. Mehr sagte ich nicht. Frauen, die historische Romane lesen, sind leicht erregbar. Das hoffe ich jedenfalls. »Doch, wirklich«, sagte sie.

Ich nickte und besichtigte die obere Hälfte ihrer äußeren Erscheinung. Die untere Hälfte saß unter dem kleinen Tisch.

Ich wußte, irgendwas stimmte nicht. Mit Julia Roberts kann man keine Hetäre besetzen, die im ersten Viertel des Films abgemurkst wird. Frauen wie Julia Roberts werden im letzten Moment gerettet, weil ihre Gage so hoch ist. Außerdem bin ich staatlich anerkannter Publizist (Diss. über Christian Thomasius als Zeitschriftenherausgeber) mit Philosophie und Geschichte im Nebenfach und erinnerte mich deshalb dunkel an zwei oder drei Details, die nicht paßten.

Hypatia war keine Hetäre, sondern eine Philosophin der neuplatonischen Richtung. Sie lebte nicht im ersten Jahrhundert vor Christus, sondern irgendwann, als das römische Reich unterging, und sie wurde nicht im Bett umgebracht, sondern von den Volksmassen gelyncht. Ich fragte deshalb:

»Und? Stimmt auch alles?«

»Ich weiß nicht«, sagte sie. »Ich verstehe nicht viel von Geschichte.«

»Sehr sympathisch«, sagte ich. »Was sind Sie von Beruf, wenn ich fragen darf?«

»Kieferorthopädin«, antwortete sie und lächelte wieder so abgründig. Ich wandte mich also erneut meinem schlechten Tee und meinem Florentiner zu und tat so, als sei das eine abendfüllende Tätigkeit, während sie sich wieder ihrem schlechten Buch zuwandte.

An dieser Stelle muß ich zugeben, daß ich die Literatur als angenehmen Zeitvertreib betrachte. Bücher, die mich langweilen, lege ich nach wenigen Seiten weg. Dazu gehört ein großer Teil der Belletristik und fast alles, was auf den Literaturseiten unserer großen und kleinen Gazetten besprochen wird. Ich will jetzt keine Namen nennen. Es muß reichen, wenn ich bekenne, daß ich die sechs dicken Bände »Geschichte des Untergangs der antiken Welt« von Otto Seeck ungleich spannender finde als die meisten historischen Romane und erst recht als die gesamte junge deutsche Literatur, egal ob die Verfasser Jungs oder Mädchen sind.

Ich verbrachte also ein paar angenehme Wochen in der Landesbibliothek, um den Fall Hypatia zu recherchieren. Es gibt nichts Angenehmeres als eine deutsche Landesbibliothek, die von den üblichen Megären bewacht wird, die erst noch ein Dutzend Schwarten ausbuchen und auf das Laufband wuchten müssen, bevor sie sich mit ausdruckslosem Gesicht einem Benutzer zuwenden, der es wagt, eine Fristverlängerung zu beantragen.

Am liebsten mag ich Lesesäle. Man vergißt, wo man sich befindet. Der Lesesaal ist eine angenehme Erscheinungsform der großen libyschen Wüste, in der die Oase Siwa liegt, wo Alexander der Große sich von Gott Ammon Zeus segnen ließ. Draußen regnet es oder auf den Wiesen liegen halbnackte Paare und knutschen, aber du verbringst deine Zeit geruhsam und ungestört in einem hohen, gut klimatisierten Raum, der so groß ist wie drei Fußballfelder und nicht mit Hut oder Stullentasche betreten werden darf, und blätterst in Traktaten, die zum letzten Mal vor 25 Jahren aus dem Magazin für seltene Drucke geholt wurden, oder in einer sechzigbändigen Enzyklopädie aus dem Jahre 1898. Die Transkripte der Quellentexte sind in lateinischer und griechischer Sprache oder liegen in schlechten polnischen oder englischen Übersetzungen vor.

Kurz: Hier ist einiges, was ich über den Fall Hypatia in Erfahrung gebracht habe. Die Literaturhinweise dienen nicht dazu, meine Zitate zu überprüfen, sondern zeigen lediglich, was ich alles gelesen habe, und im übrigen übernehme ich keine Gewähr für irgendwelche Angaben, Schreibweisen etcetera.

Stuttgart, den 22. März 2001

DER MORD IM DOM

Die wiederentdeckte Philosophin

Der erste Verfasser der Neuzeit, der über Hypatia schrieb, hieß John Toland[1] und lebte von 1670 bis 1722. Ich werde auf Toland zurückkommen, da er auch in Hannover und Berlin gewirkt hat. Durch Toland wird Hypatia, unmittelbar nach ihrer umstrittenen Wiederentdeckung, in Brandenburg bekannt und nicht nur zum Topos der deutschen Aufklärung, sondern zu einem bis heute wirkenden Argument des modernen politischen Denkens.

Toland macht es kurz, der Mord ist nicht sein Problem, und er will seine Leser auch nicht unterhalten. In seiner Darstellung wird die Philosophin überfallen, als sie von irgendwoher zurückkehrt:

»Sie schleppten sie zu der Kaisarion genannten Kirche, zogen sie nackend aus und töteten sie mit Ziegeln. Dann schnitten sie sie in Stücke und brachten ihre Gliedmaßen zu einem Platz, der Kinarion hieß. Dort verbrannten sie sie zu Asche.«

Toland hält sich an die Quellen. Bei ihm erfahren wir weder, woher Hypatia kam und wer die Mörder waren, noch warum sie nicht sofort am Ort der Entführung gelyncht werden konnte. Auch die Nebenumstände beschäftigen ihn nicht, also was das Kaisarion war, was das für Ziegel waren, mit denen sie getötet wurde, wo der Platz der Verbrennung lag, das Kinarion, warum sie überhaupt verbrannt wurde, ob es Zuschauer gab, ob sich die Szene am Tag oder in der Nacht ereignete etcetera.

Nehmen wir also an, Sie wollten etwas mehr über den Mord lesen. Sie begeben sich deshalb in den Raum ihrer Bibliothek, wo es seit jeher Usus ist, die Lücken eines Stoffes durch mehr oder weniger plausible Erfindungen zu verdecken. Ich meine die schöne Literatur, das leichte Mädchen der Geisteswissenschaften. Vier belletristische Autoren werden nicht ganz zufällig auf Ihrem Nachttisch landen. Gemeinsam ist allen vieren die Begeisterung für die Intrigen und Affären, die den Kampf zwischen Christen und Nichtchristen und Christen untereinander im vierten und frühen fünften Jahrhundert in Alexandria (und nicht nur dort) begleitet haben – die Straßenkämpfe und Massaker, das Blut auf jeder Schwelle und die schöne Frauenleiche.

Was aber ist den vier Erfindern zu dem Massaker im März 415 n.Chr. eingefallen, abgesehen davon, daß Kingsley den Mord völlig grundlos zwei Jahre vorverlegt?

Der Menschenknäuel

Erstens: Charles Kingsley (1819–1875)[2]. Seine »Hypatia« ist ein echter Schmöker im realistischen Stil des 19. Jahrhunderts. Der Roman gilt als sein »bekanntestes und wohl auch bedeutendstes Werk« (Merker) und erschien, wie alle Bücher des Autors, zunächst als Fortsetzungsroman. Ich zitiere die mehrseitige Szene, deren Beschreibung vor 150 Jahren die lesende Welt erschütterte und die bis heute in der Hypatia-Literatur, zum Teil textgleich, fortwirkt.

Als Augenzeuge dient Kingsley ein Jüngling namens Philammon, der, angewidert von den Verbrechen der Christen, mit der aufrechten Hypatia sympathisiert, jedoch zu schwach ist, sich völlig von seinen Glaubensbrüdern zu distanzieren. Sein Leidensgenosse ist ein ebenso fiktiver Heide namens Eudaimon, den Kingsley als »Lastträger« bezeichnet. Das dürfte kein Zufall sein. Hypatia wird schon in den Quellen dem Neuplatonismus zugerechnet, und wenn man weiß, daß dieses Lebensgefühl zuerst von einem gewissen Ammonius Sakkas gepredigt wurde, lag die Berufsbezeichnung nahe. Ammonius war ein zum Heidentum zurückgekehrter Philosoph, der nie eine Zeile schrieb, im Hafen von Alexandria als Sackträger arbeitete und deshalb von seinen Anhängern »Sakkas« genannt wurde. Christen wie Origines lauschten seinen Weisheiten, aber auch Studenten des »Museion«, wie Plotin, der bereits achtundzwanzig war, als ein Freund ihn zum Hafen mitnahm.

Philammon beobachtet eine Horde aufgewiegelter Christen, »ein Menschenknäuel«, das zum Museion zieht, und Kingsley schreibt dazu:

»Die Sonne stieg immer höher, und ihr voller Schein fiel auf die Ecke, in der Philammon hockte, bis das Pflaster wie glühendes Eisen brannte und seine Augen von dem grellen Licht geblendet wurden… Endlich ratterte ein silberglänzendes Zweigespann um die Ecke und hielt ihm gegenüber. Jetzt mußte Hypatia kommen. Der Menschenknäuel war verschwunden. Vielleicht war er am Ende nur Einbildung gewesen. Nein, da waren sie wieder und schauten verstohlen um die Ecke, ganz in der Nähe des Hörsaals – die Höllenhunde! Ein Sklave brachte ein gesticktes Kissen heraus – und dann erschien Hypatia selbst. Sie sah herrlicher aus denn je. Auf ihren Lippen lag ein trauriges, entschlossenes Lächeln, ihre Augen waren nach oben gerichtet, fragend, voller Spannung, und doch sanft und wie in tiefer Ehrfurcht in sich gekehrt, als ob ihre Seele weit weg in der Höhe schwebte und Gott von Angesicht zu Angesicht gegenüberstünde.

Im selben Augenblicke sprang er auf sie zu, faßte sie krampfhaft am Gewand und warf sich vor ihr auf die Knie:

›Halt! Bleib stehen! Du rennst in dein Verderben!‹

Ruhig blickte sie zu ihm hinab.

›Spießgeselle von Hexen! Willst du Theons Tochter zu einer Verräterin machen, wie du selbst ein Verräter bist?‹

Er sprang auf, trat einige Schritte zurück und stand bestürzt vor Scham und Verzweiflung. Die Federbüsche der Pferde wehten schon von weit unten auf der Straße, als er die Fassung wiedererlangte, hinter ihr herrannte und schrie, er wußte selbst nicht, was.

Es war zu spät! Eine dunkle Woge von Menschen brach aus dem Hinterhalt hervor und umgab den Wagen – wälzte sich vorwärts – Hypatia war verschwunden. Als Philammon atemlos folgte, galoppierten die Pferde wie toll mit dem leeren Wagen an ihm vorüber, dem heimatlichen Stall entgegen.

Wohin schleppten sie sie? In das Cäsareum, die Kirche Gottes selbst? Unmöglich! Warum von allen Orten gerade dorthin? Warum strömte die Menge, die von Minute zu Minute um Hunderte von Menschen anwuchs, zum Strand hinab und schwang Kieselsteine, Muscheln und Tonscherben, als sie wieder zurückflutete?

Hypatia war schon auf den Kirchenstufen, ehe er diese erreichte. Er konnte sie nicht sehen, aber an den Fetzen ihrer Gewänder ihre Spur verfolgen.

Wo waren jetzt ihre feinen Schüler? Ach, sie hatten sich beim ersten Ansturm, der Hypatia von der Tür ihres Hörsaals wegriß, schändlich im Museum verschanzt. Die Feiglinge! Er aber wollte sie retten!

Vergeblich bemühte er sich, durch den dichten Haufen von Parabolanen und Mönchen hindurchzudringen, die zusammen mit den Fischweibern und Hafenarbeitern schreiend um ihr Opfer herumsprangen. Aber was er nicht erreichte, das gelang einem anderen und Schwächeren – dem kleinen Lastträger. Wütend – niemand wußte, wie und woher – tauchte er, wie aus dem Boden gestampft, mitten im dichtesten Gewühl auf und bahnte sich mit Messer, Zähnen und Nägeln, wie eine giftige Wildkatze einen Weg zu seinem Idol. Aber ach! Er wurde selbst niedergerissen, rollte die Stufen hinab und blieb, krampfhaft weinend, halbtot liegen, während Philammon endlich an ihm vorbei in die Kirche eindrang.

Ja! In die Kirche selbst! In den kühlen, dämmrigen, schattigen Raum mit seinen durchbrochenen Pfeilern, seinen dunklen Gewölben, mit den Kerzen, dem Weihrauch, dem leuchtenden Altar und den großen Bildern, die von den Wänden durch die düstere Pracht grüßten. Und vorn über dem Altar blickte der mächtige Christus unbeweglich herab, die Rechte erhoben zum Segen – oder zum Fluch?

Durch das ganze Schiff lagen frische Fetzen von ihren Kleidern auf dem geweihten Boden verstreut – auf den Altarstufen – bis hin zum Altar selbst – genau unter dem großen, schweigenden Christus. Dort eben machten die Höllenhunde halt.

Sie riß sich von ihren Peinigern los, sprang zurück und erhob sich für einen Augenblick zu ihrer vollen Größe: nackt, schneeweiß gegenüber der dunklen Masse um sich herum – Scham und Entrüstung in ihren weit geöffneten Augen, aber nicht eine Spur von Furcht. Mit der einen Hand breitete sie ihre goldenen Locken um sich, den anderen, langen weißen Arm streckte sie dem großen, schweigenden Christus entgegen, um sich – und wer wagte zu sagen: vergeblich – als Mensch an Gott zu wenden. Ihre Lippen waren zum Sprechen geöffnet, aber die Worte, die sie formen sollten, drangen allein an Gottes Ohr, denn im nächsten Augenblick schlug Petrus sie nieder, und die dunkle Masse verschlang sie wieder. Dann tönte Schrei auf Schrei, lang, erschütternd und herzzerreißend, durch die hohen Gewölbe und schallte Philammon wie die Posaune von Racheengeln in den Ohren.

Gegen einen Pfeiler gedrückt, unfähig, sich in der dichten

Menge zu bewegen, preßte er die Hände auf die Ohren. Aber er vernahm die Schreie trotzdem! Wann hörten sie nur endlich auf? Was im Namen des barmherzigen Gottes taten sie? Rissen sie sie in Stücke? Ja, und schlimmer. Immer noch erklangen die Schreie, und immer noch schaute der Christus mit seinen ruhigen, unerträglichen Augen auf Philammon herab und wollte sich nicht abwenden. Und in dem Regenbogen über seinem Haupte stand geschrieben: ›Ich bin derselbe, gestern, heute und in Ewigkeit!‹ Derselbe wie einst in Judäa, Philammon? Was waren dann diese Geschöpfe, und in wessen Tempel? Er bedeckte das Gesicht mit den Händen und wünschte zu sterben.

Es war vorbei. Die Schreie gingen in Stöhnen über und das Stöhnen in völliges Schweigen. Wie lange befand er sich schon hier? Eine Stunde oder eine Ewigkeit? Gott sei Dank, daß es vorbei war. Für sie – oder aber für ihre Mörder? Aber dieser Gedanke kam ihnen nicht, denn ein neuer Ruf hallte durch das Gewölbe.

›Zum Scheiterhaufen! Verbrennt ihre Gebeine zu Asche! Verstreut sie ins Meer!‹ – Und die Menge strömte wieder an ihm vorbei.

Er wandte sich zur Flucht; kaum befand er sich jedoch außerhalb der Kirche, als er erschöpft zu Boden sank und auf den Stufen liegenblieb, von wo er in dumpfem Entsetzen auf den Feuerschein und die Volksmenge starrte, die mit dämonischem Geschrei um ihr Götzenopfer sprang und tanzte.

Eine Hand faßte nach seinem Arm; er blickte auf; es war der Lastträger.

›Und das, junger Schlächter, ist die katholische und apostolische Kirche!‹

›Nein, Eudaimon! Es ist die Kirche der Teufel aus der Hölle!‹ Er raffte sich wieder auf, setzte sich auf den Stufen hoch und vergrub sein Haupt in den Händen. Er hätte sein Leben darum gegeben, weinen zu können; aber seine Augen brannten, und sein Hirn war ausgetrocknet wie die Wüste.

Eudaimon blickte ihn eine Weile an. Die Erschütterung hatte den armen Narren mit einem Schlag ernüchtert.

›Ich tat, was ich konnte, um mit ihr zu sterben!‹ sagte er.

›Ich tat, was ich konnte, um sie zu retten!‹ erwiderte Philammon.

›Ich weiß es. Verzeih, was ich eben gesagt habe. Liebten wir sie nicht beide?‹

Der kleine Kerl setzte sich neben Philammon, und während das Blut aus seinen Wunden auf das Pflaster tropfte, brach er in bittere, echt menschliche Tränen aus.

Es gibt Augenblicke, da gerade die Größe unseres Schmerzes eine Wohltat ist, indem sie uns betäubt, und wir uns mit unseren Gedanken nicht mehr selbst quälen können.

›Sie ist bei den Göttern‹, sprach Eudaimon endlich.

›Sie ist beim Gott der Götter‹, antwortete Philammon.«

Der enttäuschte Liebhaber

Der an triviale Erzählmuster erinnernde Stil Kingsleys darf nicht darüber hinwegtäuschen, daß dieser Autor »sich redlich Mühe gab, ein möglichst treffendes Bild der Zeit zu geben« und »wie ungemein fleißig und gewissenhaft der Verfasser das einschlägige Quellenmaterial durchgearbeitet und verwendet hat«.[3] Ich erwähne das, damit niemand denkt, Kingsleys Roman sei reine Unterhaltungsware. Doch nun zum zweiten Bericht: Fritz Mauthner (1849–1923)[4].

Seine »Hypatia« erschien ebenfalls als Fortsetzungsroman und, in abgemilderter Fassung, 1892 auch als Buch. Mauthner geht mit dem Stoff erheblich freier um als Kingsley. Er versorgt die Philosophin mit einer Leibwache (heute würde man »Doktoranden« sagen), die aus der Masse der ungezählten, begeisterten Studenten herausragen, ferner mit zahllosen Freiern im In- und Ausland, einem Ehemann, den sie verläßt, und einem Bräutigam, bei dem sie ebenfalls nicht bleibt.

Mauthner operiert mit leicht durchschaubaren Fehlinformationen. Er beginnt mit Kaiser Flavius Claudius Julianus (regierte 361–363 n. Chr.), über den Gore Vidal einen historischen Roman geschrieben hat[5], der an literarischer Qualität leider alles übertrifft, was man über Hypatia nachlesen kann.

Warum Kaiser Julian, der nie in Alexandria war? Es geht um eine Art Prädestination, wie das folgende Zitat zeigt. Die Zitate stammen aus Mauthners Geschichtsklitterung.

Kaiser Julian, »ein unscheinbarer, kleiner, stämmiger Mann von etwa 30 Jahren«, der »mit dem langen, schmutzigbraunen Philosophenbart und dem kahlen Schädel« an einen Marabu erinnert, sitzt »auf seinem schweren Fuchs, nicht weit vom Statthalterschlosse, am Ende der breiten Hafenstraße, umgeben von Offizieren, Beamten, Geistlichen und Literaten« und nimmt eine Parade seiner Truppen ab, die (wieder einmal) gegen die Perser ziehen. Nach Ende der Heerschau versucht er, Hypatias Vater Theon für seinen Kampf gegen die »galiläischen Atheisten« und Verbrecher zu gewinnen und muß mit seiner kaiserlichen Autorität persönlich einschreiten, als diese fanatische Christen die eben mal vierzehn Tage alte Hypatia zwangsweise taufen lassen wollen.

»Dieses Kind bleibt unter meinem Schutz«, belehrt er den Patriarchen von Alexandria. »Jeder Fluch und jeder Blitz der Überirdischen soll die verdammte Hand treffen, die es wagt, das Kreuzeszeichen über mein Patenkind zu machen. Mord und Tod, Herr Erzbischof! Zittern Sie vor meiner Rückkunft! Dieses Kind soll keinen der demütigen Christennamen tragen. Ich weihe es dem obersten Gott des Himmels, dem Zeus Hypatos, dem höchsten Zeus, und ich nenne es Hypatia.«

Kaiser Julian, der vermutlich sieben Jahre vor Hypatias Geburt starb, gilt in der Literatur als Bollwerk der Toleranz gegen christliche Eiferer und Randalierer, als Apologet des religiösen Pluralismus. Er soll noch einmal versucht haben, den mörderischen Siegeszug der Christen aufzuhalten. Am Ende, gut fünfzig Jahre später – dies ist der Grund, warum Mauthner eine Brücke schlägt von Julian Apostata zur Ermordung der Hypatia – verlischt das Licht der Antike, versinken ihre kulturellen und zivilisatorischen Leistungen im Schlamm der braunen Kutten, im Obskurantismus der Pfaffen, im Machtrausch und in der Geldgier der Prälaten.

Als Bösewicht dient Mauthner ein Anachoret namens Isidoros. Er übernimmt den Part, den Kingsley einem »Vorleser« namens Petrus zugedacht hat (Hypatia zu ermorden), und wird überdies für einen wichtigen Erzählstrang gebraucht.

Isidoros wuchs neben der sieben Jahre jüngeren Hypatia im Museion auf, galt als belesenes Wunderkind, war lange ihr Hauslehrer und verliebte sich in sie. Zweiundzwanzig Seiten lang schwelgt Mauthner in der Romanze. Dann heiraten sie, im Serapeion versteht sich, doch schon in der Hochzeitsnacht verläßt Hypatia den Gatten (»Ich bin kein Weib, ich will kein Weib sein!«) und kehrt zum Vater zurück:

»›Vater!‹ schrie sie und legte ihre Wange zitternd auf sein Knie. ›Vater, du bist auch ein Mann, aber das kannst du nicht wollen! Das ist ja fürchterlich!‹«

Deutlicher kann die verklemmte Nähe des Neuplatonismus zur christlichen Prüderie nicht formuliert werden – das muß man Mauthner lassen. Der Vater, ganz Grieche von altem Schrot und Korn, war denn auch ratlos. Er »stammelte allerlei vom Sklavenlos der Frau« und hielt eine lange Rede. Kernpunkt: »Es war niemals Sitte in griechischen Landen, daß die Mädchen über ihre Zukunft mitzusprechen hatten.«

Man muß sich fragen, was die Episode hier zu suchen hat. Ende des 20. Jahrhunderts mußte Hypatia dank ihrer gescheiterten Ehe zwangsläufig zur Stifterfigur einer feministischen Walhalla avancieren, aber damals? Mauthner, der eine gute Nase für aktuelle Tendenzen hatte, mag durch die Frauenbewegung Ende des 19. Jahrhunderts angeregt worden sein, ihr Züge einer Suffragette anzudichten. Genauso wahrscheinlich ist jedoch, daß die Frühehe lediglich die Beteiligung eines albernen Christen an dem Gemetzel motivieren sollte, denn während Hypatia nun an der Seite ihres Vaters als Wissenschaftlerin Karriere macht, zieht der verlassene Isidoros sich in die Wüste zurück und erregt Aufsehen als sittenstrenger Anachoret.

Natürlich ist auch dieses Kapitel Mauthners Erfindung. Wir wissen absolut nichts über Hypatias Jugend, und die zwei Isidore, die wir kennen, ein Mönch aus der Nitria, der schon 399 n. Chr. mit den »langen Kerlen« nach Palästina flüchten mußte, und ein neuplatonischer Philosophielehrer, der erst nach Hypatias Tod in Erscheinung trat, können es nicht sein. Dennoch schreibt Mauthner mutig:

»Dies ist das letzte Ereignis, welches die Quellen über Hypatias Jugend melden.«

Entsprechend schauerlich zelebriert er den Mord. Hypatia weiß, daß ihr Leben bedroht ist und besucht noch einmal den römischen Statthalter, ihren Verehrer Orestes, der ebenfalls schon im Kreuzfeuer der Heckenschützen des Patriarchen steht, und sie nicht mehr schützen kann. Er rät ihr, eilig die Stadt zu verlassen. Sie kehrt zur Akademie zurück – ohne Sänfte, ohne Kutsche, per pedes. Als sie zum Museion kommt, warnt ein Hirtenjunge sie vor eine Horde christlicher Mönche, die ihr schon seit Kingsley auflauern. Hypatia versucht zu flüchten, gerät in einen zweiten Hinterhalt, eilt die Treppen zum Kaisarion hinauf, aber das Portal ist verschlossen. So kommt es zur endgültigen Ehescheidung, die zugleich über die Weltgeschichte entscheidet.

An die fünfhundert Anachoreten führt »der lange Isidoros« gegen seine treulose Gattin heran. »An die hundert Männer, junge

Leute vom Gesellenverein (Kingsleys ›Parabolanen‹?) und Mönche«, haben sich den »frommen« Eremiten angeschlossen.

Hypatia ihrerseits hat nur die schon erwähnte Leibgarde. Es sind die folgenden vier Herren, die bis in den Tod um ihre Hand anhalten und ihr auch bei den Vorlesungen als Saalschutz dienen: Der »blasierte stinkreiche Herr Troilos«, der »hübsche, tadellos gekleidete Herr Synesios« (ein »kleiner Fürst«, der in der Cyrenaika 200 Dörfer und zahllose Bauern besitzt), Alexander Jossephson, der sich auf eine glänzende Karriere als Minister in Konstantinopel vorbereitet, und der »blonde Wolff«, den Hypatia »Uli« nennt und dem sie seltsame Komplimente macht:

»›Sie sind ein tapferer Deutscher. Sie müssen mir von ihrer Heimat erzählen. Da begann Wolff von den Bräuchen der Alpen zu erzählen.‹«

Mauthner greift hier auf eine Erfindung Kingsleys zurück, derzufolge es in Alexandria gotische Ritter gegeben habe, die den römischen Statthalter Orestes wie auch Hypatia gegen den orthodoxen christlichen Mob verteidigt hätten.

Kurz: Uli Wolff schlägt »mit seinem Schwert einen furchtbaren Kreis«. Troilos hat »zornig lachend« mit dem Messer einen Einsiedler getötet, bevor er selbst zu Boden sinkt, Alexander Jossephson hat sich, »berauscht vom Blut, umschwirrt vom Tod«, bis zum letzten Messerstich gewehrt, Synesios (Hypatias Bräutigam, auf den wir später zu sprechen kommen werden) hat sich aus dem Staube gemacht, »da jauchzte Wolff auf mit einem Schrei, den noch niemand in Alexandria gehört hatte. ›Juchhuh!‹ klang es, und die Hand hob sich und senkte sich, und Isidoros lag am Boden.« Einer gegen fünfhundert (Greise) tobt der Kampf der Schlachtrufe:

»Drauf im Namen Gottes! Nieder mit der Hexe!«

Bei Mauthner tauchen nun auch die Ziegel wieder auf, die wir seit Toland kennen, nur ausführlicher. Es sind Ziegelsteine, die von hinten her über die Köpfe der Kämpfenden hinweggeschleudert werden. Sie schlagen donnernd gegen das Kirchentor, wo Hypatia um Asyl bittet, aber nicht eingelassen wird. Steine treffen sie an Kopf und Hüfte, Uli beugt sich herab, sie hat »eine klaffende Wunde an der Schläfe. Das rote Blut lief über ihr weißes Gewand. Ihre Seele glitt über die Lippen zu seinem Mund.«

Dem, der den Stein geworfen hat, stößt der deutsche Wolff »mit seiner letzten Kraft sein Schwert bis an den Kreuzgriff in die Brust, dann hatte er nicht mehr als seine Fäuste, und von allen Seiten gestochen, zerhackt und getroffen sank er nieder« – ein West-Christ, der eine Heidin retten wollte, gemeuchelt von Ost-Christen in einem Roman eines Wieners, der sich redlich bemüht, die mörderischen Rituale der mitteleuropäischen Gesellschaft des Fin-de-siècle in spätantike Episoden zu kleiden.

Zu spät öffnen die neugierigen Kirchendiener das Portal. Einer der »frommen Greise« hat Hypatia, »als wäre er ein Schlächter, ein Messer ins Herz« gestochen, während die Truppe »ein heiliges Lied« anstimmt. Die Pförtner können nur noch mit ansehen, wie »sich zwanzig von Blut und Schmutz starrende Arme nach Hypatia« ausstrecken, »und unter Gelächter und Flüchen wurde ihr das Gewand vom Leib gerissen«.

Massenhysterie macht sich breit: »Ein junger Anachoret, der einen der Schuhe erbeutet hatte, drängte sich unter wahnsinnigem Geschrei durch die Brüder, wiegte den Schuh in seinen Armen und stieß gotteslästerliche Reden aus.« Auch der schwerverletzte Isidoros, den »vier jüngere Brüder im Triumphe voran« getragen haben, zeigt geistige Verwirrung: Er »versuchte sich aufzurichten, und scheu machten die frommen Brüder ihm ein wenig Platz. ›Hypatia!‹ rief er mit lauter Stimme, dann sank er tot zusammen und fiel mit dem Gesicht auf ihren feinen Knöchel.«

Schlummerte ein Rest Gattenliebe im enttäuschten Herzen des sterbenden Eremiten? Wir sollten es annehmen, doch der Irrsinn geht weiter. »Hart am Ufer, dem Akademiegebäude gerade gegenüber« – also nicht auf dem Schindanger (wie Toland schreibt), der etwa zwei Kilometer weiter westlich lag, beim Muhammed-Ali-Platz, wo heute die Katharinenkirche steht – errichteten »an die vierzig Mönche und Gesellen« einen Scheiterhaufen »für die Hexenleiche«, während die Einsiedler die Leiche der Philosophin auseinandernahmen.

Mauthner, stets um genaue Zahlenangaben bemüht (»vierzig Mönche, fünfhundert Einsiedler«), geizt auch jetzt nicht mit Einzelheiten. Wie es scheint, war der Mord an Hypatia nicht nur das schreckliche Ende einer nicht vollziehbaren Ehe, sondern auch eine Folge übertriebener christlicher Askese:

»Schauerlich war das Geschrei der Rasenden. Worte gräßlichen Inhalts, wie sie zu nächtlicher Stunde im heiligen Gebirge aus den Höhlen gellten, wenn die jungen Einsiedler stundenlang mit dem Teufel rangen, klangen aus dem Haufen heraus. ›So begnüg dich mit einem Auge! Sie soll nicht mehr hexen! Das andere auch! Rührt die Brust nicht an! Die Brust! Laßt mich, ich will mit dem Teufel kämpfen! Ich will die Brust!‹«

Dann wird die Leiche zum Scheiterhaufen gezerrt und Wolffs Kadaver dazugeworfen. Dann erst nähert sich die römische Truppe, aber der Offizier wagt nicht einzugreifen. Er war unschlüssig, »da traten ihm die würdigsten Männer unter den Anachoreten entgegen. ›Vergreift euch nicht an den heiligen Männern!‹ rief einer, ein Greis, dem Blutstropfen in den Enden seines Patriarchenbarts hingen. ›Der heilige Isidoros ist zum Märtyrer geworden im letzten Kampfe gegen das Heidentum! Wollt ihr auch uns zu Märtyrern machen, so wollen wir euch danken. Ihr aber würdet in ewiger Verdammnis büßen müssen! Man muß Gott mehr gehorchen als dem Kaiser! Gottes Willen haben wir vollstreckt!‹ Der Offizier salutierte mit seinem Säbel und kommandierte zum Gebet. Dann stimmten Mönche und Soldaten und Einsiedler mit mächtigen Stimmen einen Psalm an.«

Der römische Statthalter Orestes sammelte Hypatias Asche (natürlich vermengt mit der des Deutschen) »in einer prachtvollen Vase. Auf Zypern verbrachte er seine letzten Jahre. Und zwischen Statuen, von dichten Lorbeerhecken überragt, stand auf einem Sockel von schwarzem Marmor die Vase von Jaspis.

Mit ehrlichem Abscheu vor den Mördern haben uns fromme Kirchenväter alles berichtet, was sich bei der Ermordung Hypatias auf offener Straße zutrug«, behauptet Mauthner. Wenn es so wäre. Dafür ist er selber zum Gewährsmann einer um sich greifenden Hypatia-Legende geworden. Man müßte einmal nachzählen, wie viele Referate, Examensarbeiten, Artikel in Zeitungen, Zeitschriften und Lexika, Websites etc. mit Details aus Mauthners Hypatia-Roman operieren, nur weil der mehrfach behauptet, es sei alles quellenmäßig abgesichert.

Eine Witwe erzählt

Drittens: Stefan Andres (1906–1970). Auch Andres, der in den fünfziger Jahren des 20. Jahrhunderts einigen Erfolg hatte (»Wir sind Utopia«), gehörte zur früher häufigen Spezies von Autoren, die ihre Stoffe im Spannungsfeld von Ethik und Politik suchen. Er hat ein Kapitel seines nachgelassenen Romans über Synesios[6] mit dem Mord an Hypatia gefüllt.[7]

Schon im Vorspann zum »Synesios« stellt Andres (vielleicht auch als Reaktion auf Mauthner) einiges richtig: Synesios starb zwei Jahre vor Hypatia. Er war zwar Hypatias Schüler, hat sie auch tief verehrt, doch nie zu ehelichen versucht. Er heiratete statt dessen eine andere Dame, von der er sich auch nicht scheiden ließ, als er Bischof wurde.

Auch im Text stellt er manches richtig, wenngleich nur, um es bald wieder mit allerlei Erfindungen zu garnieren. Ein Beispiel: Nicht der frustrierte Isidoros war der Anführer der Mörderbande, sondern doch der von Kingsley erwähnte Petrus, der von Andres zum »Kleriker« befördert wird. Er trägt zum Mord »einen veilchenfarbenen Mantel aus einem Stoff, der gewachst war und wie Seide aussah«.

Erzählerin ist die nirgends verbürgte Witwe des Synesios, eine gewisse Prisca, Schwägerin des Stadtpräfekten Gellios, in dessen Haus sie lebt. Sie hat nach dem Tod der Kinder und des Gatten die Pentapolis fluchtartig verlassen und ist nach Alexandria zurückgekehrt. Bald nach ihrer Ankunft geht sie ins »Museion«, um Hypatias Vorlesung zu hören. Die Stadt wimmelt von Mönchen, diesen »Kellerasseln der Kirche, schwarz und bärtig, die Mäntel zerrissen, das Haar verfilzt und zerzaust, ganze Schwärme von diesen Nacktfüßlern in Holzpantoffeln. Glutäugig schwangen sie ihre Stöcke, und jedermann machte einen Bogen um sie.«

Die Mönche sind, glaubt man dem gläubigen Katholiken Andres, die Skinheads der Spätantike. Brüllend, singend und wiehernd ziehen sie durch die Stadt, zerschlagen Amphoren, Salben- und Schminktöpfe, drangsalieren Händler und Passanten, »und niemand, der ihnen widerstand, kein Bürger, kein Polizist. Die Luft in der engen Gasse war bald vom Atem des Weins erfüllt, vom Geruch aus den Mänteln nie gewaschener Männer. Wer kein Mönch war, floh in die Häuser oder drückte sich in die Winkel der Gasse.«

Im Hörsaal erkennt Prisca, warum man die Mönche »aus der Wüste hereingerufen« hat: »Sie sollten Hypatias Vorlesung stören.« Ihr Wortführer ist jedoch kein Mönch, sondern jener elegante, mephistophelische Kleriker Petrus, den sie bereits im erzbischöflichen Ordinariat in den Vorräumen Seiner Heiligkeit des Patriarchen getroffen hat, auch wenn seine Argumente eher plump sind:

»Ihren Platon können sie abservieren, Stockfisch, kein Bedarf! Sowieso alles aus dem alten Testament abgeschrieben.«

Prisca sitzt da, »feige, betäubt, die Füße wie aus Blei«, als die Mönche ihre Freundin und Lehrerin Hypatia, in deren Elternhaus sie und Synesios einst verkehrten, entführen. »Ich hörte ein vielstimmiges Geröchel, es klang knarrend wie bei Löwen, ehe sie ins Fleisch beißen, von Hypatia nichts mehr, eine schwarze Wolke hatte sie verschlungen.« Sie folgt den Mönchen, »das hundertfüßige Ungeheuer mit seiner Beute bewegte sich durch das Gewirr der Gassen«, es wird schon Nacht, keiner bemerkt Prisca, die ihnen folgt, »auch die Kleriker nicht«, und dann sieht sie eine Kirche, aber der Mord ereignet sich weder darin (wie bei Kingsley) noch davor (wie bei Mauthner), sondern dahinter. Das ist die Freiheit des Dichters, und Andres dichtet gewaltig. Er schreibt:

»Hinter dieser Kirche liegt eine Bedürfnisanstalt. In dem offenen runden Tor des Bauwerks, das fast so groß und prächtig dastand wie die Kirche, waren die Fackeln und Mäntel verschwunden, lautlos, und es blieb auch dann noch eine Weile still in dem Bau, dessen Tor im Fackelschein, der von innen drang, wie ein aufgerissenes Maul aussah, das sich nicht mehr schließen konnte. Ich näherte mich einige Schritte, angezogen von der Lautlosigkeit – aber da, mitten auf der Gasse, traf mich diese Stimme, sie drückte mich an die Wand, ein Laut aus Metall, plötzlich und ganz da, scharf, hoch, anhaltend, dann auf der Höhe abbrechend – und nichts mehr, Schweigen. Das war nicht mehr ihre Stimme, es war ein Schrei, den ein Mensch ausstößt, wenn ihm sein Stolz mit einem einzigen Griff aus dem Herzen gerissen wird.

Und da – aus dem offenstehenden Maul des Tores – dieses Keuchen und Gestöhn von Männerstimmen, dies Geröchel und rachenhafte Geschmatz, das wir an den Käfigen großer Katzen vernehmen, wenn sie am Tier sind.

Als ich endlich eintrat, war alles vorüber. Ich sah, wie die Männer durch ein zweites Tor den Raum verließen, einer um den anderen, die Augen niedergeschlagen, den Kopf gesenkt, als hätten sie sich bei einer dem Ort entsprechenden Verrichtung erschöpft und wären nun sehr müde. Sie blickten auch nicht mehr um, dorthin, wo die Leiche auf dem Terrazzoboden lag, fast in der Mitte des runden Raumes. In einem Marmorkübel, der noch aus Hadrians Zeiten stammen mochte, lagen Tonscherben, unbenutzte; in einem anderen Kübel benutzte. Die Scherben, die ich aus Hypatias Leib gezogen habe, waren alle benutzt.«

Prisca verharrt eine Weile bei der Leiche, spricht ein geistliches Gedicht, dann, »fast um Mitternacht«, betreten vier Totengräber die Toilette, schaffen den Leichnam weg, und plötzlich ist wieder dieser Petrus im Raum. Er entschuldigt sich nicht für die Tat, behauptet, die Kirche sei unbeteiligt, der Mob habe spontan gehandelt, und begleitet sie nach Hause. Auf dem Heimweg erklärt er ihr, was der Bischof von Hippo, der heilige Augustinus, zu dem Gemetzel gesagt hätte: »Gott hat diese auf ihre Jungfräulichkeit allzu stolze Frau züchtigen wollen. Hätten Sie das herausgekriegt, Frau Bischof?«

Die Schilderung ähnelt den vorigen mit kleinen Abweichungen. Nur ein paar Hafenleute mischt Andres unter die Mörder, keine kirchlichen Krankenpfleger (Parabolanen), keine Eremiten, keine Fischweiber, und sie sind auch nur hundertfüßig, also fünfzig. Andererseits läßt er die Tat quasi unter Aufsicht des Patriarchen ausführen, was der Quellenlage entspricht. Augustinus taucht wieder auf, den schon Mauthner einflicht, obwohl er im griechischen Osten nicht gelesen wurde, und schließlich kein Mord im Dom, keine Verbrennung.

Zwei Details jedoch sind verblüffend. Der »Oistrakismus« und die Bedürfnisanstalt. Als »Oistrakismus« wurde im alten Athen das Scherbengericht bezeichnet, bei dem jeder Teilnehmer der Volksversammlung oder eines anderen Spruchkörpers sein Urteil auf eine Tonscherbe schrieb – ursprünglich eine Austernschale, daher Oistrakismus. Man hat diese Scherben neben dem attischen Marktplatz bergeweise gefunden.

Daß Tolands Ziegel und Mauthners Ziegelsteine sich nun in Scherben verwandeln, ist ein Verweis auf jene attische Unsitte, und die Behauptung, daß sie nicht als Stimmkärtchen, sondern als Mordwerkzeuge genutzt worden seien, soll andeuten, daß die direkte Demokratie der Griechen bei den christlichen Kommunarden der Spätantike mörderische Urstände gefeiert habe.

Besonders auffällig ist natürlich der Tatort, die Bedürfnisanstalt. Fast so groß und prächtig wie die Kirche nebendran, mit einem Portal wie ein offenes Maul und einer zweiten Tür. Ich vermute: Mit der Verlegung des Gemetzels in diese Toilette will Andres an ein ungeschriebenes Kapitel alexandrinischer Baugeschichte erinnern, denn was war das Kaisarion, wo der Mord tatsächlich stattfand? Es war eines der auffallendsten Bauwerke der Stadt. Die zwei machtvollen Obelisken aus Rosengranit, die heute am Ufer der Themse und im Zentralpark von Manhattan stehen, bildeten das Fontispiz. Sie wurden »die Nadeln der Kleopatra« genannt und waren noch da, als Vivant Denon 1798 in Alexandria an Land ging[8]. Augustus hatte sie zur Zeit von Christi Geburt in Heliopolis (dem heutigen Kairo) mitgehen lassen, wo Thutmosis III. sie um 1500 v. Chr. aufstellen ließ. Auf Denons berühmtem Aquarell sieht man zwei Herren mit Dreispitz auf der Ruine eines mächtigen Turmes stehen, der an die Obelisken grenzt, und man kann sich vorstellen, daß eben dies die Rotunde war, in der die Philosophin zerfleischt wurde.

Das Kaisarion (»Gebäude des Kaisar«), unter Kleopatra VII. zu Ehren ihres Sohnes Ptolemaios Kaisar errichtet, diente seit Caligula dem Kaiserkult und war eine riesige Anlage. Das haben die Ausgrabungen bestätigt, aber man wußte es schon aus den Quellen. So heißt es bei dem berühmten jüdisch-hellenistischen Religionsphilosophen Philon von Alexandria:

»Kein heiliger Bezirk ist dem Tempel des Kaisaros vergleichbar, emporgezogen bis zu großer Höhe und von bedeutender Größe und überaus auffällig. Das Sebasteion (Kaisarion) ist voller geweihter Gemälde und Skulpturen und ringsherum mit Gold und Silber verziert. Es umfaßt einen riesigen Bezirk, geschmückt mit Stoen, Bibliotheken, Andronen, geweihten Hainen, Propyleen, Höfen und Terrassen und ausgestattet mit allem, was zu Reichtum und Schönheit beitragen kann.«

Gut möglich also, daß die Anlage eine entsprechend großzügige Sammellatrine besaß, wie wir sie aus dem alten Rom kennen, obwohl der Rundbau, den die Ideenskizze ausweist[9], erheblich kleiner ist als die übrigen Bauteile. Es kann freilich auch heißen, daß der Tatort früher eine Bibliothek war oder ein Ruheraum, und daß Andres nur den Vandalismus der katholischen Wüstensöhne hervorheben will, wenn er behauptet, der Raum werde als Toilette benutzt.

Ausländer raus!

Viertens: Arnulf Zittelmann (geb. 1929). Sein Roman[10] ist ein Jugendbuch. Der Text enthält zwar eine plausible Darstellung der alexandrinischen Verhältnisse. Es ist jedoch kaum denkbar, daß junge Leser aus der, wie üblich, trivialisierten Darstellung den historischen Kern herausfiltern können. Von den vorigen Autoren unterscheidet er sich vor allem dadurch, daß er den Stoff zu aktualisieren versucht. Die Mönche und »Parabalani«, die wir schon kennen, vergleicht er mit der nationalsozialistischen SA. Auf der berußten Fassade eines verfallenen Tempelchens steht in ungelenker ägyptischer Schrift: »Juden raus, Ägypten den Ägyptern«. An anderer Stelle spricht er von »Ausländerfeindlichkeit«.

Den Mord behandelt Zittelmann vorsichtig, wie es sich für ein Jugendbuch gehört. Thonis, Hypatias Schreiber, erkennt, daß der Vorleser Petrus die kaiserlichen Religionsgesetze gegen seine verehrte Herrin anwendet und will den Eiferer zur Rede stellen. Er kommt am Kaisarion vorbei. »Eine Horde von Mönchen und braunen Kutten knäuelten sich ums Portal. Sie schleppten einen Menschen mit sich, reckten die Fäuste und schrien: ›Kreuz hilf! Kreuz sieg!‹«

Auf dem Heimweg begegnet er Nilus, der ihn warnt. »Die Kuttenleute sind in der Stadt über Hypatia hergefallen, haben sie aus der Sänfte gerissen und in die Kaisarion-Kirche geschleppt. Sie haben eurer Herrin die Kleider abgerissen, und haben sie mit ihren Bronzeschabern zerfleischt, Glied um Glied, und ihre Reste haben sie dann auf der Müllkippe verbrannt.«

Als Thonis Hypatias Haus erreicht, findet er das Tor aufgebrochen, das Arbeitszimmer, die Bibliothek verwüstet, »verschüttete Tinte, zertrampelte Papyrusbahnen«. Er kehrte zurück zu Petrus, erschlägt ihn und flieht am nächsten Morgen mit dem ersten Schiff Richtung Griechenland, wo er ohnedies hinwollte, jedoch mit Hypatia, die die Leitung der Akademie in Athen übernehmen sollte.

Man müßte einmal prüfen, wer statt ihrer den Posten übernahm, vielleicht war das der Mörder.

DIE ANFÄNGE DES HYPATIA-ROMANS

Du Edle, süßer Rede Born

»Wer sich je mit der Geschichte Hypatias von Alexandria beschäftigt hat, weiss wie dürftig und zum Teil höchst unzuverlässig das Quellenmaterial ist, das uns hier vorliegt«, schreibt Meyer[11], und Wolf[12] klagt: »Bei dieser Bedeutung der Hypatia für die griechische Cultur jener Zeit ist es sehr zu bedauern, dass die Nachrichten der Alten über dieselbe nur spärlich und mangelhaft und zum Theile einander widersprechend auf uns gekommen sind.« Fitzgerald schließlich meint: »Sehr wenig ist bekannt über diese hochbegabte Frau und nur durch die sieben Briefe, die Synesius an sie schrieb, können wir uns ein Bild von ihr machen.«[13]

Warum dieser Mangel, wo doch jeder Gelehrte seine Protokollanten hatte und alles immer wieder abgeschrieben wurde? Es gibt nur Vermutungen. Spitzfindige nehmen an, daß die bösen Christen alles vernichtet haben, und die Feministinnen haben die Männer in Verdacht.

Was wissen wir tatsächlich über Leben und Tod der Hypatia? Was wir zu wissen meinen, kann ebenfalls nur Erfindung sein. Es gibt keinen Text eines Augenzeugen oder auch nur eines Zeugen vom Hörensagen und sei es ein Fischweib oder ein Sackträger. Nur vier Texte stammen mehr oder weniger von Zeitgenossen Hypatias.

Der erste Text ist ein Gedicht, das Wolf zitiert, der bei Toland zum Teil wörtlich abschrieb. Wolf lebte in Czernowitz, Bukowina, war Gymnasialdirektor und k.u.k. Landesschulrat und glaubte, seine Untersuchung über Hypatia sei eine Premiere. Tatsächlich erschien die erste Arbeit zwanzig Jahre früher.[14] Der Verfasser des Gedichts ist Palladas von Alexandria, der um 400 n.Chr. eine neue Blüte des Epigramms verursachte und weit über Ägypten hinauswirkte[15].

»An die Philosophin Hypatia.
Bewundernd blick' ich auf zu dir und deinem Wort,
Wie zu der Jungfrau Sternbild, das am Himmel prangt.
Denn all' dein Thun und Denken strebet himmelwärts,
Hypatia, du Edle, süßer Rede Born,
Gelehrter Bildung unbefleckter Stern.«

Wolf gibt zu, daß der Hymnus auch einem Epigrammdichter zugeschrieben wird, der hundert Jahre nach Hypatia in Konstantinopel lebte, hält aber dagegen, nur ein Zeitgenosse und Schüler habe das Gedicht schreiben können. Toland, der das Gedicht auf englisch zitiert, gibt keinen Verfasser an. Bei ihm ist die Edle eine Göttliche. Einige vermuten, der Text sei ursprünglich länger gewesen, andere behaupten, der Dichter Palladas sei bislang falsch datiert worden. Er sei vermutlich schon tot gewesen und habe deshalb wohl eine frühere Hypatia gemeint. Tatsächlich sind bis heute etliche Hypatias bekannt, heidnische wie christliche.

Der älteste Prosatext geht zurück auf Philostorgios und besteht aus wenigen, lückenhaften Zeilen. Der Mann war zwar ein Zeitgenosse Hypatias, jedoch nie in Alexandria. Außerdem war er ein »Eunomianer«, d.h. strikter Arianer. Anzunehmen ist, daß sein Bericht ursprünglich länger war, aber wir wissen nicht, woher sein Wissen stammte. Der Text stand in seiner »Kirchengeschichte«, die leider verloren gegangen ist. Erhalten haben sich einige Exzerpte des Patriarchen Photius von Konstantinopel, der dreihundert Jahre später schrieb. Photius seinerseits hatte erhebliche Probleme mit Rom und wurde zweimal abgesetzt und verbannt. Orthodoxe Autoren halten beide deshalb für unglaubwürdig.

Die dürftige Notiz besagt, Hypatia sei von ihrem Vater Theon ausgebildet worden, habe ihn bald übertroffen, vor allem in der Sternenkunde, und habe viele Schüler gehabt, die sie in allen Wissensgebieten unterrichtet habe. Es werde berichtet, sie sei zur Zeit des Kaisers Theodosius II. von den »Homousianern« umgebracht worden. Das heißt, schon Philostorgios erwähnt die Mörder und die Ära des Mordes: Theodosius II., war seit 408 Kaiser von Byzanz, und »Homousianer« nannte man die Anhänger der gegen Arius von Alexandria gerichteten Glaubensformel des »ersten ökumenischen Konzils« (325 n. Chr. in Nizäa).

Die wichtigste und ausführlichste Quelle stammt von Sokrates Scholastikus. Sokrates, »der Jurist«, lebte zur Zeit Hypatias in Konstantinopel und verfaßte eine Kirchengeschichte, die von Diokletian bis Theodosius II. reicht und auch von Weltlichem handelt. Er gilt als Anhänger laizistisch-heidnischer Bildung, sein Werk wird deshalb für gründlich und glaubwürdig gehalten. Seine Notiz über Hypatia[16] lautet:

»In Alexandria lebte eine Frau, Tochter des Philosophen Theon, die alle Philosophen ihrer Zeit an Gelehrsamkeit in Literatur und Wissenschaften übertraf. Nachdem sie die Schule Platons und Plotins übernommen hatte, unterwies sie ihre Zuhörer, die von weit her kamen, um sie zu hören, in den Grundsätzen der Philosophie. Mit der Selbstbeherrschung und den Umgangsformen, die sie aufgrund ihres kultivierten Verstandes entwickelt hatte, erschien sie nicht selten in der Öffentlichkeit im Beisein der Beamten. Sie hatte auch keine Scheu, zu den Versammlungen der Männer zu gehen, denn alle bewunderten ihre Ehrsamkeit und Tugend. Dennoch wurde sie ein Opfer der politischen Eifersucht, die zu jener Zeit vorherrschte. Denn da sie häufig mit Orestes Gespräche führte, wurde sie in der christlichen Bevölkerung verleumdet, sie wäre die Person, die eine Aussöhnung zwischen Orestes und dem Bischof verhindere. Deshalb rotteten sich einige stolze und frömmlerische Eiferer, deren Anführer ein Vorleser namens Peter war, zusammen, lauerten ihr auf, als sie heimkehrte, zerrten sie von ihrer Sänfte und brachten sie zu einer Kirche, die Kaisarion hieß, wo sie sie auszogen und mit Scherben (›ostrakois‹) ermordeten. Nachdem sie ihren Körper in Stücke gerissen hatten, brachten sie ihre zerfetzten Glieder zu einem Platz, der Kinarion genannt wurde, und dort verbrannten sie sie. Die Affaire brachte keine geringe Schande, nicht nur über Kyrill, sondern über die gesamte Kirche von Alexandria. Denn gewiß kann nichts dem Geist der Christenheit fremder sein, als derartige Massaker, Kämpfe und Geschehnisse gutzuheißen. Dies geschah im Monat März während der Fastenzeit, als Kyrill im vierten Jahr Bischof war, im zehnten Konsulat des Honorius und im sechsten des Theodosius.«

Besuch in der Kyrenaika

Der vierte Zeitgenosse Hypatias ist Synesios von Kyrene, den Stefan Andres zu ihrem Bräutigam macht. Das Land, aus dem er stammte, war berühmt für seine Schönheit und Fruchtbarkeit seit Urzeiten. Herodot rühmt die Gegend, bei deren Namen wir nur an Moamar Gaddhaffi denken können, Pindar besingt in der vierten phythischen Ode das »rossereiche Kyrene, die wagenberühmte Stadt« auf »glänzendem Hügel«. Trojaner fanden Zuflucht in diesem Land, das für uns nur noch eine Ansammlung deutscher Soldatenfriedhöfe ist, doch die Dynastie der Könige von Kyrene reichte tief in die Mythen bis zu den Argonauten.

Fünf Städte – daher Pentapolis – gediehen in dieser Landschaft, die seit den Römern »Kyrenaika« hieß: Apollonia, Kyrene, Ptolemais, Arsinoe (Tauchira) und Berenike. Plutarch gibt ein Beispiel ihrer Pracht im »Leben des Lukullus«. Zu Platon, der in seiner Jugend hier Mathematik studiert haben soll, sandten die Bürger von Kyrene eine Deputation mit der Bitte, eine Verfassung für ihr Gemeinwesen zu entwerfen. Der lehnte ab. Begründung: Keine Stadt sei so schwierig zu regieren wie jene, deren Bürger so reich seien, daß sie sich in der Illusion wiegen könnten, sie seien glücklich.

Das war vorbei, als Synesios regierte. Seine Briefe sind auch ein Zeugnis des Verfalls. Die Felder, Weiden und Plantagen waren verödet, denn die Staatsmacht hatte sich fast ganz zurückgezogen.

Synesius, Bischof von Kyrene, Hypatias bekanntester Schüler und Bewunderer, wurde zwischen 350 und 379 n. Chr. geboren. Das Datum ist Ansichtssache, und über sein Leben ist fast nichts bekannt. Er gehörte zur Klasse der »Kurialen« (Ratsherren), die unter den Verfallsbedingungen der Spätantike immer weniger Lust verspürte, ihre beschwerliche soziale Stellung zu halten. Seine Familie war reich und angesehen und hatte griechische Vorfahren, ihr mythischer Ahnherr war Eurystenes, der mit seinem Zwillingsbruder Prokles die Herakliden nach Sparta führte.

Nach dem Studium in Alexandria besuchte er Athen, und 399 n. Chr. entsandte ihn seine City als Botschafter an den kaiserlichen Hof in Konstantinopel, um das Krongold zu entrichten und Steuererleichterungen zu erwirken. Dort verfaßte er seine berühmte »Königsrede«, die weit über den aktuellen Anlaß hinausging, Kaiser Arcadius die Referenz zu erweisen. Sie gilt bis heute als bedeutendes politisches Programm[17] und machte aus ihm eine Art »Machiavelli« der Spätantike. Daneben schrieb er die ebenfalls erhaltenen »Ägyptischen Erzählungen«.

402 n. Chr. kehrte er nach Ägypten zurück, heiratete, ließ sich von Theophilos, Patriarch von Alexandria, trauen und zog sich auf

sein Landgut in der »Pentapolis« zurück, wo er auf die Jagd ging, seine literarischen und philosophischen Studien betrieb und schrieb: »Über die Träume, Das Lob der Kahlheit«. Zwischendurch führte er auch mal die Selbstschutztruppen seiner Heimat gegen die räuberischen Wüstenstämme.

Seine Kontakte waren weitverzweigt. Heiden und Christen, Philosophen, Kirchenfürsten, Politiker, Präfekte und Dichter gehörten zu seinem Bekanntenkreis. So lag es nahe, ihn auch zum Bischof zu wählen. Je mehr die Amtskirche die staatlichen Organe verdrängte und sich über ihre Würdenträger stellte, desto häufiger mußte sie kirchliche Spitzenpositionen mit der Nomenklatur ihres Gegners besetzen. Synesios zögerte, weil er lieber privatisierte, dann, am 1. Januar 412, ließ er sich von Theophilos zum Bischof weihen und zugleich taufen.

Es war keine echte »Konversion«. Er blieb Heide, aber eben dadurch gilt er heute als leuchtendes Beispiel der Symbiose von Neuplatonismus und Christentum – als Personifizierung und Höhepunkt einer Entwicklung, die mit Sakkas begann. 413 verstummen die Quellen. Wie und wann er starb, wissen wir nicht. Vielleicht bei einem der Nomadeneinfälle, vielleicht bei sozialen Unruhen. Überliefert ist, daß er als erster Bischof einen römischen Provinzstatthalter absetzte und vertrieb, aber das tat er wohl eher in seiner Eigenschaft als Bürger der Kyrenaika.

Von seinen 179 erhaltenen Episteln sind sieben »an die Philosophin« (Hypatia) gerichtet. In Fitzgeralds Übersetzung sind es die Nummern 10, 15, 16, 33, 81, 124 und 154. Weitere vier Briefe erwähnen seine Lehrerin (die Nummern 4, 133, 136 und 137). Brief vier ist eine ellenlange Epistel an seinen Bruder und schließt: »Grüß mir die allerheiligste, verehrte Philosophin und die Gesellschaft jener, die das Glück haben, ihrem Vortrag zu lauschen.« An seinen Freund und Studienkollegen Herculian schreibt er: »Wir sahen mit unseren Augen und wir hörten mit unseren Ohren die Dame, die zu Recht über die Geheimnisse der Philosophie wacht.«

Nur einmal redet er sie mit Namen an: »Meine liebe Hypatia«. Er bezeichnet sie als »meine erlauchte Meisterin«, an anderer Stelle nennt er sie »Mutter, Schwester, Lehrerin und obendrein Wohltäterin«, und in einem Brief an den Bruder heißt es: »Heutzutage hat Ägypten Hypatias fruchtbare Weisheit angenommen und hält sie in Ehren.«

Glaubt man den Briefen, so wurde er vom Unglück verfolgt. In Brief 10 hält er Hypatia vor, daß sie ihm nie schreibe und ruft: »Doch nun kommt zu Eurem Schweigen der Gipfel meiner Sorgen. Ich habe meine Kinder verloren, meine Freunde und das Wohlwollen aller.« Den Tod seiner Söhne beklagt er mehrfach, und oft ist er krank. Von seiner Frau schreibt er nie, dafür macht er der Empfängerin heftige Komplimente. Wo er von Intrigen und Querelen schreibt, wirken die Texte wie verschlüsselte Botschaften. Sie handeln von unerklärlichen Gegnern und lassen sein baldiges, gewaltsames Ende erwarten. »Ich will mich dem Unausweichlichen fügen und das Gegebene als göttlich hinnehmen.« Zugleich lobt er Hypatia, die nicht so leicht verzagt, und rühmt ihre Kraft und Stärke. Einmal kündigt er Verwandte an, »zwei ausgezeichnete junge Männer, denen ich verwandtschaftlich verbunden bin«. Sie haben ihren gesamten Besitz verloren. »Versuche sie zu unterstützen mit Hilfe aller deiner Freunde, egal ob Privatleute oder Beamte.« Vor allem aus diesem Brief schließen wir, daß Hypatia in Alexandria einen gewissen Einfluß hatte.

Der fünfzehnte Brief hat die Wissenschaft besonders erfreut. Er beginnt so: »Ich habe ein solches Unglück, daß ich ein Hydroskop benötige.«

In modernen feministischen Aufsätzen wurde Hypatia deshalb als Erfinderin technischer Geräte gefeiert, während die Männer lieber rätseln. In Fairfax erschien kürzlich ein Aufsatz: Was ist ein

Hydroskop? Wozu diente es? Dabei ist der Brief eindeutig. Hypatia hat das Gerät nicht erfunden, sie soll es nur besorgen. Synesios beschreibt es gründlich, damit sie nicht das falsche kauft. Es ist aus Messing, so groß wie eine Flöte und sieht auch so aus. An der Seite hat es Kerben und im Wasser steht es senkrecht.

Mit dem 154. Brief sendet er ihr zwei Bücher zur Begutachtung und fragt, ob er sie veröffentlichen solle. Zum Dank legt er einen Essay bei. Der Brief zeigt seine Probleme deutlicher. Er ist offensichtlich bereits Bischof und wird von zwei Seiten attackiert. Die einen tragen »weiße Mäntel«, die anderen »schwarze«. Die einen sind die Philosophen, die anderen die katholischen Geistlichen, und sie sind gleich gefährlich. »In den Augen dieser Leute muß man die Literatur hassen, um ein Philosoph zu sein, und darf sich nur mit göttlichen Fragen beschäftigen. Wann immer du ihnen begegnest, mußt du ihrem Geplapper über sinnlose Syllogismen lauschen. Von solcher Art sind die Lehrer der öffentlichen Schulen in unseren Städten. Sie wollen, daß ich ihr Schüler werde.«

Natürlich lassen solche Briefe Rückschlüsse auf Hypatias Denken zu, nicht nur auf das Verhältnis zwischen den beiden. Er betrachtet sie offensichtlich als Geistesverwandte. Sie zeigen auch die Schwierigkeiten eines unabhängigen Intellektuellen an der Bruchkante zwischen dem antiken Pluralismus und der christlichen Monokultur. Aber sind sie eins zu eins auf Hypatias Situation übertragbar? Ob ähnliche Verhältnisse in Alexandria herrschten, wissen wir nicht. Alexandria war trotz allem noch immer eine Weltstadt, die Kyrenaika ein Notstandsgebiet. Die »Pentapolis« gehörte zum Patriarchat von Alexandria, aber dazwischen lagen einige hundert Kilometer, und man reiste der Bequemlichkeit halber mit dem Schiff. Zur Biografie Hypatias tragen die Briefe deshalb wenig bei.

Eine mehrfach verschachtelte Botschaft

Was sind Quellen? »Wir unterscheiden zwei Arten: primäre und sekundäre«, schreibt Deakin[18]. »Erstere können nicht weiter zurückverfolgt werden, letztere hängen von jenen ab.« So gesehen, gibt es außer den oben erwähnten vier Texten keine Quellen, und tatsächlich bezeichnet der Pauly-Wissowa[19] schon den Bericht des Damaskios als »die Anfänge des später üppig wuchernden Hypatia-Romans«. Wenn wir diesen Bericht trotzdem mit Vergnügen lesen, so deshalb, weil auch Deakin und andere ihn zu den primären Quellen zählen. Im übrigen zeigt gerade Damaskios, daß es praktisch nicht nur um die gravierenden Unterschiede zwischen primären und sekundären Quellen geht, sondern auch darum, daß die meisten antiken Texte erst mühsam rekonstruiert werden müssen und trotz lebenslanger Forschung über weite Strecken ungesichert bleiben.

Damaskios aus Damaskos wurde wahrscheinlich 458 n. Chr. geboren, ging jung nach Alexandria und studierte u. a. bei Isidoros. Er unterrichtete zunächst in Ägypten und wurde dann Lehrer an der Akademie in Athen. Nach Schließung der Schule durch Kaiser Justinian 529 n. Chr. ging er nach Chosroes in Persien, kehrte aber schon nach zwei Jahren ins römische Reich zurück. Er gilt als unbedeutend und hatte angeblich eine starke Neigung zu Mystik und Wunderglauben, wie so viele Neuplatoniker. Der Gedanke, einen Regenbogen als physikalische Erscheinung zu betrachten, die man untersuchen kann, kam diesen »Philosophen« nicht. Er galt ihnen als ein Zeichen für die Existenz Gottes.

Was uns interessiert, ist sein Buch über Isidoros. Es ist eine heftige Lobhudelei, enthält aber etliche Informationen über Personen und Vorgänge seiner Zeit. Vermutlich kannte Isidoros den Fall Hypatia durch seine Eltern oder Lehrer und gab sein Wissen an seinen Lieblingsschüler Damaskios weiter, der es dann aufschrieb. Isidoros stammte aus Alexandria, war Heide und starb etwa 115 Jahre nach Hypatia, »in deren Fußstapfen er trat« (Damaskios). Das zeigt, daß nach Hypatias Ermordung weiterhin Heiden als Lehrer und Philosophen tätig waren, auch wenn Damaskios betont, die Erinnerung an den Mord habe »sich bei den Alexandrinern noch erhalten« gehabt, und sie hätten sich deshalb gefürchtet, »sich um Isidoros zu drängen und den Worten zu lauschen, welche seinem weisen Munde entströmten«.

Letzteres ist wieder eine Übertreibung, wie wir aus anderer Quelle wissen: Als Philosoph war auch Isidoros unbedeutend. Von Geometrie verstand er nichts, nüchterne Denker wie Aristoteles waren ihm suspekt, dafür schätzte er den esoterischen Schwätzer Jamblichos und liebte das Wunderbare. Gewisse Verdienste muß er dennoch gehabt haben, denn Proklos schlug ihn als seinen Nachfolger vor. Ausgerechnet Proklos, den Hegel als Erfinder der Dialektik schätzte. Die »Vita Isidori« zeigt übrigens auch die Bindungen zwischen den beiden Hauptstädten des Neuplatonismus. Immer, wenn es in Alexandria rumort, fährt Isidor nach Athen, kehrt jedoch bald wieder zurück. Einmal wird er verhaftet und beschuldigt, an einem antichristlichen Aufstand beteiligt zu sein, ein anderes Mal wird seine Lehrtätigkeit gestört. Die Partie zwischen Christen und Heiden war also Ende des fünften Jahrhunderts immer noch nicht entschieden. Er wurde schließlich Leiter der Akademie in Athen, fand aber die Tätigkeit unerquicklich und kehrte abermals nach Alexandria zurück.

Was macht nun aber den Damaskios-Report über Hypatia so amüsant? Die Werkgeschichte der »Isidoros-Biografie« liest sich wie ein Kriminalroman[20]. Man fragt sich, was glaubwürdiger ist: Die Fiktionen der Belletristen oder die Rekonstruktionen der Forscher. Das Werk des Damaskios ist nämlich komplett verschollen, doch haben sich zahlreiche Bruchstücke in den Werken anderer Autoren erhalten. Auszüge wurden zum Beispiel von Photius übernommen, den wir schon kennengelernt haben, als Retter der Hypatia von Philostorgios. Von Photius gelangten diese Bruchstücke in das sogenannte »Suda-Lexikon« und blieben deshalb erhalten.

Was ist das nun wieder? Die Suda ist ein byzantinisches Wort- und Sachlexikon aus dem zehnten Jahrhundert. Das umfangreiche Werk mit über 30000 Artikeln in alphabetischer Reihenfolge ist unersetzlich wegen seiner Angaben zur Literatur und zur Geschichte. Lange Zeit hielt man einen Herrn Suidas für den Verfasser oder Herausgeber, so wie man in ferner Zukunft den Römer Britannicus vielleicht für den Herausgeber der »Encyclopedia Britannica« halten wird, die Karl Marx so schätzte. Heute übersetzt man »Suda« mit »Wissensspeicher«. In diesem Lexikon nun entdeckte man etliche Berichte über Hypatia. Vergleicht man ein Großlexikon mit einer Mülldeponie, dann wäre es so, als hätte man Hypatias Körperteile an verschiedenen Stellen entsorgt und nach fünfhundert Jahren wieder zusammengefügt.

Man fand nicht nur die von Photios gekürzten Texte des Damaskios über Hypatia. Man fand auch Texte von Hesychios dem Erlauchten (nicht dem alexandrinischen Grammatiker), dessen Enzyklopädie (»Onomatologus«) ebenfalls verschollen ist, in der »Suda« aber teilweise erhalten ist. Diese und andere Quellen sind natürlich nur teilweise zu ermitteln. Inwieweit es sich um ältere Texte handelt, die von den Redakteuren der »Suda« abgeschrieben, exzerpiert oder umgeschrieben und interpoliert wurden, ist nicht immer klar. Eine Schlampigkeit habe ich schon erwähnt: Hypatias unmögliche Ehe mit Isidoros. Sie zeigt, daß auch der »Suda-Extrakt über Hypatia« ein Flickwerk ist.

Wir haben über Hypatia folglich, außer den schon genannten vier Texten aus ihrer Zeit, zwei Textpakete aus dem zehnten Jahrhundert: Die von Asmus und anderen aus der Suda entnommene und wiederhergestellte Isidoros-Biografie von Damaskios und die übrigen Texte der Suda.

Betrachten wir kurz den Damaskios. Vor allem beschreibt er Hypatia und ihre Bedeutung, zwischendrin schildert er eine pikante Episode, und schließlich beschreibt auch er den Mord.

In den Passagen, die wir bereits kennen, sattelt er kräftig drauf. Sie war »edler« als ihr Vater und »begnügte sich nicht mit der mathematischen Bildung«, die sie bei ihm erwarb, »sondern wandte sich auch den anderen Zweigen der Philosophie zu«. Das Besondere an ihr betont Damaskios durch eine rhetorische Floskel: »Sie, die Frau, warf den Philosophenmantel um und machte ihre Ausgänge mitten durch die Stadt. Sie erklärte denjenigen, welche sie hören wollten, im öffentlichen Auftrag die platonischen oder die aristotelischen Schriften oder die Werke irgendeines anderen Philosophen.«

Daß »sie, die Frau«, philosophiert und noch dazu in die Stadt ausgeht, klingt nach Hochachtung, war aber nicht so gemeint, denn einige Seiten später heißt es: »Isidoros unterschied sich sehr von Hypatia, nicht nur insofern jene bloß eine Frau, er aber ein Mann, sondern auch insofern jene hauptsächlich in der Geometrie bewandert, er aber ein wirklicher Philosoph war.«

Das klingt nun schon recht zeitgenössisch, und dabei spielt es eigentlich keine Rolle, ob die zweite Passage wirklich von Damaskios ist, oder ob Asmus sie ihm irrtümlich zuschreibt. Philosophie ist Männersache, Frauen können höchstens Geometrie. Kehren wir deshalb zum ersten Text zurück, wo Weiblichkeit nicht apriori verdächtig ist.

»Sie war nicht nur redegewandt und dialektisch geschult, sondern auch im praktischen Handeln besonnen und von Bürgersinn beseelt. Daher wurde sie verdientermaßen von der ganzen Stadt willkommen geheißen und mit Auszeichnung begrüßt.«

Auch als Philosophin ist sie nun wieder unvergleichlich, was man daran sieht, daß die Beamten »ihr jeweils beim Eintritt in die Stadtverwaltung zuerst ihren Besuch« machten. Damaskios schwärmt regelrecht von der guten alten Hypatia-Zeit: »Obgleich nämlich die praktische Betätigung der Philosophie bei den Männern, welche das Steuer der Staatsverwaltung handhaben, heutzutage in Verlust geraten ist, so besaß doch ihr Name wenigstens bei ihnen damals noch einen prächtigen und wunderbaren Klang.« Damals in Alexandria.

Im zweiten Teil der Rekonstruktion berichtet Damaskios von ihrer Tugend und einem echten Wunder. »Denn sie war keusch und blieb zeitlebens Jungfrau, und doch war sie sehr schön und wohlgestaltet. Daher verliebte sich sogar einer von ihren Schülern in sie.«

Der Abschnitt ist geradezu modern, und das ist sicher einer der Gründe, warum in den letzten dreihundert Jahren kaum ein Text über Hypatia, sei er belletristisch, feuilletonistisch oder wissenschaftlich, ohne ausführliche Schilderung ihrer Schönheit und Tugend und ohne Mutmaßungen über ihr Liebesleben ausgekommen ist. Er verweist auf die enge Verknüpfung von Tugendhaftigkeit und sexueller Enthaltsamkeit, jedenfalls, wenn die Person weiblich ist, und zeigt auch, daß der Gedanke, eine Frau müsse häßlich sein, um tugendsam zu bleiben, theoretisch zeitlos ist. Doch zurück zu Hypatias Wunder.

Der junge Mann »war aber nicht imstande, seine Liebe zu bemeistern«, fährt Damaskios fort, »sondern er ließ auch ihr selbst gegenüber seine Leidenschaft merken. Die ungebildeten Berichte erzählen nun allerdings, Hypatia habe ihn mit Hilfe der Musik von seiner Krankheit geheilt. Die Wahrheit weiß aber nicht hiervon. Denn die musikalischen Kenntnisse dieser Art waren damals schon längst in Verlust geraten. Vielmehr sagt man, sie habe selbst einen mit Blut besudelten Weiberlappen hervorgezogen, auf das Wahrzeichen der unreinen Welt des Werdens hingewiesen und gesagt: ›Wahrlich, dies hier ist das Ziel deines Liebestrachtens, junger Mann, aber nichts Schönes!‹«

Damaskios erhöht nach diesem Zitat die Spannung durch eine

kleine Abschweifung und bringt dann erst den Knalleffekt: »Bei dem jungen Manne aber habe die Scham und die Verwunderung über die unanständige Darbietung eine seelische Wandlung und Bekehrung zur Keuschheit herbeigeführt.«

Im dritten Teil seines Berichts widmet Damaskios sich dem Mord. Es ist ihm offensichtlich klar, daß er ein plausibles Motiv braucht, wenn Hypatia so schön und klug und keusch war und von der ganzen Stadt willkommen geheißen wurde, wie er behauptet. Er tippt deshalb auf verletzte Eitelkeit und Verärgerung über den Erfolg der Philosophin, also rein persönliche Motive, nichts Politisches.

»Nun trug sich einmal folgendes zu«, schreibt er. »Kyrill, der Bischof der entgegengesetzten Sekte, war an dem Hause der Hypatia vorbeigegangen und hatte ein großes Gedränge an der Türe wahrgenommen. Er fragte, was die Menschenansammlung zu bedeuten habe und worüber man bei dem Hause einen Lärm mache. Da hörte er von seinem Gefolge, man begrüße eben die Philosophin Hypatia, und das Haus sei das ihrige. Diese Mitteilung gab seinem Herzen einen solchen Stich, daß er sofort einen Mordanschlag, den allergottlosesten Mordanschlag gegen sie ersann. Denn sobald sie in gewohnter Weise auf der Straße erschien, stürmte auf einmal eine Rotte von vertierten Menschen auf sie ein – wahrhaft frevelhafte Menschen, welche weder die Rache der Götter scheuten, noch den Tadel der Menschen und brachten die Philosophin um. Und während sie noch schwach zuckte, schlugen sie ihr die Augen aus.«

Damit verharmlost er den Mord, bestreitet jede soziale Dimension und unterläßt auch die überlieferte religionspolitische Einordnung der Mörder. Er unterschlägt, daß Kyrill nicht eine Sekte repräsentierte, sondern die schon erwähnten Homousianer, also die herrschende orthodoxe Amtskirche. Zugleich charakterisiert er die neuplatonische Schule ebenfalls als Sekte, noch dazu eine der christlichen Orthodoxie entgegengesetzte, was nicht seine Absicht gewesen sein kann, da er selber Neuplatoniker war.

Hat hier jemand falsch abgeschrieben? War Hypatia vielleicht Christin häretischer Provenienz, was nicht ausschloß, daß sie Neuplatonikerin war und Philosophie unterrichtete?

Die Apologie des Kyrillos

Zum Schluß eine Skurrilität: Die Chronik des Johannes von Nikiusi. Sie gilt in Fachkreisen als erste und wichtigste Quelle für die Islamisierung Ägyptens. Ich zitiere sie, weil ich annehme, daß damals jeder Dorfpfarrer, wenn er sein Ende fühlte, eine Chronik verfaßte, und daß es im Osten damals nur so wimmelte von Berichten über die arme Philosophin.

Johannes ist eine jener Figuren, die anscheinend nur im englischen Sprachraum existieren[21]. Er war Bischof und wird zweimal erwähnt. 690, also fast dreihundert Jahre nach Hypatias Tod, nimmt er an einer Bischofssynode teil, und 696 wird er Generalinspekteur der oberägyptischen Klöster, jedoch schon bald wieder abgesetzt. Der Grund für seine Degradierung ist überliefert. Ein Mönch, den er wegen Unbotmäßigkeit auspeitschen ließ, starb aufgrund der Mißhandlung.

Die Chronik des Johannes war ursprünglich griechisch, wurde ins Arabische und von dort im 17. Jahrhundert ins Äthiopische übertragen. Die Engländer entdeckten das Werk in schlechtem Zustand bei einer Expedition im 19. Jahrhundert. Die Rekonstruktion des äthiopischen Textkorpus stammt von einem Hermann Zotenberg. Sie besteht aus 122 Kapiteln und beginnt, wie alle Chroniken, bei Adam und Eva. Im 32. Kapitel wird Jerusalem erbaut, im 67. wird Jesus geboren und im 84. erfahren wir, nebst vielem anderen, von der Schlechtigkeit Hypatias und dem Ruhm des Patriarchen Kyrill.

Ich zitiere aus dem 84. Kapitel die Abschnitte 87 bis 103 aus zwei Gründen: Nicht nur erweitert Johannes den »Hypatia-Roman«. Er gibt ihm auch eine klare antisemitische Tendenz und rechtfertigt den Kirchenkampf des Patriarchen Kyrillos, der darauf abzielt, das orthodoxe, nizäanische Christentum zur alleinigen Ideologie im Staat zu machen. Sein Bericht entspricht sicher nicht der Wahrheit, aber er ist ein ausgezeichnetes Pamphlet, das man sich auf der Zunge zergehen lassen sollte. Geschichtsklitterung zu Zwecken der Propaganda, das zeigt sich hier, ist keine Erfindung der Neuzeit.

Zum zweiten ist ein großer Teil dessen, was man heute über Hypatia nachlesen kann, in Johns Chronik vorgezeichnet, ausgerechnet einem Buch also, das der Heiligsprechung des Massenmörders Kyrillos diente. Auf Johannes geht auch die verbreitete Annahme zurück, die Verfolgung der griechischen Philosophin habe sich auch gegen die Naturwissenschaften, insbesondere die forschende Astronomie gerichtet, da der Chronist schon am Anfang Hypatias Vorliebe für Astrolabien (astronomische Meßgeräte also) hervorhebt. Besonders unaufmerksame Leser schließen aus der Stelle übrigens, daß Hypatia das Astrolabium erfunden habe, aber das ist übertrieben. Das Prinzip war seit langem bekannt, und richtige Meßgeräte gab es auch schon. Sie kann höchstens damit gearbeitet und das Gerät weiterentwickelt haben.

»Die Chronik des Johannes, Bischof von Nikiusi, Kapitel LXXXIV:

87. In jenen Tagen erschien in Alexandria eine Philosophin, eine Heidin namens Hypatia und sie war allzeit der Zauberei, Astrolabien und den Musikinstrumenten zugetan und sie verführte viele Menschen mit ihren satanischen Tricks. 88. Und der Gouverneur der Stadt verehrte sie außerordentlich, denn sie hatte auch ihn mit ihrer Magie betört. Und er hörte auf in die Kirche zu gehen nach

seiner Gewohnheit, wo er einst hinging, als es sogar noch gefährlich war. Und er führte ihr nicht nur viele Gläubige zu, sondern empfing auch die Ungläubigen in seinem Haus. 89. Und eines Tages, als alle sich auf eine Theateraufführung mit Tänzern freuten, erließ der Gouverneur der Stadt eine Verordnung betreffend die öffentlichen Veranstaltungen in Alexandria, und alle Einwohner hatten sich dort im Theater versammelt. 90. Nun war Kyrillos, der Nachfolger des Theophilos, begierig, Genaueres über diese Verordnung zu erfahren. 91. Und es gab einen Mann namens Hierax, ein Christ der Verstand und Intelligenz besaß und über die Heiden zu spotten pflegte, aber er war ein ergebener Anhänger des illustren Vaters, des Patriarchen, und folgte seinen Ermahnungen. Er war auch ein guter Kenner des christlichen Glaubens. 92. Dieser Mann besuchte nun das Theater, um die Natur jener Verordnung zu erkunden. Als aber die Juden ihn im Theater erblickten, schrien sie und sprachen: ›Dieser Mann kommt nicht in guter Absicht, sondern um einen Aufruhr zu provozieren. Und Orestes, der Präfekt, war verärgert über die Kinder der heiligen Kirche, und ließ Hierax ergreifen und verurteilte ihn zur öffentlichen Bestrafung im Theater, obwohl jener völlig schuldlos war. 94. Und Kyrillos erzürnte über den Gouverneur der Stadt, weil er solches tat, und auch weil er einen berühmten Mönch aus Nitria namens Ammonius töten ließ und auch andere Mönche. Und als Kyrillos solches hörte, sandte er zu den Juden und ließ ihnen folgendes ausrichten: ›Beendet eure Feindseligkeiten gegen die Christen.‹ 95. Doch sie weigerten sich zu beachten, was sie gehört hatten, denn sie rühmten sich der Unterstützung des Präfekten, der auf ihrer Seite war, und so verübten sie Frevel über Frevel und planten ein Blutbad durch einen gemeinen Hinterhalt. 96. Und sie postierten gewisse Leute in allen Straßen des nachts und andere riefen laut und sagten: ›Die Kirche des Apostels Athanasios brennt: eilt herbei zu Hilfe, ihr Christen alle!‹ 97. Und wie die Christen das Geschrei hörten, ahnten sie nicht den Hinterhalt der Juden und kamen herbei. Und als die Christen herauskamen, standen die Juden auf und massakrierten die Christen und vergossen das Blut vieler, obwohl sie schuldlos waren. 98. Und als die überlebenden Christen am anderen Morgen von der gottlosen Tat hörten, die die Juden verübt hatten, begaben sie sich zum Patriarchen. Und die Christen versammelten sich allesamt und marschierten wutentbrannt zu den Tempeln der Juden und nahmen sie in Besitz und reinigten sie und verwandelten sie in christliche Kirchen. Und eine davon nannten sie nach dem Namen des heiligen Georg. 99. Und sie vertrieben die jüdischen Mörder aus der Stadt und beschlagnahmten alle ihre Besitztümer und trieben sie hinaus völlig entkleidet und Orestes, der Präfekt, war unfähig ihnen zu helfen. 100. Und danach erhob sich eine Menge Gläubiger in Gott unter Führung des Lesers Petrus, der in jeder Hinsicht an Jesus Christus glaubte, und sie machten sich auf und suchten die heidnische Frau, die die Menschen in der Stadt und den Präfekten mit ihren Einflüsterungen verwirrt hatte. 101. Und als sie hörten, wo sie sei, gingen sie hin und fanden sie sitzend auf einem Stuhl und ließen sie herabsteigen und schleiften sie bis zu einer großen Kirche, genannt Kaisarion. Dies geschah in der Zeit der Fasten. 102. Und sie rissen ihr die Kleider herunter und schleiften sie durch die Straßen der Stadt bis sie starb. Und sie trugen sie zu einem Ort namens Kinarion und verbrannten ihren Leib mit Feuer. 103. Und das ganze Volk umringte den Patriarchen Kyrillos und nannten ihn ›den neuen Theophilos‹, denn er hatte den Götzendienst in der Stadt besiegt.«

Johannes hatte gut reden. Das Christentum hatte gesiegt, und der Mord an Hypatia hatte sich in der Legende zu einer Ruhmestat entwickelt. Was Johannes nicht wissen konnte: Die Hegemonie des christlichen Glaubens in Ägypten ging bereits zu Ende, und die gleichen Leute, die einst in Scharen zum Christentum konvertiert waren, sollten schon bald ebensogute Mohammedaner werden.

Der Bericht ders Johannes zeigt, daß er die wesentlich älteren Berichte von Sokrates Scholastikos kannte. Seine Erzählung ist die bei weitem ausführlichste, jedoch längst nicht vollständig. Sie ist zum Teil auch irreführend. Damit meine ich weniger, daß er den Juden vorwirft, das beschriebene antisemitische Pogrom selber provoziert zu haben, oder daß er die randalierenden Christen in der Tradition der Märtyrerberichte als Unschuldslämmer vorführt, sondern daß er den Mord an Hypatia in unmittelbarem Anschluß an das Pogrom stattfinden läßt. Man fragt sich, warum Orestes einen Mönch namens Ammonius hinrichten und andere bestrafen ließ. War da nicht noch was? Was war die »Nitria«? Gab es noch andere blutige Zusammenstöße, nicht nur zwischen Christen und Juden? Wie viele Juden, Griechen, Ägypter gab es überhaupt in Alexandria? Lassen sich die Religionen einzelnen Gruppen zuordnen? Wie war das Verhältnis der Gruppen und Religionen zueinander, wenn sie nicht von ihren Bossen aufgehetzt wurden? Wie verhielten sich die Neuplatoniker zu den anderen Religionen? Welche Rolle hatte Hypatia in diesem Kräftespiel? Warum war sie überhaupt so berühmt, und was arbeitete sie? Welche Rolle spielte die römische Staatsmacht? In welcher Beziehung zueinander standen die streitenden christlichen Gruppen in Alexandria? Wie unterschieden sich die Alexandriner von den anderen christlichen Zentren, zum Beispiel in Antiochia und Konstantinopel? Wurden die Christen denn nicht mehr verfolgt? Wer waren Kyrillos und sein Vorgänger Theophilos? Wer war Arius? Ging es nur um die Religion und den rechten Glauben? Wo lebten die streitenden Parteien – in Ghettos? Vielleicht sogar durch Mauern getrennt? Was für eine Rolle spielte das Kaisarion, genannt auch Sebasteion? Gab es mehr solcher Topoi der innerstädtischen Kämpfe? Gab es das Museion überhaupt noch, wo Hypatia angeblich entführt wurde?

Stellen wir uns vor, die Mordsache Hypatia wäre ein echter Kriminalfall, so wären das einige der Fragen, die man sich stellen müßte, um die Angelegenheit richtig zu beurteilen und vielleicht sogar die Schuldigen an dem Lynchmord zu ermitteln. Christopher Haas hat in seiner sehr lesenswerten Studie[22] (in der natürlich auch Hypatia vorkommt) den Gang der Ermittlungen vorgezeichnet. »Zunächst«, sagt er, »führe ich das Publikum ins Theater (die Anlage der Stadt). Dann untersuche ich die Bühne (den wirtschaftlichen und gesellschaftlichen Hintergrund – die Kulisse). Sodann führe ich die Personen des Dramas herein und erläutere ihren individuellen Charakter. Danach dimme ich die Beleuchtung herunter, und das Spiel beginnt – der Kampf um die kulturelle Hegemonie.« Man müßte hinzufügen: Und zum Schluß liegen die Leichen auf der Bühne.

SITZ DER UNSTERBLICHEN GÖTTER

Dreierlei Fisch

Man sagte nicht: »Alexandria in Ägypten«. Man sagte: »Alexandria bei Ägypten«. Sogar heute noch, behauptet Haas, sprechen die Alexandriner davon, »nach Ägypten« zu reisen.

Was war das Besondere an der Stadt? Bis der makedonische König Alexander die persischen Satrapen vertrieb, legten die Griechen in der Kyrenaika an oder in Naukratis, einer seit dem siebten Jahrhundert v. Chr. bestehenden griechischen Kolonie am Ostufer des kanopischen Nilarms. Alexandria wurde der Stapelplatz an einem Handelsweg, der im Westen bis England und Spanien, im Osten bis Arabien und Indien reichte. »Sitz der unsterblichen Götter«, schwärmte ein Dichter. Gemeint waren natürlich die ptolemäischen Königinnen und Könige, nicht selten Geschwister, die sich schon zu Lebzeiten wie Götter aufführten.

Als Alexanders Riesenreich aufgeteilt wurde, »fiel Ägypten dem Sohn des Lagos zu«.[23] Seither hießen alle männlichen Thronfolger Ptolemaios, vom ersten, der seit Alexanders Tod, 323 v. Chr., Satrap war und 306 in Memphis zum Pharao gekrönt wurde, bis zu den letzten, den Kindkönigen, während die Frauen nicht alle Kleopatra hießen. Die, die wir aus dem Film kennen, war die siebte, während ihre Tochter Kleopatra Selene schon nicht mehr numeriert wurde.

Ptolemaios Kaisar, Cäsars Sohn mit Kleopatra VII., wurde als letzter numeriert und bekam die XV. Er wurde, siebzehnjährig, im Auftrag des Kaisers Augustus hingerichtet. Seinen Halbbruder Antyllos, ein Sohn des Marc Antonius, ließ der Kaiser im Kaisarion unter dem Bildnis seines Vorgängers Cäsar zu Tode foltern[24]. Es war offenbar schon immer Usus, besonders verhaßte Konkurrenten im Kaisarion zu lynchen.

Das Regime der Ptolemäer muß die Regenbogenpresse der späten römischen Republik täglich mit Headlines versorgt haben, so daß es für einen römischen Emporkömmling wie Cäsar nichts aufregenderes gab als eine Affäre mit einer ägyptischen Königin.

Michael Pfrommer hat in seinem großen Bildband die »propagandistischen Auftritte« und festlichen Umzüge der griechischen Pharaonen im Rahmen der periodischen »Ptolemaia« dargestellt – die überlebensgroße Goldstatue des Königs in einem mächtigen Wagen, der von vier Elefanten gezogen wurde, die Füllhörner, Allegorien, Menschenmassen, unendlich kostbaren Insignien der verschiedenen mythologischen Konnotationen der Herrscher, den sechzig Meter langen Phallos, der bei einer Pompè des zweiten Ptolemäers zu Anfang des dritten Jahrhunderts vor Christus mitgeführt wurde.

Die Lage der Stadt war optimal, der Mittelmeerhafen fast naturgegeben, die Verkehrsanbindung bestens, nicht zuletzt durch einen zweiten Hafen für die Binnenschiffahrt am südlichen Stadtrand. Dreierlei Fisch aßen die Bewohner, zumindest diejenigen, die etwas zu essen hatten, »ein Privileg, das keine andere Provinz genoß«, heißt es in einer »Weltgeschichte« aus der Zeit Hypatias: Flußfisch, Fisch aus dem See und Fisch aus dem Meer.

Die Stadt liegt auf einer hügeligen Landzunge zwischen Mittelmeer und dem riesigen Mareotis-See, der in der Antike noch Süßwasser enthielt. Kanäle, die nicht nur dem innerägyptischen und dem Osthandel dienten, lange vor Alexander in den Wüstensand gegraben, verbanden den See mit dem Nil. Alexandria war eine knochentrockene Stadt. Es gab im Stadtgebiet keine Quelle und keinen Brunnen. Nur dank der Kanäle war die Stadt bewohnbar. Durch sie nahm sie sogar an den jährlichen Nilüberschwemmungen teil.

Ein Gott aus Memphis, der altägyptischen Kapitale, wachte über die rund achtzig Kilometer lange, bis hinauf nach Canopus (Abukir) reichende Nehrung, lange bevor auf dem schmalen, flachen Kalkfelsen eine Stadt gegründet wurde: Serapis, von Apis, der Stier, der sich im Tod in Osiris verwandelte. Ihm war ein Heiligtum, das Serapeion, in einem Dorf namens Rhakotis geweiht, aus dem die Stadt hervorging. Die Ptolemäer kombinierten ihn mit ihrem Dionysos, der ebenfalls in Stiergestalt auftreten konnte, und machten aus ihm die Doppelgestalt des Serapis, um so die religiöse Kontinuität zu demonstrieren.

Als Stier steht er im griechisch-römischen Museum von Alexandria, herrlich, glänzend, schwarz, gewaltig und kraftvoll. In Holz ähnelt er Zeus, bärtig und sehr viril mit einem Blumentopf auf dem Kopf, der Fruchtbarkeit verheißt. Fast so schön wie der Jupiter von Ingres.

Wenn es einen Gott gab, in dem sich die griechische Hegemonie ausdrückte, dann war es dieser Stier mit dem lockigen Bart, dem üppigen Haar, dem weichen, sinnlichen Mund und dem Blumentopf auf dem Kopf. Die Christen haßten ihn mehr als andere heidnische Götter, doch bis 391 n. Chr. wagte keiner, ihn ernstlich anzufassen, denn nur er garantierte die jährliche Nilschwelle. Wir werden sehen, wie eng das Serapeion mit dem Mord an Hypatia verknüpft war.

Der erste Grieche an dem noch öden Gestade war der legendäre Menelaos, Bruder Agamemnons. Sieben Jahre irrte der König von

Sparta auf den Meeren umher nach dem Fall von Troja. Wieder daheim, begegnet ihm Telemachos, und »der bräunlichgelockte Menelaos« berichtet: »Es liegt eine Insel im wogenstürmenden Meere, vor des Ägyptos Strome, die Menschen nennen sie Pharos. Dort ist ein sicherer Hafen, allwo die Schiffer gewöhnlich frisches Wasser sich schöpfen und weiter die Wogen durchsegeln.«[25]

Die Unterwasserarchäologen können seinen Bericht bestätigen. Sie fanden Reste von Hafenanlagen nordwestlich der Insel, die vielleicht schon in minoischer Zeit erbaut wurden.

Menelaos war zweimal in Ägypten. 331 v. Chr. erschien Serapis in seiner Gestalt Alexander dem Großen, der in Canopus lag und gerade noch überlegt hatte, wo er die neue ägyptische Hauptstadt gründen solle. Menelaos hatte seinen Homer auswendig gelernt. »Es liegt eine Insel im wogenstürmenden Meere, vor des Ägyptos Strome, die Menschen nennen sie Pharos«, sprach er. Alexander sprang ins Boot, ließ sich zum Mareotis-See rudern, ging in Rhakotis an Land, holte ein paar Säcke Mehl und markierte den Verlauf der zu bauenden Stadtmauern nach alter makedonischer Unsitte mit Mehl. Einige behaupten, er habe keine Kreide zur Hand gehabt und deshalb Mehl genommen, aber das sind »ungebildete Berichte«, wie Damaskios sagen würde. Auch eine Jungfrau soll er geopfert haben, so daß es schlüssig erscheint, wenn am Ende der griechischen Ära abermals eine solche geschlachtet wurde.

Und Frauen erst

Alexandria war eine »geplante Stadt«. So gut geplant, daß nicht nur die Wohnhäuser klimatisiert waren (durch sinnreiche Schornsteinanlagen), sondern auch die Straßen. Deinokrates von Rhodos, ein Schüler des berühmten Urbanisten Hippodamos, hatte sie so angelegt, daß immer ein frischer Wind wehte, und alle lobten die milde Luft, auch Strabon in seiner Erdgeschichte[26], die eine ausführliche Darstellung des Stadtbildes im letzten Jahrhundert v. Chr. enthält.

Hippodamos aus Milet ist angeblich der Erfinder der modernen Stadt mit gleichförmigen Baublöcken und einem rechtwinkligen Straßensystem. Das 497 v. Chr. zerstörte kleinasiatische Milet wurde so wiederaufgebaut, und nun auch Alexandria. Das zahlte sich aus. Schon zu Zeiten von Arsinoe II. und Ptolemaios II. (282–246 v. Chr.), ihres Bruders, den sie auch heiratete, hatte die Stadt Kultstatus, das Paris der Antike, und besaß höhere Sympathiewerte als Rom (Konstantinopel gab es noch nicht). Bei einem Autor des dritten Jahrhunderts v. Chr. lesen wir:

»Dort aber ist der Göttin Haus, denn alles, was irgend auf der Erde ist und wird, ist in Alexandria: Reichtum, Ringschulen, Macht, Frieden, Ruhm, Schaustellungen, Philosophen, Goldgeschmeide, junge Männer, der Geschwistergötter Tempel, der brave König, das Museion, Wein – kurz, alles Gute, was man nur wünschen mag, und Frauen erst, so viel, daß selbst der Himmel – bei der Hadesbraut! – so vieler Sterne sich nicht rühmen kann, und hold von Ansehen, wie die Göttinnen, die einst im Wettstreit um den Schönheitspreis zu Paris zogen.«

Man beachte den Stellenwert der Philosophen (zwischen »Schaustellungen« und »Geschmeide«) und des »Museion« (zwischen dem braven König und dem guten Wein) – ein erstaunlich moderner Bericht. Auch Rückschlüsse auf Hypatias Aussehen sind nun möglich. Alexandrinerinnen sind prinzipiell schön.

Ihren Ruhm verdankte die Stadt nicht nur ihrer Anlage, sondern auch ihrer Sozialordnung. Sie beherbergte ein Völkergemisch, für das der Stadtplan wie geschaffen war, denn er gestattete eine übersichtliche Ghettoisierung. Wo das Volk lebte, waren die Straßen schmal und die Grundstücke klein, im Norden waren sie riesig. Das haben die Ausgrabungen bewiesen, die auch den Glanz noch erahnen ließen[27].

Wer sich der neuen Hauptstadt von Osten her näherte, von Abukir oder Rosette, passierte das Sonnentor und blickte in eine Allee, die dreißig Meter breit und mehr als fünf Kilometer lang, schnurgerade zum Mondtor im Westen führte: Die kanopische Straße. Säulen statt Pappeln zu beiden Seiten. Der Boulevard trennte hoch und niedrig, reich und arm, Griechen im Norden, Ägypter im Süden, die Sphäre der Produktion von der Konsumtion, die arbeitende Bevölkerung von der schmarotzenden.

Am Mondtor erreichte die kanopische Straße den neuen Hafen, der dem Güterverkehr diente. Er war vom östlich gelegenen königlichen Hafen durch das Heptastadion getrennt, einen Damm, der vom Königsbezirk (der Basileia) zur Insel Pharos führte. Zwei Brücken im Damm verbanden die beiden Häfen. Am Osthafen wurde gepraßt, am Westhafen das Geld verdient. Dort grenzte Rhakotis ans Mittelmeer, dort lebten die ägyptischen Hafenarbeiter, denen wir schon begegnet sind, dort lag, etwa drei Kilometer landeinwärts, aber noch auf Stadtgebiet, das Serapeion, wie eine Zitadelle in Feindesland.

»Die Anlage eines königlichen Viertels (Basileia), das nach Strabon ein Drittel des gesamten Stadtgebietes beanspruchte, muß eine unerhörte Neuigkeit gewesen sein«, schreibt Grimm. Zur Basileia gehörten die großen Tempel und wichtigen Heiligtümer, später auch das Kaisarion, die Agora, ein Theater, eine Palästra (Turnhalle), ein künstlicher Fluß, Gärten, Haine, ein zoologischer Garten mit seltenen Tieren, der königliche Hafen und die Schiffswerften. »Kurz, die Stadt ist voll von Weihgeschenken und Heiligtümern«, schwärmte Strabon, »das schönste aber ist das Gymnasion, mit Säulenhallen, länger als ein Stadion (180 Meter).«

Was sah der Reisende, der bei Tag übers Meer kam? Strabon meinte: »Pharos ist eine langgestreckte Insel, sehr nahe beim Festland, und formt mit diesem einen Hafen. Am östlichen Ende der Insel ist ein Felsen, rundgewaschen vom Meer, der einen Turm trägt, wunderbar konstruiert aus weißem Marmor, zahlreiche Stockwerke hoch. Diesen stiftete Sostratos von Knidos, ein Freund der Könige, um der Sicherheit der Vorbeisegelnden willen, wie die Inschrift besagt.«

Der »Turm der rettenden Götter«, der zu den sieben Weltwundern gehörte, war zwischen 120 und 140 Meter hoch, wurde bald nach 300 v. Chr. in fünfzehn Jahren erbaut und hat ein Heer von Arbeitern beschäftigt, danach ein Heer von Autoren, die ihn beschrieben, und zuletzt ein paar Mathematiker, die ausgerechnet haben, wo die Steinmassen geblieben sind. Er war der höchste Turm der Antike und ähnelte den Großbauten, die in Moskau in den dreißiger Jahren des 20. Jahrhunderts erbaut wurden – also stufenförmig, mit einem Unterbau fast halb so hoch wie der ganze Wolkenkratzer, mit vielen Fenstern und dreihundert Räumen.

Ihm folgte ein Mittelbau, ebenfalls reich an Fenstern, und oben drauf thronte ein mehrstufiger Tempelbau mit einer Laterne, von einer Statue gekrönt. Die Frage, wie das Leuchtfeuer funktionierte, wurde nie entschieden, aber es muß ein simples Prinzip gewesen sein, denn der Turm funktionierte noch, als die Araber kamen (642 n. Chr.), und man weiß ja, daß nur simple Erfindungen lange leben.

Der Turm stand rund 1800 Jahre lang und änderte mehrfach seine Gestalt, doch nie seine Funktion. Erst 1480 ließ Sultan Quaytbey das gute Stück schleifen und eine Zitadelle errichten. Sie ist immer noch ein gewaltiger Trumm und ähnelt einem Kastell aus der Stauferzeit.

Hatte der Reisende die gefährliche Hafeneinfahrt geschafft, so erblickte er links die Halbinsel Lochia, die das Hafenbecken nach Osten begrenzte. Hier lagen Königspaläste, die »Münze« und das vielbesungene Festzelt Ptolemaios' II. Dahinter die Prachthäuser der Hofschranzen, die Palastwache, das Gefängnis, die Kasernen. Die ganze Hafenfront gehörte zur Schokoladenseite der Stadt und bestand vorwiegend aus Palästen. Das Museion mit der berühmten

Bibliothek, das Mausoleum Alexanders und die Palasthaine waren dahinter verborgen. Das Kaisarion, wo Hypatia starb, lag etwa in den Mitte, neben dem Palast, wo Kleopatra sich, in einen Teppich gerollt, in Cäsars Schlafzimmer schmuggeln ließ, und grenzte fast ans Wasser. Es hatte Festungscharakter und war riesig.

Pfrommer schätzt die Hafenfront des Kaisarions mit den zwei Obelisken auf hundertfünfzig Meter Länge. Auch die Höhe sei prachtvoll gewesen, denn man sollte vom Schiff wirkungsvoll zu den Tempeln emporsteigen. Also Propyläen als Vorbau, und erst tief innen der Tempel für den Kaiserkult.

Probleme der Buchführung

Zwei Bauwerke interessieren uns nun vor allem, da sie zum Hypatia-Roman gehören: Das Museion, wo die Philosophin bis zu ihrem Tod gelebt, studiert und gelehrt haben soll, und das Grab Alexanders des Großen, das quasi als Auftakt zu ihrer Ermordung von den Christen geschändet wurde.

Das Museion, zu dem die Bibliothek gehörte, war eine Universität nach dem Vorbild der Akademie in Athen. Sie ist praktisch synonym mit Alexandria, und man kann deshalb allen Politikern, die überdauern wollen, nur raten: Baut Universitäten, an denen die Studenten nicht nur fürs Examen arbeiten.

Homers »Ilias«, die sechshundert Jahre nach der ersten Niederschrift dringend renoviert werden mußte, wurde am Museion in die bis heute üblichen vierundzwanzig Gesänge eingeteilt. Berühmt das Gerücht, daß Ptolemaios II. auf Anraten des Demetrios zweiundsiebzig Schriftgelehrte aus Jerusalem im Museion einsperren ließ, wo sie das alte Testament ins Griechische übertragen mußten. Es heißt, jeder einzelne habe für sich gearbeitet, doch als man die zweiundsiebzig Übersetzungen miteinander verglichen habe, hätten sie bis auf den letzten I-Punkt übereingestimmt.

Laut Strabon lag das Museion in der inneren Basileia (in Hafennähe) und bestand unter anderem aus einer Wandelhalle für die Peripatetiker (das sind die Leute, die im Laufen denken), einer mit Sitzen versehenen Halle (Exedra) und einem großen Gebäude, in dem sich auch der Speisesaal der Gelehrten befand. Mehr wissen wir nicht, und ich erwähne das alles auch nur, weil es in etlichen, auch akademischen Aufsätzen und Büchern heißt, Hypatia sei Professorin am Museion gewesen[28].

Die Namensliste dieser berühmtesten Hochschule der Welt liest sich wie ein Who-is-who der Antike. Die Wissenschaftler wurden auch im Ausland abgeworben, und angeblich gut honoriert. Am Museion wurden die ersten Leichen seziert, und unermüdlich berechnete Apollonius von Perga Kegelschnitte. Am Museion wurde bewiesen, daß die Erde rund ist und ihr Umfang berechnet. Aristarch errechnete um 310 v. Chr. die Monddistanz. Eratosthenes' Schrift über die Vermessung der Erde gelangte auf Umwegen bis zu Christoph Columbus. Er zeichnete auch eine erstaunliche Weltkarte. Eratosthenes stammte aus Kyrene und lebte etwa 285 bis 205 v. Chr., also fast zur gleichen Zeit wie Archimedes und Euklid. Unter Ptolemaios III. war er Bibliotheksdirektor.

Auch über die Bibliothek des Museion werden Wunderdinge berichtet. Luciano Canfora erzählt, wie die Könige von Pergamon und Alexandria sich gegenseitig die aristotelischen Bücher abjagten[29], und Blanck[30] behauptet, daß Ptolemaios IV. ein Exportverbot für Papyros erlassen habe, um die Scriptorien von Eumenes II. zu boykottieren, woraufhin man in Pergamon das Pergamentpapier erfand.

Kapitäne, die Bücher geladen hatten, mieden Alexandria. Sobald ein solches Schiff sich näherte, wurde es in den Hafen gebeten. Die Bücher wurden abgeschrieben, Blanck behauptet sogar: schlecht und hastig, und der Kapitän erhielt nicht die Originale zurück, sondern die Abschriften.

Die Meinungen über den Bibliotheksbestand gehen weit auseinander. Der römische Autor Gellius, der um 170 n. Chr. ein Brevier für die gebildeten Stände in zwanzig Bänden verfaßte[31], erzählt etwas von 700000 Rollen. Das entspricht der Zahl der Bücher, die laut Ammianus Marcellinus im Jahre 48 v. Chr. verbrannten, als Cäsar für Kleopatra entflammte. Ammianus lebte freilich erst Ende des vierten Jahrhunderts n. Chr. in Antiochia. Er verbrannte vermutlich einfach alle Bücher, die Gellius gezählt hatte (oder besser: nicht gezählt hatte). Einigermaßen sicher ist nur, daß Ptolemaios Philadelphos, Mitregent ab 285 v. Chr., 490000 Bücher besaß, größtenteils Sammelwerke.

Mehr noch als der riesige Bestand hat sein Verbleib die Phantasie angeregt. Nach Grimm, dessen Schrift 1998 erschien, hat Cäsars alexandrinischer Krieg 400000 Bücher gekostet. Dem widersprach Canfora bereits 1986[32]. Er hat dem Verbleib der Bücher ein ganzes Buch gewidmet. Unter Berufung auf Seneca und Livius kommt er lediglich auf verbrannte 40000 Buchrollen.

In letzter Zeit wird die Vernichtung der Bibliothek von Alexandria gerne den Arabern in die Schuhe geschoben, woran ein Araber Schuld ist. Ibn al-Qifti erzählt nämlich folgende Geschichte: Der neue Herr von Alexandria, Amr ibn el As, habe Kalif Omar in Bagdad gefragt, was er mit den vielen Büchern machen solle.

Einen Monat lang, während das Schicksal der Bibliothek von der Antwort aus Bagdad abhing, versuchte der greise griechische Philosoph Johannes Philoponos, der damals eventuell noch lebte, den kultivierten Araber vom kulturellen Wert der Bücher zu überzeugen. Dann kam die Antwort: »Wenn der Inhalt der Bücher sich mit dem Buch Allahs vereinbaren läßt, so können wir auf sie verzichten. Enthalten sie hingegen Dinge, die davon abweichen, so gibt es erst recht keinen Grund, sie aufzubewahren.«

Dem Befehl des Kalifen folgend, habe Amr die Bücher auf die viertausend Bäder Alexandrias verteilt, damit man sie als Brennstoff benutze. Sechs Monate lang habe es gedauert, bis alles verbrannt war. Hier wird der Bibliotheksbestand eine Gleichung mit einer Unbekannten, die empirisch gelöst wird. Man muß nur ausprobieren, wie lange ein Buch brennt.

Mit Napoleon in Ägypten

Auch das Grab Alexanders hat mit Hypatia etwas zu tun, wie wir kurz vor ihrer Ermordung sehen werden.

Es war der Abend des 13. Juni 323 v. Chr., als Alexander der Große in Babylon starb, vermutlich vergiftet, behauptet Canfora, was Plutarch, der die letzten Tage und Stunden des Welteroberers minutiös beschreibt, »für eine Ausgeburt der Phantasie« hält. Wie es am Totenbett aussah, als die Großen des Reiches dem noch Lebenden die letzte Ehre erwiesen, wissen wir durch ein kleines Gemälde von Theodor von Piloty, das in der Staatsgemäldegalerie in München hängt.

Die Namen der Diadochen, d.h. der Anwärter auf die Nachfolge, lernten wir in der Schule: Antigonos, Antipater, Lysimachos, Ptolemaios und Seleukos, kurz: Anzweilyptose. Das klang wie eine rätselhafte Erbkrankheit. Sie herrschten, zunächst als Satrapen und bald auch als Souveräne, über die fünf Riesenreiche von Bulgarien bis Indien und von der Ukraine bis an den Sudan, die im Lauf der Zeit immer kleiner und schließlich ganz aufgesogen wurden, zumeist von Rom.

Überliefert ist sogar, daß der Tote keine Anstalten machte, zu verwesen. Das Bündnis seiner Erben zerfiel, sein Generalstab zerfiel, seine Armee zerfiel, nur er nicht. Das war gut so. Alexander hatte den Wunsch geäußert, in Alexandria zu ruhen, und durfte deshalb nicht verbrannt werden. Ein Ägypter wurde einbalsamiert. Aber die Erben stritten sich und konnten deshalb keine Befehle geben. Also mußte er frisch bleiben. Erst zwei Jahre später brach der Leichenzug auf. So lange dauerte es, den von Diodorus beschriebenen Leichenwagen anzufertigen. Doch schon in Damaskus, wo Ptolemaios die Reliquie abholen wollte, ließ der lokale Satrap die Fracht beschlagnahmen.

Das war verständlich. Einen Toten dieser Größenordnung zu besitzen, war wichtig für die corporate identity der Sippen, die sich um die Erbmasse stritten. Wer den Toten hatte, saß oben. Er war noch warm, als ein berühmter Seher bereits verkündete, das Land, das einst sein Grab besitze, werde reich und glücklich werden.

Polemaios I. Soter behalf sich mit einer List. Er ließ die Mumie kopieren, tauschte sie gegen die echte aus und verließ die Stadt bei Nacht und Nebel.

Aber vielleicht war die Legende eine Legende. Vielleicht wurde Alexander nie in Damaskus gestohlen. Vielleicht reichte es, in Alexandria eine beliebige Mumie zu verehren. Vielleicht hätte man ein einbalsamiertes Krokodil für den echten Alexander gehalten und in jeder anderen Stadt der Welt den echten für eine Fälschung. Man reiste nicht in die Alexanderstadt, um einen falschen Alexander zu betrachten.

Jahrhundertelang lag Alexander in einem Sarkophag mit einem gläsernen Deckel, gehegt von einer eigenen Priesterschaft, und ständig kam hoher Besuch. Augustus ließ der Sarg öffnen, setzte dem Toten einen Lorbeerkranz auf und brach ihm versehentlich die Nase ab. Kaiser Caligula klaute seinen inzwischen fast vierhundert Jahre alten goldenen Panzer, und Domitian konnte sich nicht losreißen. Er fand, der Tote sähe ihm so ähnlich.

Über die Lage des Grabmals informiert uns Strabo: »Zum Palastviertel gehört auch das sogenannte Grab, ein abgeschlossener

Bezirk, in dem sich neben den Grüften der Könige auch die Gruft Alexanders befindet.«

Seltsamerweise befand sich hier Ende des 18. Jahrhunderts auch der Sarkophag des letzten einheimischen Pharao, den man aus unbekannten Gründen nach Alexandria verschleppt hatte. Am 16. Messidor 1798, als General Napoleon Alexandria besetzt hatte, nahm er die Treueeide der örtlichen Beamten ab, hielt eine Rede, in der er seine Soldaten zur Toleranz gegenüber den so andersartigen Einwohnern Ägyptens ermahnte und rekogniszierte dann in Begleitung von Vivant Denon die Stadt.

Sie schauten sich alles an, erörterten das Serapeion und andere Highlights, besprachen, was man abreißen und was man ausbessern sollte, und besuchten zum Schluß, Zitat, »eine der wichtigsten Moscheen, einst eine der ersten (christlichen) Kirchen unter dem Namen des heiligen Athanasios. Dieses Gebäude, das zerfallen und prächtig zugleich ist«, schreibt Denon, »zeigt die Sorglosigkeit der Türken, selbst für Gegenstände, die ihnen nahestehen, sehr deutlich. Vor unserer Ankunft durfte kein Christ sich dieser Moschee nähern, aber statt die Türen auszubessern, stellten sie lieber noch eine Wache mehr davor.«

Im Hofe dieser Moschee entdecken die Franzosen einen kleinen achteckigen Tempel, und in diesem steht ein Sarkophag, der Denon den Atem verschlägt. Er schreibt: »Eine Wanne von ägyptischer Brescia, die unglaublich schön ist, sowohl wegen ihrer inneren Güte, als wegen der unzähligen hieroglyphischen Figuren, die sie aus- und inwärts bedecken. Dieses Monument wird unstreitig durch ganze Bände Dissertationen berühmt gemacht werden. Ich hätte einen Monat gebraucht, um alle Kleinigkeiten daran zu zeichnen, aber ich hatte kaum so viel Zeit, die äußere Form hinzuwerfen.«

Denon glaubt offensichtlich, den äußeren Sarkophag Alexanders entdeckt zu haben. Warum sonst sollte er ganze Bände Dissertationen erwarten, alle Kleinigkeiten daran zeichnen und vor allem monieren, daß die Türen zerfallen sind? Er hat die ganze Stadt besichtigt, er hat das ganze Ausmaß der Verwahrlosung gesehen, diese Stadt war am Ende, sie wartete nur noch auf einen Eroberer. Warum sollten »die Türken« ausgerechnet diese eine Moschee sichern, wenn sie nicht etwas ganz Großes enthielt?

Napoleon hatte seine berühmte Pyramiden-Rede an die französische Armee noch nicht gehalten, aber sie lag mit Sicherheit schon in der Luft: »Geht nun, und denkt daran, daß 40 Jahrhunderte von der Höhe dieser Monumente auf Euch niederblicken.« Es gab in England, Frankreich in diesem 18. Jahrhundert nichts Größeres als die Reiche der Antike und ihre legendären Herrscher, Alexander, Pompeius, Cäsar. Ihre Grabmäler nicht einmal mit Schloß und Riegel zu sichern, war unverzeihlich. Das könnte Denon gedacht haben.

Aber er sagt nichts. Er bleibt im Geist der Aufklärung und des Rationalismus. Er erweist der vermeintlichen Größe des Ortes einen größeren Dienst. Er setzt sich hin und beginnt zu zeichen. Er zeichnet wie ein Filmemacher, der mit der Vogelperspektive anfängt, dann das Objekt in der Totalen erfaßt, dann das Detail, und dann erst zoomt er den Blick ganz nahe heran. Vom Minarett aus zeichnet er die Umgebung bis ans Meer, die »drei aufrecht stehenden Säulen, von denen noch kein Reisender gesprochen hat«, dicht bei der Moschee und bezeichnet sie als »die Reste eines großen und prächtigen Gebäudes«.

Dann steigt er vom Turm und zeichnet den Innenhof der Moschee. Wir sehen den hohen Kreuzgang, ein paar Palmen, vier Männer, die beten, einen Mann, der unter einem Baum mit großer Krone ausruht. Der weite Platz ist offenbar unbefestigt, uneben und staubig, nichts vom gepflegten Glanz der Marmorfußböden heutiger Innenhöfe großer Moscheen.

Besonders hebt die Zeichnung den Tempel hervor, der hier nicht hingehört. Er ist offensichtlich stehengeblieben. Dafür sprechen auch einige Mauerreste drumherum. Die einzige Tür ist klein im Verhältnis zum Bauwerk, das dem Mausoleum Theoderichs in Ravenna ähnelt. Die steinerne Kuppel ist so massig, daß sie durch dicke Stützmauern seitlich des Oktaeders abgefangen werden mußte. Jetzt erst zeichnet Denon den massiven, dickwandigen grünen Sarg. Er steht momentan im britischen Museum und heißt »Sarkophag, der angeblich den mumifizierten Leichnam Alexanders enthielt«.

In einer Hinsicht sollte Denon recht behalten. Ab 1805 wird man den Tempel im Hof der Attarin-Moschee für das Mausoleum Alexanders, den Sarkophag für Alexanders Sarg halten, aber vielleicht war Denon auch nicht so überrascht, wie er tat. Schon 1550 hatte ein maurischer Sklave am römischen Hof von Papst Leo X. in einem Buch über Afrika in italienischer Sprache den Tempel beschrieben:

»Sie sagen, daß der Leichnam Alexanders des Großen darin aufbewahrt werde, den der Koran für einen großen Propheten ausgibt. Viele Fremde kommen aus entfernten Ländern, um dieses Grab zu verehren, und schicken viele und große Almosen dahin.«

Die Meinung, daß es nicht das vielgesuchte Grab sein könne, entstand erst, als 1822 ein Franzose die Hieroglyphen entzifferte. Niemals hätte man für Alexander einen Second-hand-Sarg verwendet, heißt es seither. Aber warum nicht? Wer war jener letzte Pharao Nektanebos II., dem der Sarkophag ursprünglich gedient hatte?

Er verschwand, als König Artaxerxes von Persien, zehn Jahre vor Alexander, Ägypten erneut unterwarf. Er verschwand 343 v. Chr. aus Ägypten, aber nur, um dreizehn Jahre früher am Königshof in Makedonien wieder aufzutauchen – kleiner Abschreibfehler der Historiographen.

Wichtiger ist: Philipp II., Alexanders Vater, nahm ihn gastfreundlich auf, zumal er eine Menge Zaubertricks beherrschte. Der flüchtige Pharao jedoch mißbrauchte nicht nur das Vertrauen des Königs. Im Traum erschien er Philipps Gattin Olympias, der grausamen, mörderischen Olympias, und erklärte ihr, sie sei die Auserwählte des von ihm verehrten Gottes Ammon-Zeus. Dann legte er dessen Tracht an, das Widderfell und die goldenen Hörner, und zeugte mit ihr Alexander den Großen. So steht es im berühmten »Alexander-Roman«, den wir auch mal wieder lesen wollen.

Es hatte also drei Väter der große Alexander: Philipp II. von Makedonien, Nektanebos, den letzten indigenen Pharao und Gott Ammon-Zeus, denn bekanntlich zog Alexander, als er Alexandria gegründet hatte, in die Oase Siwa, fünfhundert Kilometer durch die Wüste Richtung Südwesten, eine Tortur noch heute, wo sich der Tempel des Zeus-Ammon befand. Der krönte ihn, erkannte ihn als seinen eingeborenen Sohn und schmückte ihn mit dem Widderfell und den goldenen Hörnern. Genauer: Um von einem echten Pharao abzustammen, nahm Alexander einen Fehltritt seiner Mutter in Kauf.

Warum also sollte ein Ptolemäer die kostbarste Reliquie der Stadt nicht in den Sarg eines der drei Väter legen, den Sarg des Pharao Nektanebos, und diesen zu dem Zweck nach Alexandria schaffen?

Bleibt nur die Frage, was aus Alexanders Mumie wurde. Sie wurde weggeworfen, um Hypatias Ermordung in die Wege zu leiten. Als Orestes, Hypatias Freund, den verehrten Mönch und Volksredner Ammonius hinrichten ließ, um den Bürgerkrieg zwischen Ägyptern und Griechen, Christen und Heiden zu beenden, dachte Kyrillos, der Patriarch, nur daran, die Massen noch mehr aufzuwiegeln und nun auf Hypatia zu hetzen.

Was aber läßt die Massen lauter nach Vergeltung und Blut schreien als ein gut inszeniertes Begräbnis? Erzbischof Kyrillos hatte eine geeignete Leiche, die des neuesten Märtyrers Ammonius. Ihm fehlte ein angemessener Sarg. Er ließ also die Reste Alexanders aus dem Sarkophag räumen und legte den Märtyrer Ammonius hinein. Deshalb stand 1799 der Sarg im Hof der Attarin-Moschee, die früher eine der ersten Kirchen des heiligen Athanasios war, des Vaters der Orthodoxie, des Größten, den die koptische Kirche bis dahin hervorgebracht hatte, 295 bis 373 n. Chr., mehrfacher Patriarch von Alexandria.

In welchem Roman steht, daß die Handlanger des heiligen Kyrill die Gebeine Alexanders aus dem Sarkophag geworfen und ihren Märtyrer hineingelegt hätten? Ja, richtig, in Fritz Mauthners »Hypatia«. Er beschreibt alles. Die Kapelle, den Sarkophag, den Inhalt: »Alexander der Große, der Heide, der Grieche, der Gotteslästerer, den man nun lange genug als Götzen verehrt hatte. Die Bronzetür flog aus den Angeln, und der goldene Deckel des Sarkophags hob sich, und was er enthielt, war nach wenigen Augenblicken verschwunden. Der goldgestickte Purpurmantel, die Waffen, der Königsring, die seltsame Krone, alles verschwand, und die Vase mit der Asche Alexanders ging von Hand zu Hand, und auch sie verschwand, Staub zu Staub.«

Also keine Mumie, sondern Asche, kein Deckel aus Glas. Aber das sind unerhebliche Details. Der Kern der Erzählung ist wichtig und der ist schlüssig: Die Leiche des großen Alexander wurde gefleddert, um die Masse gegen Hypatia aufzuhetzen.

EINE LEICHE FÜR ALLE FÄLLE

Am Anfang war Leibniz

Das 18. Jahrhundert begann, was unser Thema betrifft, mit einigen gelehrten Gesprächen und endete mit dem ersten Nahostkrieg seit den Kreuzzügen, Hauptbeteiligte England, Frankreich und die Türkei, und an beiden Ereignissen war der Philosoph Gottfried Wilhelm von Leibniz (1646–1716) aus Leipzig beteiligt.

1671 verfaßte Leibniz, der damals in Paris lebte, eine Denkschrift für Ludwig XIV., in der er eine Expedition nach Ägypten anregte, das, wie er schrieb, vor allen Ländern der Welt das bestgelegene sei, um die Herrschaft über die Meere zu gewinnen. Natürlich diente der Ratschlag, den man als frühen Meilenstein in der Geschichte der Globalisierung bezeichnen kann, nicht dazu, den Tod seiner spätantiken Kollegin Hypatia zu rächen oder den Türken das heilige Grab Alexanders zu entreißen.

Der Hintergedanke war ein anderer. Frankreich schielte nach der Pfalz. Leibniz, damals noch im Dienst des Kurfürsten von Mainz, schrieb also im Auftrag deutscher Fürsten, die die Franzosen auf andere lohnende Objekte hinweisen wollten. Möglichst weit weg vom Rhein. Kein Wunder, daß sein Vorschlag nicht ernst genommen wurde. Was Leibniz mit der Pfalz und Hypatia zu tun hatte, wollen wir im nächsten Abschnitt erörtern. Zunächst weiter mit Alexandria.

Gut hundert Jahre nach Leibnizens Denkschrift las der junge Napoleon ein philosophisches Werk über die Bedeutung des Ostasienhandels für Europa, in dem von Ägypten die Rede war. »Beim Anblick dieses Landes«, las er da, »das zwischen zwei Meeren gelegen ist, von denen das eine die Pforte zum Orient, das andere die zum Okzident bildet, faßte Alexander den Plan, den Hauptsitz seines Reiches nach Ägypten zu verlegen und es zum Mittelpunkt des Welthandels zu machen. Dieser Fürst, der aufgeklärteste aller Eroberer, begriff, daß es dieses Ägypten sei, das sozusagen von der Natur bestimmt ist, Afrika und Asien mit Europa zu verbinden.«

Napoleon las alles. Er las die Berichte französischer Kaufleute und des französischen Konsuls in Alexandria, und er las die Bücher über den Orient aus der ambrosianischen Bibliothek zu Mailand. Er las auch die Reiseberichte über Ägypten von Savary und Volney, die kurz vor der Französischen Revolution erschienen waren. Vor allem Volney, den Napoleon persönlich kannte, arbeitete auch geheimdienstlich. Er besaß Informationen über die Kampfkraft der Armee der Mameluken, die Befestigungsanlagen von Alexandria, die Küstenwachen etc. Die Mameluken waren eine Kriegerkaste, ursprünglich Sklaven. Sie waren de facto die Beherrscher Ägyptens unter den abbasidischen Schattenkalifen wie auch, seit 1517, unter den Osmanen, die in Byzanz residierten, bis zu ihrer Ausschaltung durch Muhammed Ali im Jahre 1811.

Warum Napoleon in die Fußstapfen Alexanders trat, wird gemeinhin mit dem damaligen französisch-englischen Konflikt begründet. Napoleon habe England von Frankreich ablenken wollen. Aber es ging um mehr, nämlich zu verhindern, daß England sich zum einzigen global player entwickeln konnte. In den Reminiszenzen über die Französische Revolution bleibt dieser Aspekt meist unterbelichtet. Man begnügt sich mit der Betonung von Nebensächlichkeiten, wie der Erklärung der Menschen- und Bürgerrechte, und Splattereffekten wie der Herrschaft des Schreckens und dem 9. Thermidor des Jahres zwei. Viel wichtiger aber war: Durch die Revolution und die von ihr in Gang gesetzten Produktivkräfte mußte Frankreich sich auch geopolitisch entwickeln.

Napoleons Kriegskasse und sein Expeditionskorps waren imponierend: Neun Millionen Goldfranken ließ er sich bewilligen, sechsundzwanzig Brigadegeneräle kommandierten 25000 Infanteristen und 3000 Kavalleristen, was auch eine erkleckliche Flotte erforderte. Zu seinem Troß gehörten Mathematiker, Astronomen, Ingenieure, Geologen, Chemiker, Zoologen, Geographen, Mineralogen, Konstrukteure, Drucker, Dolmetscher, Arabisten, ein kompletter wissenschaftlicher Stab, der eine Bibliothek und alle erforderlichen Instrumente mitführte – alles, was man braucht, um ein fremdes Land tatsächlich in Besitz zu nehmen.

Kaum angekommen, die militärische Lage ist noch prekär, die Niederlage schon greifbar nahe, gründen die Wissenschaftler ein ägyptisches Institut in Kairo. Sie unternehmen ausgedehnte Forschungsreisen und veranstalten Sitzungen, wo die Ergebnisse erörtert werden, wie der in Rosette gefundene dreisprachige Stein, mit dessen Hilfe die Hieroglyphen entziffert wurden. Nie zuvor gab es eine militärische Expedition, die so im Geist der Aufklärung stand.

Am Musenhof

Wer im Internet nach Hypatia sucht, wird nicht nur ständig nach England, Australien oder in die USA gelinkt werden, sondern irgendwann auch bei den brandenburgischen Freidenkern in Potsdam landen, bei ihrer »Berliner Erklärung«, oder im Westberliner Stadtteil Charlottenburg. Wer an der Maus hängt, wird vielleicht sogar die Presseerklärung 8-9/1997 der Technischen Fachhochschule Berlin finden. Unter der Überschrift »Hypatia von Alexandria, Über die Namensgeberin des Frauenförderungsprogramms«, verbreitet hier Frau Schneeweiss-Wolter Falschmeldungen. In Italien und Athen habe die Namensgeberin studiert, »einen Apparat zur Destillation von Wasser« erfunden und sich geweigert, zum Christentum zu konvertieren. Für keine dieser Behauptungen habe ich irgendwo eine Quelle gefunden. Sogar das Todesjahr wird falsch angegeben. Ich erwähne den Titel auch nur, um vor dem Internet und seiner gegenwärtigen Unverbindlichkeit zu warnen.

Für unser Thema wichtig ist der Link, der nach Berlin-Charlottenburg führt. Hier finden wir den Grund, warum der französische König ausgerechnet durch Gottfried Wilhelm Leibniz von der Pfalz abgelenkt werden sollte und warum er sich weigerte, den Philosophen auch nur zu empfangen. Aus der Pfalz nämlich stammten drei hervorragende Frauen, von denen zumindest zwei etwas mit Leibniz zu tun hatten. Auf sie traf zu, was Toland von Frauen wie Hypatia behauptete: »Sie werden immer den Ruhm des weiblichen Geschlechts verkünden und die Schande des männlichen.« John Toland war, wie man sieht, ein Verehrer der Frauen und Verächter der Männer, und vielleicht war auch das ein Grund für ihn, sein Buch über Hypatia zu verfassen.

Die drei Pfälzerinnen lebten fast zeitgleich und waren eng miteinander verwandt, hatten sich aber durch ihre Ehemänner an damals noch antagonistischen Punkten des europäischen Kräftesystems positioniert: Die berühmte Lieselotte von der Pfalz hatte, als Leibniz seine Expertise beim französischen König einreichte, soeben dessen Bruder geheiratet, ihre Tante Sophie war seit zehn Jahren mit dem späteren Kurfürsten Ernst August von Hannover verheiratet, und Sophies Tochter, Sophie Charlotte, sollte dreizehn Jahre später den brandenburgischen Kurfürsten ehelichen und mithin 1701 die erste preußische Königin werden.

Wie kommt nun aber unsere Hypatia zu Leibniz, zu den Pfälzerinnen und ins Schloß Charlottenburg? Durch Toland. John Toland, den wir schon hatten, ist nicht ganz schuldlos am heutigen Hypatia-Boom. Auf ihn geht die Methode zurück, den Tod der Philosophin als Label zu benutzen. Sein Buch erschien zwar erst 1720, aber die Problematik, die er im Fall Hypatia entdeckte, beschäftigte ihn schon früher.

Dementsprechend betrachteten seine britischen Kritiker das Werk auch nur als einen weiteren Höhepunkt in einer Reihe unerträglicher Dummheiten. Kaum denkbar, daß ein wissenschaftliches Werk heute noch eine derart gehässige Polemik auslösen könnte. »The history of Hypatia, as he relates it, is a mere lampoon, (Schmähschrift, Pamphlet) dressed up with malice (Böswilligkeit, Arglist, Tücke), prejudice and ignorance«.[33] Tolands Werk »Tetradymus« (zu dem seine Hypatia gehört) sei ein »zusammenhangloses Medley. Immer schon war das Geschreibsel dieses Gentleman angefüllt mit Spleens und Invektiven, Fälschungen und Perversion der Fakten«, klagt der Kritiker. »Niemals wurde die Antike so ausgeplündert und mißbraucht, und jegliche Geschichte, sei sie heilig oder profan, so verstümmelt und ruiniert.«

Die Verbrecher waren die anderen – die Arianer, Nestorianer, Novatianer, Neuplatoniker, Gefolgsleute Hypatias, Gegner des heiligen Kyrillos. Punkt für Punkt widerlegt Lewis (1721!) nicht nur Tolands Argumentation, sondern beweist auch die Widersinnigkeit und Unglaubwürdigkeit der Quellen. Damaskios? Ein bosärtiger Heide. Sokrates? Ein ausgemachter Puritaner und Feind des Patriarchen. Der römische Statthalter Orestes? Ein Dummkopf, der nicht einsehen wollte, daß die katholische Kirche über ihm stand und ihre eigene Gerichtsbarkeit hatte. Hypatia besonders weise? Von wegen! Vorlesungen zu halten und die Dogmen der alten Philosophen zu erläutern, war für eine Dame aus den besseren Kreisen damals in Alexandria kein größeres Problem als für eine feine englische Lady um 1700, Vergil oder Horaz zu verstehen. Ihre Tugend? Ihre unvergleichliche Bescheidenheit? Zum Totlachen. Geht eine anständige Frau alleine aus und verkehrt in Männerkreisen? Zeigt eine tugendhafte Frau einem Liebhaber ihre Monatsbinde? Die gemeinste venezianische Hure würde bei dem bloßen Gedanken daran erschaudern! Mr. Toland hat den Fall heimtückisch verdreht, denn »er glaubt nur das, was er begreifen kann«.

Wer war dieser ungewöhnliche Gelehrte, der nicht an Wunder und Geheimnisse glauben wollte? »John Toland, born Nov. 30, 1660 near Londonderry, Ire, died March 11, 1722, near London, Eng., controversial Irish-born British freethinker whose rationalist philosophy forced church historians to seriously consider questions concerning the biblical canon.« Sein berühmtestes Werk war »Christentum ohne Geheimnis«. Seine Behauptung, daß man nicht allen biblischen und kirchlichen Doktrinen Glauben schenken dürfe, erregte einerseits Unmut und führte andererseits zur Erfindung der Freidenker. Er wurde angezeigt (auch angeklagt?) und flüchtete nach Dublin, aber auch dort wurde er verfolgt. Das irische Parlament verbot sein Buch und ließ es öffentlich verbrennen. Er floh weiter, bevor seine irischen Landsleute auch ihn verbrennen konnten.

Warum soviel Lärm um ein paar unfromme Ideen? Es ging um Machtzuwachs, internationale Beziehungen, Motive aus dem Bereich der politischen Ökonomie, fortschrittlich oder konservativ, aber die Religion war noch immer, wie zu Hypatias Zeiten, das Feld, auf dem die Debatten geführt wurden.

Auch Toland war kein Atheist. Er war Deist und vertrat damit eine rationalistische Religionsphilosophie, die später Hume und einige Protagonisten der amerikanischen Unabhängigkeitsbewegung beeindruckte. Kein Mensch wußte, warum Hypatia zu Tode gekommen war. Voltaire, der zwei Mal über sie schrieb, interessierte es nicht. Henry Fielding[34] nennt sie »eine junge Dame von größter

Schönheit« und urteilt erwartungsgemäß, »die Christen, diese Hunde, ermordeten sie«. Da es darum ging, die christliche Offenbarung und Orthodoxie, die mystisch-irrationalen Elemente der jüdisch-christlichen Tradition, die Intoleranz, den theokratischen Staat zu attackieren, lag es nahe, Hypatia zur Galionsfigur des Deismus und des Freidenkertums zu machen, das 1713, zu Lebzeiten Tolands, durch einen gewissen Anthony Collins ebenfalls in London propagiert wurde.

Daß Hypatia nach Preußen importiert wurde, hing auch damit zusammen, daß der Boden für Toland schon etwas gelockert war, und es war sicher kein Fehler, die sechzehnjährige Sophie Charlotte hierher zu verheiraten. In Brandenburg herrschte ausnahmsweise ein Landesherr, der seinem Volk nicht auch seine Religion zu oktroyieren versuchte, sich also tolerant verhielt. »Der Vater der Aufklärung« in Brandenburg-Preußen war wie Leibniz aus Leipzig, hieß Christian Thomasius (1655–1728, »Einleitung zu der Vernunfft=Lehre«, 1691), war Jurist und stammte aus einer angesehenen Gelehrtenfamilie. Leibniz studierte bei seinem Vater. Thomasius dozierte im modischen Anzug statt im Talar, forderte die Trennung von Staat und Kirche, erklärte die Bigamie für zulässig, hielt die erste Vorlesung in deutscher Sprache (»Welcher Gestalt man denen Frantzosen in gemeinem Leben und Wandel nachahmen soll«, 1687) und gab die erste Zeitschrift für Frauen heraus. In Leipzig angefeindet, ging er nach Halle, wo Sophie Charlottes Mann ihn an die soeben gegründete Universität berief, die dank Thomasius den Ruf der Leipziger Uni bald übertraf.

Im Juni 1701 beschloß das englische Parlament den »Act of Settlement«. Zu der Delegation, die die Sukzessionsakte nach Hannover brachte, gehörte auch Toland, der sich publizistisch dafür stark gemacht hatte, keinen Katholiken mehr auf den englischen Thron zu setzen. Man kannte Toland in Deutschland durch seine Schriften und die politischen Skandale, die sie auslösten, und so empfingen ihn die aufgeklärten Familien mit offenen Armen. Sophie war entzückt, und durch sie lernte Toland Leibniz kennen, der bei dieser Gelegenheit das in Dublin verbrannte »Christentum ohne Geheimnis« durcharbeiten konnte.

Von Hannover wurde Toland nach Berlin weitergereicht zu Sophie Charlotte. Sie war inzwischen dreiunddreißig und seit ein paar Monaten preußische Königin, und sie war nicht nur »von auffallender Schönheit und angenehmem Wesen«, sondern »darüber hinaus wie ihre Mutter hoch gebildet und vielseitig interessiert«, also quasi Hypatias Ebenbild. Toland schrieb ihr seine »Letters to Serena«[35] über Ursprung und Macht der Vorurteile. Das Pseudonym Serena lüftete er erst nach dem Tod der Königin. Leibniz hingegen, zurückhaltender, nannte sie schon zu Lebzeiten »die philosophische Königin«.

Sophie Charlotte liebte den Gedankenaustausch mit den großen Gelehrten ihrer Zeit und wurde von ihnen als ihresgleichen anerkannt. Ihren »Musenhof« mit einem Salon zu vergleichen, wäre zu kurz gedacht. Bei ihr wurde gearbeitet. Diverse Institutionen verdankten sich ihrem Engagement: Die Universität Halle 1694, die Akademie der Künste 1696, die Preußische Akademie der Wissenschaften 1700. Für ihren Braintrust, zu dem Leibniz gehörte, ließ sie ab 1695 sieben Kilometer vor Berlin am Ufer der Spree bei einem Fischerdorf, in dem ich laut Auskunft meiner Eltern gezeugt wurde, das Schloß Lützenburg bauen, das zu ihrem Andenken später in »Charlottenburg« umbenannt wurde.

Es war eine lohnende Investition, was man nicht von vielen Schlössern sagen kann. Die Essays über die Rechtfertigung Gottes und die lange nach seinem Tod veröffentlichten neuen Essays soll Leibniz u.a. den Lützenburger Gesprächen verdanken, und die Ähnlichkeit von »Musenhof« und »Museion« wird den Teilnehmern nicht entgangen sein.

Der Fall Hypatia war nach Tolands Besuchen in Berlin (1701, 1702) offensichtlich Gesprächsstoff. Ein Teilnehmer der Debatten am Hof Sophie Charlottes war la Croze, der Bibliothekar jener Jahre. Er stammte aus Nantes, hatte als Schiffsjunge, später auch als Benediktinermönch gedient, war aus dem Kloster geflüchtet und Protestant geworden, wie Toland. Er schreibt zwanzig Jahre später: »Aber hätte man Cyrill gleich nichts vorzuwerffen, als das unschuldig vergossene Blut der berühmten und unvergleichlichen Hypatiae, so haette man Ursach gnug, ihn zu verabscheuen. Diese Hypathia, welche ein Ausbund gottseliger Jungfrauen und eine Crone ihres Vaterlandes gewesen«[36]... etcetc.

Der Text zeigt, daß man Hypatia nach englischen Vorgaben als Säulenheilige des Kampfes gegen Intoleranz und katholische Kirche eingeordnet hatte. In der Folgezeit avancierte der Fall zum Bildungsgut. Jakob Brucker (1696–1770) widmete Hypatia einige Seiten seiner monströsen Philosophiegeschichte[37], und 1747 schließlich erschien in Wittenberg die erste Doktorarbeit eines preußischen Autors, wenngleich in lateinischer Sprache[38]. Der Verfasser »entstammte der Familie, der Deutschland noch verschiedene andere tüchtige Gelehrte zu verdanken hat«. Seit 1752 hatte er im braunschweigischen Helmstedt den Lehrstuhl für Eloquenz und Poesie an der »Julia Carolina« inne, wo er sich als Altphilologe schwer tat. Das Lateinische »hatte der Sprache Ludwigs XIV. Platz machen müssen«, und »die Alterthumsstudien lagen darnieder, wie überall in Deutschland. So kam es, daß seine Vorlesungen bei der akademischen Jugend nicht den Beifall fanden, den sie verdient hätten. Auch bei den lateinischen Reden, die er als Professor der Eloquenz öffentlich zu halten hatte, kamen der werthvolle Inhalt, der kunstvolle Aufbau und der sorgfältig gefeilte Ausdruck, nicht recht zur Geltung.« Als Verfasser gelehrter Studien war er dagegen recht erfolgreich. Insgesamt vier Abhandlungen »über die alexandrinische Lehrerin der Philosophie Hypatia« veröffentlichte er ab 1747.

Ich habe nicht geprüft, was in der Folgezeit über Hypatia erschien, vermute aber, daß Wernsdorf alles referiert hatte, was man über den Fall wissen wollte, und im übrigen war die Theorie der Aufklärung inzwischen abgeschlossen, und alles wartete darauf, sie in die Praxis umzusetzen. Hypatia verschwand nicht von der Bildfläche, kam aber auch nicht über ein paar Zeilen hinaus, aus denen sie, in der Tradition von Toland und Voltaire, als Gegenspielerin des satanischen Kyrillos aufscheint, wie im epochalen Werk des Briten Gibbon[39], der auch die These aufstellte, die Antike sei am Christentum zugrunde gegangen.

Eine Neuorientierung erfolgte erst durch die griechischen Befreiungskriege, an denen etliche Gentlemen teilnahmen, aber das Griechentum, das nun in Westeuropa propagiert wurde, hat es nie gegeben. Das bis heute in Teilen der Hypatia-Literatur fortbestehende manichäische Vorurteil, dort die schöne, gute, heile Griechenwelt der Hypatia, hier die finstere, mörderische Christenwelt des Kyrillos, geht zurück auf Autoren wie Charles Marie Leconte de Lisle (1818–1884), der zwischen 1847 und 1874 dreimal in Sachen Hypatia zuschlug. Er begründete die französische Dichtergruppe der »Parnassiens«, so genannt nach der Anthologie »Parnasse contemporaine« (1866), in der die ersten Texte von Verlaine und Mallarmé erschienen.

Man könnte entlang des Namens Hypatia eine europäische Kulturgeschichte schreiben, die mit dem Ende der Antike beginnt und mit der Implosion der Kultur im Geseich des beginnenden dritten Jahrtausends endet – vom Aufstieg der christlichen Kirchen zur Macht über die Ketzerkriege, die Traditionsleistungen der Araber, die Aufklärung, die Romantik, die frühe Moderne, die Postmoderne bis zu Mutter Teresa.

Im Hellenismus, wie ihn sich das frühe 19. Jahrhundert erschwärmte und wie wir ihn durch Hölderlin kennen, lebte die Menschheit im Einklang mit den Schönheiten einer göttlichen Natur und den weisen Lehren ihrer Philosophen. Auch Kingsley, den wir schon kennen, ist noch von diesem Griechenbild beeinflußt und scheint zu glauben, wie Gibbon, daß die Machtergreifung der Kirche die Hauptursache für den Verfall der antiken Zivilisation war. Aber Kingsley sucht wenigstens kein Zurück mehr zum romantischen, idealisierten Griechentum, sondern glaubt offenbar, daß es auch auf christlicher Ebene eine Versöhnung der materiellen Gegensätze geben könnte, wenn man nur den Katholizismus strikt genug bekämpft.

Die sozialen Folgen der industriellen Revolution hatten begonnen, das politische Denken der Bourgeoisie zu beunruhigen, aber daß man die neuen sozialen Klassen nicht mit den Institutionen der antiken Polis beherrschen konnte, war ansatzweise schon klar. So hat unsere Hypatia sich Mitte des 19. Jahrhunderts zu einem Homunkulus entwickelt. Auf einem spätantiken Sockel erblicken wir eine deistische Ikone (Mommsens »schöne Freidenkerin«), drapiert mit einem hellenisierenden Gewand und der rührenden Geste einer Jeanne d'Arc des viktorianischen Zeitalters im Dienst der christlichen Soziallehre.

Köter und andere Ärgernisse

Was sah der Reisende, dessen Schiff Ende des 18. Jahrhunderts Kurs auf Alexandria nahm? Napoleons Flotte schlich sich förmlich durchs Mittelmeer, immer verfolgt von Admiral Nelsons Geschwader. Kreta lag im Nebel, als Denon vorbeikam. Er zeichnete trotzdem. »Denn es würde mir sehr nahe gegangen sein, den Berg nicht gezeichnet zu haben, wo Jupiter geboren wurde, und der fast aller

Götter Vaterland ist.« Später freute ihn der Nebel vor Kreta, denn er hatte sein Schiff vor den Engländern versteckt.

Eines Morgens im Juli 1798, fünf Meilen vor Alexandria liegend, sieht er eine Art Bastion. Mittags zeichnet er sie. Er fragt sich, »ob der Bau antik sei«, vielleicht das »Taposiris, welches Procopius für das Grab des Osiris ausgibt«, und er würde gerne alles genauer untersuchen, obwohl er durch die Berichte früherer Reisender schon weiß:

»Im allgemeinen ist dieses ganze Ufer jetzt eine der vergessensten Gegenden der Welt, und wir kennen sie fast nur noch durch die prächtigen Medaillen, die daher rühren.« Und durch die antiken Berichte, hätte er hinzufügen können.

Als die Schatten des Abends die Umrisse der Stadt schärfer zeichnen, sieht er die zwei Häfen und die großen Mauern mit ihren vielen Türmen, aber keine nennenswerten Gebäude. Er setzt seine Phantasie in Gang und geht in die Vergangenheit zurück. Jetzt sieht er was. »Ich sah, wie die Kunst über die Natur siegte, sah das Genie Alexanders auf einer dürren Küste den Grund zu einer prächtigen Stadt legen, sah, wie die Ptolemäer Künste und Wissenschaften hierher riefen und wie sie hier jene Bibliothek sammelten, zu deren Zerstörung die Barbarei ganze Jahre brauchte. ›Da‹, sagte ich, und dachte an Kleopatra, Cäsar und Antonius, ›besiegte die Wollust den Ruhm.‹ Ich sah, wie späterhin die wilde Unwissenheit sich in den Ruinen der Meisterstücke der Kunst festsetzte.«

So unblutig, wie Denons Bericht sich liest, war die Eroberung nicht, aber sie dauerte nur einen Tag, dann war die einstige Weltstadt gefallen. Abends um elf irrt Denon durch Alexandria, allein, auf der Suche nach seinem Quartier. Er durchquert einen weiten Friedhof mit unzähligen Grabmälern von weißem Marmor auf weißem Boden, und alles, was er antrifft, sind »einige magere Weiber in langen zerrissenen Kleidern, Gespenstern gleich, die unter diesen Monumenten umherrirrten«. Sie lebten, was er nicht wissen konnte, in den Mausoleen (was übrigens ihre Nachkommen heute noch tun). In den engen wüsten Straßen begegnet er keinem Menschen, nur entsetzlich vielen Hunden, die ihn wütend anbellen und verfolgen. In seiner Not geht er ins Wasser, klettert über Mauern, um den Kläffern zu entgehen, »und so kam ich denn, naß, voller Schweiß, bei einer unserer Schildwachen an, fest überzeugt, daß die Hunde die sechste und schrecklichste Plage Ägyptens seien«.

Was er sah, entsetzte ihn, denn »diese große, aber melancholische Stadt erinnerte mich in nichts an europäisches Leben«. Die Stadt der Kalifen nahm nur einen kleinen Teil des antiken Alexandria ein, »ungeachtet selbst diese jetzt Felder und Wüsten einschließt. Ihre ganze Umwallung wurde von Trümmern erbaut, denn ihre Gebäude erinnern alle an Umsturz und Zerstörung. Die Einfassungen zur Seite und oben an den Toren ihrer Mauern und ihrer Festungen bestehen aus Säulen von Granit, und man hat sich nicht einmal die Mühe genommen, sie in der Art zu formen, als man sie brauchte. Sie schienen nur dort zurückgeblieben zu sein, um die Pracht und Größe, deren Trümmer sie sind, zu beweisen. Manchmal hat man auch die ungeheuren Säulen zum Bau der Mauern mit verwandt. Besonders die Türken haben Unverstand und Entheiligung miteinander verbunden, und Granit und Mauersteine und Kalkstein, ja sogar Bohlen und Bretter und hundert andere Dinge, die weder zusammengehören noch passen, untereinander gemischt, und dadurch die sonderbarste Vereinigung veranstaltet.«

Kurz: Von der Antike nichts übrig. Verbaut, überbaut, im Boden versunken, ins Wasser geworfen. Vor allem ins Wasser. »Wenn man am Rande des Meeres steht«, schreibt Denon und wird damit zum geistigen Vater der Unterwasserarchäologie, »oder über den Hafen hinfährt, findet man Trümmer von Gebäuden aller Zeit, die die Wellen und die Jahrhunderte mitgenommen haben.«

Auch daß an Land mal jemand buddeln müßte, fällt ihm auf. Am Tag nach der Eroberung steht Denon auf einem undefinierbaren Schutthaufen, aus dem eine Säule ragt. Sie steht heute noch als letztes, sichtbares Zeichen der Antike und heißt immer noch, wie Denon sie nennt, die »Säule des Pompeius. Grübe man«, denkt er sich, als er Napoleon die Stadt zeigen muß, »um die Säule herum die Erde auf, so würde dies ohne Zweifel Licht über ihren Ursprung verbreiten. Und grübe man weiter, so würde sich auch der Umfang der Stadt zu den Zeiten der Ptolemäer bestimmen lassen.« Diese Chance wurde vertan, wie wir aus dem Geschichtsunterricht wissen.

Die doppelte Hypatia

Zu den seltsamsten Figuren des Hypatia-Romans gehört eine spätantike Heilige. Sie wurde erst in den letzten Jahren für unser Thema entdeckt, hätte den Verfassern einschlägiger Werke jedoch längst auffallen müssen. Die um 1350 unter dem Titel »Goldene Legende« erstmals ins Deutsche übertragene Sammlung von Heiligenbildern des Jacobus a Voragine enthält über sie eine Geschichte, die wie das Märchen vom König Drosselbart anhebt:

Es war ein König von Zypern, der hatte eine Tochter, die war schön und hochgebildet. Als nun der Tag näherrückte, da sie den Sohn des Kaisers heiraten sollte, schaute sie in den Spiegel und stellte fest, daß der Bewerber ihr weder an Schönheit noch an Klugheit entsprach. Sie wies ihn deshalb zurück. So erging es auch anderen Männern, bis ein Anachoret sie auf Christus als geeigneten Bräutigam hinwies.

Sie ließ sich taufen, reiste nach Alexandria und ermahnte Kaiser Maxentius (306–312 n. Chr.), seinen Aberglauben abzulegen und Christus zu folgen. Darauf bestellte der Kaiser seine fünfzig besten Philosophen in den Palast und sprach, wenn es dir gelingt, diese

Weisen zu überzeugen, so will auch ich dir glauben. Bei sich dachte er, das schafft sie nie. Ihr Name aber war Katharina. Da alle Philosophen in der Diskussion den Kürzeren zogen und sich taufen ließen, erboste sich der Kaiser und forderte die heilige Katharina dazu auf, ihn zu heiraten. Die fünfzig getauften Philosophen aber ließ er allesamt verbrennen.

Da nun aber die Philosophin sich weigerte, den Kaiser zu heiraten, riß er ihr die Kleider vom Leib, ließ sie mit bleikugelbesetzten Geißeln auspeitschen und ins Gefängnis werfen. Im Kerker brachte eine weiße Taube ihr Nahrung, ein Engel tröstete sie, und alle Gefängniswärter traten zum Christentum über. Nun ordnete der Kaiser an, sie zu rädern und zu vierteilen, doch die Räder brachen und töteten die Folterknechte.

Durch dieses Wunder bekehrten sich fast alle zu Jesus Christus, die kaiserliche Garde, seine Frau und eine große Volksmenge.

Hier entspricht die »legenda aurea« der Realität. Anfang des vierten Jahrhunderts hatte sich die Sekte aus Galiläa tatsächlich so breit gemacht, daß sogar einem römischen Kaiser nichts übrig blieb, als sich der winning company anzuschließen. Aber so weit wie sein Nachfolger mochte Maxentius sich nicht erniedrigen lassen. Er ließ Katharina die Brüste abreißen und seine Garde massakrieren. Später ließ er Katharina auch noch enthaupten, aber aus ihren Hals strömte kein Blut, sondern Milch. Engel eilten herbei, trugen sie fort, auf den Berg Sinai, wo man ihr ein Kloster errichtete, das heute die Haupteinnahmequelle der Gegend bildet. Einst gab es dort auch Bodenschätze.

Wären die bekannten Bilder Katharinas – im Stundenbuch des Duc de Berry und ein Fresko in der Unterkirche von San Clemente in Rom – einigermaßen authentisch, so wüßten wir, wie Hypatia aussah. Die zwei Frauen sind identisch: klug, schön, jungfräulich, unbeirrbar, hochgebildet, den besten Denkern ihrer Zeit überlegen und schließlich im Auftrage eines Wüterich entkleidet, gelyncht, zerfleischt, denn beide besaßen die Gabe, die wankelmütigen Volksmassen zu beeinflussen.

Noch etwas fällt auf: Katharina, die unter Maxentius leidet, also ein hervorragendes Propaganda-Subjekt für die Machtkämpfe des vierten Jahrhunderts gewesen wäre, bleibt jahrhundertelang unbekannt. Erst im achten oder zehnten Jahrhundert taucht sie auf. Zu der Zeit aber wird auch Hypatia wiederentdeckt, denn nun werden die alten Quellen des fünften Jahrhunderts, Johannes Malalas, Philostorgios, Sokrates, Damaskios, wiederaufbereitet im Who-is-who der erwähnenswerten Persönlichkeiten, der Suda nämlich.

An dieser Stelle darf spekuliert werden. Erster Versuch: Eine Art klerikaler Nolte versuchte im zehnten Jahrhundert, einen Parallelfall zu konstruieren nach dem Motto, die Schandtat des heiligen Kyrillos war nur eine Überreaktion auf eine ebenso schlimme Tat eines heidnischen Kaisers hundert Jahre zuvor. Also die Aufrechnungsmethode. Der nachahmende Mörder ist nicht so schlimm wie der erfindende.

Zweiter Versuch: Es gab eine Heidin namens Hypatia. Um das Jahr 1000 erkannten irgendwelche Christen, daß es ein Fehler war, sie zu ermorden, und daß sie noch gebraucht wurde, ihrer bedeutenden Schriften wegen. Man machte sie also zur Christin, gab ihr einen christlichen Namen (Katharina = die Reine) und verlegte ihre Geburt etwas vor, um ihre Ermordung den Heiden in die Schuhe zu schieben.

Dritter Versuch: Eine heidnische Philosophin namens Hypatia, die von Christen ermordet wurde, hat es nie gegeben. Es war genau umgekehrt.

Am weitesten vorgewagt hat sich in dieser Richtung eine Autorin namens Maeger, die die These vertritt, daß Hypatia in Wahrheit ein christlicher Kirchenvater namens Katharina gewesen sei[40].

Nicht ganz so weit geht Maria Dzielska, von der die bislang letzte große Studie über Hypatia vorliegt[41]. Sie hat ein Jahr in Harvard studiert und ist heute Professorin für alte römische Geschichte an der jagellonischen Uni Krakau, also dort, wo der letzte Papst herkam. Sie plädiert deshalb auch dafür, den Mord an Hypatia nicht der katholischen Kirche anzulasten: »Hypatias Tod hat nichts zu tun mit der antiheidnischen Politik, die Kyrillos und seine Anhänger damals verfolgten.« Im übrigen sei es »eine ehrwürdige Tradition«, Elemente der Biographie Hypatias in die Legende der heiligen Katharina von Alexandria »einzuschreiben«.

Keinesfalls mag Dzielska jedoch Katharina ins Reich der bloßen Erfindung verbannen, denn sie ist »Alexandrias meistgeliebte und bekannteste Heilige und Märtyrerin«. Ein gewisser Myrsilides sei in Kleinasien von Einheimischen sogar zu den Ruinen einer Kirche geführt worden, und da habe er gelesen: »Sancta Hypatia Caterina«. Ist also Hypatia nichts als der erste Vorname einer Christin namens Katharina?

Was für eine Karriere: Von der »schönen Freidenkerin« zur verehrungswürdigen Kirchenmutter.

Die verschwundenen Werke

Wenn wir dennoch einiges über die Stadt zu wissen scheinen, in der Hypatia lebte und starb, so verdanken wir es u.a. einem Gelehrten mit dem Beinamen el-Falaki, auf deutsch: der Ingenieur. Er war ein Berber, hatte in Paris studiert, hieß bürgerlich Mahmoud-Bey und war Hofastronom des ägyptischen Khediven Ismail aus der Dynastie der Aliiden (so genannt nach ihrem Erbvater Ali). Die Aliiden herrschten nominell bis 1952. Ihr letzter Sproß war der beliebte und beleibte König Faruk.

El-Falaki folgte Denons Vorschlag und leitete von 1863 bis 1865 umfangreiche Ausgrabungen. Natürlich wurde auch später mehrfach gegraben, aber viele Erkenntnisse beruhen auf el-Falaki, da der Stadtboden seither weiter überbaut wurde. Fast die gesamte ptolemäische Basilea liegt unter dem europäischen Viertel, das wir durch Lawrence Durrells »Alexandria Quartett« kennen, der Süden und Westen, wo einst der christliche Mob hauste, liegen metertief unter den verslumten und abbruchreifen islamischen Kiezen, und im Osten am Meer, wo in Hypatias Jugend noch eine große jüdische Gemeinde lebte, steht seit einigen Jahrzehnten eine Siedlung, die fast bis Abukir reicht. Im Sommer wohnen hier die Badegäste aus Kairo und den Golfstaaten, des noch immer milden Klimas wegen, und im Winter stehen die Wohnblocks leer.

Die neuere Baugeschichte Alexandrias begann vor knapp zweihundert Jahren mit den Aliiden. Der erste Herscher der Dynastie war ein alter Bekannter Denons namens Muhammed Ali (1769–1849), auch Mehmet Ali genannt, über dessen Ankunft in Ägypten unterschiedliche Nachrichten existieren. Er stammte aus Makedonien, wie die Ptolemäer. Angeblich war er Analphabet, aber auch Tabakhändler. Er war schon da, als Denon kam, aber vielleicht kam er auch erst später mit einem türkisch-albanischen Truppenkontingent, um Denon zu vertreiben. Er kämpfte jedenfalls gegen die französischen Invasoren als Offizier, und das heißt, an der Seite der Engländer. Die hatten schon im August 1798 die französische Flotte im Golf von Abukir vernichtet (Lord Nelson), und im ganzen Jahr 1799 hatten die Franzosen sich wechselvoll, aber immer verlustreich mit den Türken geschlagen.

Einmal, in Jaffa, läßt Napoleon alle an der Pest erkrankten Franzosen mit Opium vergiften. Das war ein Akt der Nächstenliebe. Djazzar-Pascha beispielsweise, ein Mamluk aus Bosnien, machte ungern Gefangene. Er ließ den Christen die Köpfe abschlagen, oder er steckte sie lebend in Säcke und warf sie ins Meer. Also war es gnädiger, die Kranken umzubringen, bevor sie den Muslimen in die Hände fielen.

Ein gutes Jahr nach seiner Ankunft, am 23. August 1799, verließ Napoleon, und mit ihm Denon, fluchtartig den Hafen von Alexandria, zurück nach Europa, nicht zuletzt wegen der Nachrichten aus der »Frankfurter Zeitung« vom 10. Juni 1799 über die militärische Lage der französischen Truppen in Italien und in der südlichen Adria, die ihm ein britischer Diplomat, der gerade aus Europa kam, mit süffisantem Lächeln überreicht hatte.

Wie Muhammed Ali Karriere machte, ist gleichgültig. Bereits 1805 wurde er jedenfalls türkischer Statthalter und Pascha, vertrieb 1807 mit Hilfe einer mamelukischen Armee auch die Engländer aus Ägypten und schaltete anschließend die Mameluken aus. 1811 lud er ihre Würdenträger zum Abendessen auf die Zitadelle von Kairo, wo er sie, bis auf einen, gleich nach der Vorspeise abschlachten ließ. Damit war Muhammed Ali Alleinherrscher, brauchte die »Hohe Pforte«, so hieß die Regierung in Konstantinopel, nur noch pro forma zu respektieren und konnte sich wieder Alexandria zuwenden.

Die Stadt hatte zu der Zeit nur noch vier- bis fünftausend Einwohner und war fast unbewohnbar, denn die Kanäle zum Nil waren verrottet. Zudem hatten die Engländer einen Kanal vom Mittelmeer zum Mareotis-See gebaut, um die Franzosen vom Trinkwasser abzuschneiden. Das Wasser im See ist seither eine ungenießbare Salzbrühe. Der größte Teil des antiken Stadtgebietes war eine Hügellandschaft, unter der die Trümmer der Geschichte den Dornröschenschlaf schliefen, also eine ideale Situation für Archäologen.

Muhammed Ali ließ zunächst einen Kanal ausheben, um die Stadt wieder mit Wasser zu versorgen. Der Mahmudija-Kanal, an dem 350000 Arbeiter schufteten, war 1823 fertig und kostete 60000 Menschenleben. Er sichert noch heute das Überleben der inzwischen fünf Millionen Einwohner. Gleichzeitig entsandte der neue Pascha Studenten an die französischen Universitäten und Fachleute in alle Welt, um Ägypten zu entwickeln. Er reformierte die Landwirtschaft, das Militär, den Handel, Verkehr und Verwaltung. »Als er 1849 in geistiger Umnachtung stirbt«, schreibt Semsek[42], »befindet sich Ägypten auf dem Weg aus dem von den Türken verordneten jahrhundertelangen Tiefschlaf.«

Diese Entwicklung, die unter Alis Nachfolgern noch forciert wurde, machte aus Alexandria eine Metropole, die Ähnlichkeiten mit europäischen Großstädten von Leningrad bis London hatte, bevor die Stadt in der zweiten Hälfte des 20. Jahrhunderts abermals zu zerfallen begann, weil die revolutionären Offiziere unter Nasser alle Ausländer vertrieben. Es wurde aber auch zielstrebig alles verbaut, überbaut, ins Wasser geworfen und sonstwie verhackstückt, was irgendwie antik aussah.

Der Damm zwischen der Basilea und der Insel Pharos wurde durch beidseitige Aufschüttungen so verbreitert, daß eine Halbinsel mit einem völlig neuen Stadtteil entstand. Das östliche Hafenbecken hat durch natürliche Absenkungen und Aufschüttungen jede Ähnlichkeit mit der antiken Uferlinie verloren. Niemand hat registriert, was im 19. Jahrhundert verschwand. Nur die Zeichnungen und Fotos, die Achille Adriani gesammelt hat, lassen es erahnen.

El-Falaki buddelte also zu einer Zeit, als die modernen Vandalen bereits begonnen hatten, die Spuren der Antike weiter zu verwischen, aber er grub nicht nur. Als Napoleon III. an seiner »Histoire de Jules César« schrieb, brauchte er einen Stadtplan von Alexandria. Es ging ihm wie uns. Auch wir würden uns gerne vorstellen, wo die Bauwerke lagen, die wir aus der Hypatia-Literatur kennen. Napoleon wandte sich deshalb an Ismail-Pascha, Alis Nachfolger, der Ägypten durch seine Bauwut und private Geldgier so in Schulden stürzte, daß sein Land abermals ein britisches Protektorat wurde. Um ein Haar wären die Stadtpläne dann doch nicht publiziert worden, denn der französische Kaiser starb, bevor er den dritten Band abliefern konnte. Doch zum Glück ließ der Vizekönig die Ergebnisse der Grabungen veröffentlichen, als der Ingenieur 1872 in seinem Auftrag nach Kopenhagen reiste.

Wir wissen heute, was el-Falaki damals entdeckte: Er grub bis zum unteren Rand der römischen Bauschicht, stand also auf den Trümmerhaufen der Ptolemäer und hatte Alexanders Mehl noch vier bis fünf Meter unter sich. Er grub nur im Gebiet der Basilea, doch die Ausbeute war so groß, daß wir unter dem modernen Straßengewirr das Rasterwerk der spätantiken Stadt durchschimmern sehen. Auch die wichtigsten Bauten des Hypatia-Romans sind in seinem Stadtplan eingezeichnet: Museion und Bibliothek, Kaisarion, Serapeion und Sankt Athanasios.

Von diesen Bauwerken sichtbar ist heute nur noch der Hügel des Serapis mit der sogenannten Säule des Pompeius.

Das Museion, in dem Hypatia nach Meinung fast aller Autoren gewohnt und als Professorin unterrichtet hat, stand da schon lang nicht mehr, und auch die Bibliothek, in der sie angeblich ihre Exzerpte anlegte, wurde rund 120 Jahre vor ihrer Geburt vernichtet. Man hofft, daß Hypatia in der Bibliothek des Serapeions arbeitete, das erst kurz vor ihrem Tod von christlichen Horden vernichtet wurde. Sie soll im Hügel mit der Säule stecken.

Rom hat seine Antiquitäten um den Palatinshügel, und in diversen Stadtteilen ragen die Ruinen noch heute bis ins zweite Stockwerk der Miethäuser aus dem 19. Jahrhundert. In Alexandria, das genauso reich und prächtig war, deutet nichts auf den einstigen Metropolenstatus.

Der Medienstar

Was der Leuchtturm von Alexandria für die Schiffahrt, war Hypatia von Alexandria für die Philosophie. Diese Behauptung ist herrschende Meinung. Andererseits geben einige Wissenschaftler zu, daß ihre Behauptung eine Vermutung ist, die auf Vergleichsdaten und Rückschlüssen beruht. Meyer zum Beispiel, der seine Studie »Ein Beitrag zur Geschichte des Neuplatonismus« nennt, formuliert: »Da uns von philosophischen Werken Hypatias gar nichts erhalten ist, ja wir nicht einmal notizenmässig wissen, ob sie überhaupt philosophische Schriften verfaßt hat, so ist eine Bestimmung ihrer Lehre eine nicht ganz leichte Aufgabe.«

Die Methode, den nicht existenten Textkorpus durch Analogien und Spekulationen zu ersetzen, ist seit dreihundert Jahren eingeübt. Sie folgt der irrigen Annahme, es gäbe kein Regal voller Hypatia, wenn sie bloß ermordet worden wäre. Daraus kann man, wie Meyer, zu dessen Lebzeiten die Sekundärliteratur noch überschaubar war, folgern, man dürfe »es als keine hohle Phrase auffassen, wenn Hypatia über alle Philosophen ihrer Zeit erhoben wird. Hypatia war eine griechische Natur durch und durch, und sie war auch echte Hellenin in ihrer Philosophie.«

Der größte Teil der heutigen Sekundärliteratur macht sich nicht die Mühe zu fragen, wie begründet die Darstellungen der philosophischen und naturwissenschaftlichen Leistungen Hypatias sind und auf welchen Texten die Untersuchungen beruhen, die sich damit beschäftigen, ob sie mehr wie Jamblichus philosophiert habe oder mehr wie Plotin oder wie keiner von beiden.

Der Überfluß an Nachrichten über Hypatia ist dort am größten, wo nahezu alles überflüssig ist, im Internet. »Geometry, The online learning center« enthält 300 Sites zu Hypatia[43], die zum Teil ihrerseits auf ungezählte Sites verweisen, Netscape/Google spuckte im September des Jahres 2000 über 15 000 Suchergebnisse zum Schlagwort Hypatia aus[44], Yahoo dreiundzwanzig am 14.2.2001[45], und so weiter. Es gibt zahllose Wege, um immer neue und auch alle schon bekannten Suchergebnisse zu erzielen, dazu kommen die Buchanbieter und Institutionen. Das meiste, was rauskommt, sind Werke wie der Aufsatz eines Kevin C. Klement über das 1901 von Bertrand Russell entdeckte »Paradox«, wo es heißt: »Wir unterscheiden also zwei einander nachgeordnete Arten von Behauptungen. Behauptungen der niedrigsten Ordnung sind einfache wie die Behauptung ›Sokrates ist kahlköpfig‹ oder ›Hypatia ist weise‹.«

Das heißt, die Dame ist in Mathematikerkreisen ein Gemeinplatz, der einem Mathematiker spontan einfällt, wenn er einen Aufsatz schreibt, in dem ein schlichter Behauptungssatz vorkommen soll wie »Hypatia ist weise«, und das gleiche passiert Feministinnen, Philosophen, Kirchengegnern etc. Die meisten Suchergebnisse enthalten mithin nur marginale Hinweise. Insofern erinnert der Internet-Müll in Sachen Hypatia an die antiken Trümmer unter dem heutigen Alexandria.

Mit etwas Geduld stößt man jedoch auch auf nützliche Hinweise wie Howard Landmanns Bibliographie[46], die 120 Bücher, 44 Artikel und 25 Aufsätze über die Bibliothek von Alexandria auflistet, oder Deakins Aufsatz über die primären Quellen, obwohl man dessen Informationen auch in etlichen bekannten Büchern nachlesen kann. Landmann hat den zusätzlichen Vorteil, daß der Verfasser meine E-Mail prompt beantwortete, als ich noch Fragen hatte. Landmann gibt auch an, in welchen Bibliotheken die von ihm aufgelisteten Werke stehen, was für einen deutschen Studenten hinwieder unwichtig ist, da es sich vorwiegend um Standorte in den USA oder Australien handelt. Es ist schon schwierig genug, in einem deutschen Magazin gebunkerte Schriften für mehr als drei Monate auszuleihen.

Die Tradition der Entropie

Hypatias Popularität im angelsächsischen Kulturraum hat ehrwürdige Traditionen. Schon im ausgehenden 18. Jahrhundert nannte sich eine Vereinigung schreibender Damen »The Hypatia-Club of

Wichita/Kansas«. Momentan zeigt sie sich mehr in der Zweitverwertung ihres Namens als Warenzeichen. Hypatia, die Allgegenwärtige. Unter dem 2. April 2000 empfiehlt der Online-Buchversand amazon.com acht Paperbacks und Hardcovers aus der Reihe »Hypatia-books« zu Themen wie Feminismus, Gewalt und Natur, Philosophie für eine multikulturelle, postkolonialistische und feministische Welt, ökologische feministische Philosophien, feministische Ethik und Sozialpolitik, ferner ein Handbuch für positive Gebete und die Anthologie »Hypatias Töchter: Fünfhundert Jahre weibliche Philosophie«. Andere Titel lauten: »Die wiedergeborene Hypatia – Essays zur feministischen Philosophie«, »Hypatia oder Frau und Wissen«, »Hypatia – Essays zur Klassik, komparativen Literatur und Philosophie«. Titel der Reihe »Hypatia Special Issue« haben die Themen »Feminismus und Frieden« oder »Lesbische Philosophie«, und es gibt auch ein Journal für feministische Philosophie mit dem Titel »Hypatia«. Ein Klassiker wie Kingsleys »Hypatia« ist ebenso im Programm wie William Kellys »The Triumph of Hypatia« von 1999, den ich vorsichtshalber nicht bestellt habe.

Durch das Netz geistern nicht nur die wichtigsten Primärquellen und Rezensionen von neuen und alten Schwarten zum Thema Hypatia. Im »Frauen Lexikon Personen« Buchstabe H werden die aus der Belletristik bekannten Erfindungen über Hypatias Biografie als historische Tatsachen verbreitet, und die »GirlSite – Phenomenal Women« informiert über »Hypatia of Alexandria The foremost female philosopher and mathematician of the Ancient world«. Eine Uni in Kalifornien offeriert ein Minderheitenprogramm für »Chicano/Latino Studies« unter der Adresse http://Hypatia etc., und unter dem Titel »Hypatia's Humorous Library Tales« erhalten wir »humoristische Anekdoten und Episoden darüber, wie es ist, in einer kleinen mittel-missourischen Bibliothek zu arbeiten«. Irgendwo gibt es sogar einen »Hypatia's store« eines »Hypatia Institute for

Students and Scientists«, und ein Reisebüro wirbt für seine »Hypatia-Reisen«.

Meine besondere Liebe gehört den Websites, in die man zufällig gerät, wie »The Christian Hall of Shame«, eine der vielen, meist kurzlebigen Schamhallen, die im Netz ihr Unwesen treiben und schlechte Baseballspieler oder irgendeine lesbische Community anpreisen. Diese war eine Ahnengalerie berühmter Persönlichkeiten, die sich durch Mord, Krieg und andere Ungehörigkeiten um das Christentum verdient gemacht haben. Kaiser Konstantin wurde hier verabscheut wegen seines Edikts von 313 n. Chr., Costantius' II. Schande war die Ermordung von zwei Onkels und sieben Cousins, und der heilige Augustinus von Hippo (354–430) stand überlebensgroß in der Eingangshalle. Die Ehrentafel zitierte u. a. seine Sätze: »Die Frau hat keinen Nutzen für den Mann, wenn sie sich weigert, Kinder zu kriegen« und: »Jede Verletzung der göttlichen Gesetze und jede Verletzung der christlichen Doktrin verdient unbegrenzte Bestrafung der gegnerischen Bevölkerung ohne Unterschied zwischen militärischen und zivilen Personen.« Kaiser Theodosius II. und der heilige Kyrillos verdankten ihr Sockelchen unserer Hypatia. Der eine, weil er sie ermorden ließ, der andere, weil er den Mörder frei laufen ließ. Als ich die Site im Februar 2001 noch einmal aufrufen wollte, war sie schon weg, wie der benachbarte Eintrag vom Dezember 2000 »Opfer des christlichen Glaubens«. Diese Website eröffnete damals mit der gemeinen Frage: »Wie viele Menschen wurden seit biblischen Zeiten von Christen ermordet?«

Schön waren auch die folgenden zwei Nachrichten über Hypatia unter der Rubrik »Heiden in der Antike: Die weltberühmte Gelehrte wurde regelrecht zerstückelt, anschließend warf man ihren Leichnam in einen Abort«. Der Abort war vermutlich das von Günter Anders erfundene große Clo, aber ich frage mich: Seit wann gibt es eine Regel für die richtige Zerstückelung von weltberühmten Philosophinnen?

Es gibt nicht nur die realen »Hypatia-Reisen«, sondern auch die virtuellen. Wenn man die Kausalkette von der Ermordung zurückverfolgt zum Konzil von Nizäa 325 n. Chr., wo Arius von Alexandria exkommuniziert wurde und der Religionskrieg begann, der auch Hypatia das Leben kostete, so wird man vom virtuellen Reiseleiter wieder in die Neuzeit katapultiert zum Kapitel »Kirche und Vegetarismus«[47], denn in Nizäa wurde auf Wunsch des römischen Kaiserhauses eben auch der Weg für die spätere Verfolgung der Vegetarier als Ketzer geebnet. Noch die Kirchenväter Basilius und Hieronymus seien Vegetarier gewesen, erfahren wir da, und schon Gott habe in der Genesis 1,29 den Menschen ausdrücklich nicht das Fleisch empfohlen. Aber lassen wir derlei Bagatellen und wenden uns Wichtigerem zu.

Die wiedergefundenen Werke

Es geht um die berechtigte Frage, ob einzelne Werke Hypatias nicht doch erhalten blieben, und tatsächlich erschienen in den neunziger Jahren des vorigen Jahrhunderts zwei Schriften von Annemarie Maeger, in denen eben das behauptet wurde. Danach verfügen wir seit mehr als tausend Jahren über ein umfangreiches Textcorpus, das von Hypatia stammt, darunter ein »unechter Euklid«, ein »unechter Porphyrios« und andere Schriften, die anderen Autoren zugeschrieben werden. Maeger nimmt also anderen etwas weg, was Euklid zum Beispiel nicht wehtut, da von ihm vieles überliefert ist.

Einen Autor streicht sie vollständig und weist sein Werk Hypatia zu, wodurch ihr Werkverzeichnis erheblich erweitert wird. Die Geschichtsbücher nennen den so enteigneten Verfasser »Pseudo-Dionysios Aeropagita«. Den echten kennen wir aus der Apostelgeschichte Kapitel 17, Vers 33, 34, wo es heißt: »Also ging Paulus von ihnen. Etliche Männer aber hingen ihm an und wurden gläubig, unter welchen war Dionysius, einer aus dem Rat.«

Dionysios lebte also gut dreihundert Jahre vor Hypatia, gehörte zum Stadtrat von Athen (Aeropag), war angeblich der erste Bischof der Stadt und wurde nach seinem Tod, wie es sich für einen Frühchristen geziemt, der erste Märtyrer seines Sprengels. Danach verschwand er aus der Geschichte, tauchte aber drei Generationen nach Hypatias Tod wieder auf, und zwar als Verfasser von vier Abhandlungen und zwölf Briefen, in denen er die Welt als Hierarchie deutet, an deren Spitze Gott steht, das sogenannte »Eine«. Es ist die Quelle aller Wirklichkeit und damit die einheitliche Weltformel. Die Schriften waren demnach stark vom Neuplatonismus geprägt und konnten unmöglich von einem Zeitgenossen des Apostels Paulus stammen. Sie wurden deshalb zu Fälschungen erklärt.

Die Wissenschaft verdeutlicht das bekanntlich, indem sie dem Verfassernamen ein »Pseudo« voranstellt. In der alten Literatur wimmelt es nur so von Pseudonymen, Pseudo-Kritias, Pseudo-Kallisthenes. Die Schriften des Pseudo-Dionysius Aeropagita entwickelten eine nicht unerhebliche Anziehungskraft, da sie Christentum und Neuplatonismus miteinander verschmolzen und damit zeigten, daß unser Glaube teilweise auf einer irrationalen heidnischen Philosophie beruht, die am Ende der Antike nicht einfach untergegangen war, sondern im Glauben weitergelebt hatte.

Die Schriften kamen jedenfalls schon im 9. Jahrhundert nach Europa, wo sie für die abendländische Scholastik und Mystik von Belang waren. Der Übersetzer war der Philosoph Johannes Eriugena Scotus (810–880 n. Chr.). Johannes stammte aus Irland, das damals »scotia maior« hieß, war Leiter der Hofschule Karls des Kahlen in Paris und galt in meiner Jugend als erste bedeutende wissenschaftliche Persönlichkeit des Mittelalters. Scotus repräsentierte für uns eine christliche Seinslehre, die bis zu Spinoza und Hegel wirkte.

Es gibt demnach nicht nur die oben gezeichnete Traditionslinie, die Hypatia für die Philosophie der Aufklärung in Anspruch nimmt. Eine zweite führt über Johannes, den Iro-Schotten, und Thomas von Aquin bis ins esoterische Heute. Thomas konstruiert seine Stufenreihe (die von den Pflanzen und Tieren durch die menschliche Seele mit ununterbrochener Kontinuität in die Welt der reinen Intelligenzen, der Engel, bis zur absoluten Form reicht – die Gottheit) in der materiellen Welt nach Aristoteles, in der geistigen nach Dionysius Aeropagita und steht deshalb in doppelter Tradition zu Hypatia, da diese, wie wir wissen, auch Aristoteles interpretiert hat, immer vorausgesetzt, daß sie wirklich so philosophierte wie Dionysius (pseudo) oder sogar mit ihm identisch war. Völlig abwegig kann die Theorie der erwähnten Verfasserin jedoch nicht sein, da über eine Verbindungslinie zwischen Hypatia und der Philosophie des Scotus auch in anerkannten Werken spekuliert wird.

Interessant ist deshalb die Doppelgesichtigkeit des multiplen Pseudo-Dionysios (multipel, da er zunächst ein Athener Urchrist zu sein schien, dann, im Jahre 532 n. Chr. zu einem unbekannten Pseudo erklärt wurde und heute ein nicht existenter Namensgeber unserer Hypatia sein soll). Denn man hat natürlich frühzeitig nach einer real existierenden Biografie für ihn gefahndet und ist auch fündig geworden. Sein Klarname ist nach herrschender Meinung »Petrus der Walker«, alias »Petrus Fullo« oder »Petrus Gnapheus«. Ein »Walker« ist ein Tuchmacher, und Fullo und Gnapheus bedeuten dasselbe.

Das ist erstaunlich, wenn man weiß, wer »der Walker« war, und erklärt einerseits, warum Deschner zum Beispiel das Pseudonym »Dionysios Aeropagita« nicht interessiert und auch die Kirchengeschichte die beiden Figuren getrennt führt. Deschner interessiert sich bekanntlich nur für die Blutströme, auf denen die katholische Kirche zum Sieg schippert[48], und die katholische Kirche kann den Walker nicht so weit aus dem Fenster hängen, da er nicht auf römischer Linie lag.

Wer war der Walker?

Der Walker war ein echter Haudegen und Machtmensch, vom gleichen Kaliber wie Hypatias angeblicher Mörder Kyrillos, und so überrascht es, daß ausgerechnet er in Fachkreisen als esoterischer Kirchenvater gehandelt wird und nicht die weibliche und deshalb sanftmütige und tolerante Hypatia, von der man sich eine Seinslehre, die bis in die allerhöchsten Kreise reicht, viel eher erwarten würde.

Sein Aufstieg in Syrien war so unaufhaltsam wie der des Christentums. Der Walker war ein Freund und Günstling des späteren römischen Kaisers Zeno aus der thrakischen Dynastie, der mit einer kurzen Unterbrechung von 474 bis 491 n.Chr. regierte. Tarasis, Sohn des Kodisas aus Isaurien, der sich Zeno nannte, stammte aus einem barbarischen Bergvolk, heiratete die Tochter des byzantinischen Kaisers Leon I. und tyrannisierte die Bewohner von Konstantinopel derart, daß sie vor Wut seinen gesamten Anhang abschlachteten, als er wegen eines Putschversuchs seines Schwagers Basiliskos mal kurz die Stadt verließ.

Man muß sich die Ereignisse jener Jahre vorstellen, um zu begreifen, warum Pseudo-Dionysius, alias Petrus der Walker, eine Welthierarchie erfand, die ganz außerhalb der sozialen und politischen Zustände lag. Die Zustände waren unbegreiflich. In den Herrscherhäusern in Ost- und Westrom wurden Konflikte durch Morde reguliert. Leute wie Zeno wurden nur gebraucht, weil auf der anderen Seite die Vandalen und Goten standen. Der Hof von Byzanz wurde von einer starken germanischen Fraktion bedrängt. Der Kaiser, der Zeno zum Augustus erhob und krönte, war sein siebenjähriger Sohn Leon II., den er nach einem halben Jahr umbringen ließ, um ihn zu beerben. Die Folgen der Wirren in Konstantinopel kennt jeder Adriaurlauber, der in Ravenna war. Um die Goten unter ihrem Führer Theoderich endlich loszuwerden, schickte Zeno sie 485 n. Chr. nach Italien, wo die Lage noch verheerender war. Der letzte weströmische Kaiser, der den Namen verdiente, Anthemius, hatte sich nach dem Aufstand des Ricimer auf dem Palatinshügel verschanzt, sich schließlich, als Bettler verkleidet, bei einem Märtyrergrab versteckt, und war dort, während die Stadt wieder einmal geplündert wurde, von einem gewissen Gundobad getötet worden.

»Die folgenden weströmischen Kaiser«, schreibt Seeck[49], »ziehen an uns vorüber gleich der Königsreihe Banquos in der Hexenküche, wie Schatten, nicht wie lebendige Menschen.« Der vorletzte, Julius Nepos, weströmischer Kaiser von Leons Gnaden, mußte nach nur vierzehn Monaten nach Dalmatien fliehen, wo er 480 n. Chr. ermordet wurde. Der ihn aus aus Rom vertrieb, war ein alter Mann aus Pannonien namens Orestes, ehemals Geheimschreiber bei Attila, jetzt römischer Oberbefehlshaber in Gallien. Er setzte seinen minderjährigen Sohn Romulus Augustulus auf den römischen Thron, doch der Thüringer Odoaker besiegte und tötete den alten Orestes kaum ein Jahr später und schickte den Knaben mit einer üppigen Jahresrente nach Neapel in den vorzeitigen Ruhestand. Mit ihm hatte der Kaiserspuk im Westen endlich ein Ende.

Petrus der Walker war eine der zahllosen Hyänen, die sich um den Kadaver des römischen Reiches balgten. Er war ein Mönchspriester, als er um 470 n. Chr. mit Zeno, damals noch »Oberbefehlshaber des Ostens«, nach Antiochia reiste, wo er mit Hilfe der Monophysiten rasch Karriere machte. Den herrschenden Patriarchen zwang er zur Abreise, ließ sich selbst ohne Wahl in Seleukeia zum Erzbischof weihen, überstand zwei Verbannungen und versuchte, sich auch Zypern einzuverleiben. Die Zyprioten schlugen ihm ein Schnippchen, indem sie rechtzeitig das Grab des Apostels Barnabas fanden, das eine von Barnabas persönlich verfaßte Abschrift des Matthäus-Evangeliums enthielt. Die Handschrift schenkten sie Kaiser Zeno. Damit war bewiesen, daß die zyprische

Kirche apostolischen Ursprungs war und nicht der Jurisdiktion des Walkers unterstand.

Und das war der Mann, der unter dem Namen Dionysius Aeropagita die Schriften unserer Hypatia plagiiert haben soll?

Bleibt die Frage, wie das Werk der Hypatia die alexandrinischen Wirren zur Zeit ihrer Ermordung überstand, und warum es nach seiner Rückkehr gut fünfzig Jahre später jenem Aeropagita zugeschrieben werden mußte. Auch dafür hat die Autorin eine passende Antwort: Hypatia wurde von den nicht-orthodoxen Homousianern der kaiserlichen Partei (im Gegensatz zu den orthodoxen Homousianern der Partei des verstorbenen Patriarchen Athanasios) ermordet. Den Mord versuchte man den orthodoxen Anhängern um den Patriarchen Kyrillos anzuhängen. Reste ihrer Leiche und ein Teil ihrer Schriften wurden von Anhängern Kyrills gerettet und (wie die heilige Katharina von den Engeln) zum Berg Sinai gebracht, wo man die Werke versteckte. Da aber die frauenfeindlichen Griechen ebenso wie die christlichen Theologen ein gemeinsames Interesse an der Vertuschung einer so großen Philosophin hatten, konnte das Werk später nur unter einem Pseudonym wieder in Umlauf gebracht werden.

Die Mutmaßung macht Sinn. Erstens: Wenn Kyrills Gegner ihn für den Mörder Hypatias hielten, mußten seine Anhänger glauben, sie seien Engel. Zweitens: Eine Kirchenmutter? Undenkbar. Damit stellt sich eine wesentliche Frage, der wir bisher ausgewichen sind. Wer war Hypatia?

THEONS TOCHTER

Philosophinnen

Hypatia war Theons Tochter. An erster Stelle erwähnen das die drei primären Quellen Philostorgios, Sokrates Scholastikos und Damaskios, und auch heutige Autorinnen heben die Vaterschaft hervor. Die griechische Kultur war nirgendwo demokratisch oder sozial, sondern elitär. Daher die Bewunderung auch bei uns seit dem 18. Jahrhundert. Der Vater verlieh gewissermaßen die »venia legendi«, die der Mann von Stand per se besaß.

Die Diskriminierung der Frauen in der Philosophie ist weder ein christliches Phänomen noch ein modernes, sondern schon in Griechenland guter alter Brauch, wenn auch die Gründe dafür bis heute rätselhaft sind. Es kann nicht wahr sein, daß kluge Männer Frauen bewußt oder unbewußt diskriminieren.

Über die Zahl der Berufsphilosophinnen vom 6. Jahrhundert v.u.Z. bis ins 5. Jahrhundert n. Chr. gibt es Schätzungen – sechzig bis 120 – doch kennen wir zumeist nur die Namen. Ein häufiger Eintrag im Lexikon lautet: »Theognis, griechische Dialektikerin, 3./2. Jh. v.u.Z.« Schluß, aus. Ich habe eine vage Statistik gemacht: In bestimmten Schulen gibt es fast keine Frauen (Platoniker, Peripatetiker, Stoiker), sieben Frauen heißen schlicht »Dialektikerinnen«, und die diversen neuplatonischen Schulen bringen es auf sechs Philosophinnen.

Ein gewisser Frauenreichtum herrschte nur in der Gruppe der Pythagoreer im 5. Jh. v. Chr. und in den diversen Zirkeln der Epikureer. Irgendwer schätzte die Zahl der Pythagoreer in Crotone im 6. Jahrhundert v. Chr. auf etwa dreihundert. Der Neuplatoniker Jamblichos überliefert in seiner Biografie des Pythagoras[50] die Namen von siebzehn Frauen, Margaret Alic kommt sogar auf achtundzwanzig[51], also Frauenquote maximal zehn Prozent. Warum Frauen pythagoreisch können, aber nicht aristotelisch, ist auch eine interessante Frage.

Am besten überlebte es sich wie Diotima in den Werken der Weltliteratur, auch wenn man nie existiert hat, oder als Anhang einer Berühmtheit. »Themista, Tochter des Zoilos von Lampsakos, 4./3. Jh. v. u. Z. Bekannt wurde T. durch ihren Briefwechsel mit Epikur. Cicero betont ihre Weisheit: ›... weiser als Themista‹.«

Einige erlebten auf diese Weise eine richtige Vita. Beispielsweise Aspasia von Milet, Tochter des Axiochos, griechische Rhetorikerin, 470–410 v. Chr., die mit zwanzig nach Athen kam. Zwei Sokratiker haben ihr »Dialoge« gewidmet, Xenophon erwähnt sie, und in einem strittigen »Dialog« läßt Platon seinen Lehrer Sokrates davon schwärmen, wie Aspasia ihn das Reden gelehrt habe. Damit gehörte sie zur Personage des einschlägigen Schrifttums von Plutarch bis Simone de Beauvoir.

Aspasia hatte das Zeug zum Haßobjekt für sitzengelassene Gattinnen. Ihretwegen trennte der dreißig Jahre ältere Staatsmann Perikles sich von seiner Ehefrau. Über den Grund gibt es die üblichen zwei Meinungen. Plutarch behauptet, »Perikles habe Aspasia nur wegen ihrer Weisheit und politischen Einsicht umworben«. Da können wir Frauen nur lachen. Seine Gegner unterstellten ihm, er sei ihr sexuell hörig gewesen. So war es.

Sabine Bauers Aufsatz über Hypatia beginnt mit den Worten: »Hypatias Vorbild war die Philosophin Aspasia.«[52] Das ist aus der Luft gegriffen, braucht aber nicht falsch zu sein. Beide Frauen werden seit jeher mit denselben Epitheta behandelt: bekannter Vater, sehr gebildet, geistig und moralisch hervorragend, Lehrerin der Philosophie, unabhängiger Geist, beredsam.

Aspasia »gründete einen Salon, in dem die damals einflußreichsten Männer verkehrten«. Am Portal der Uni Athen gibt es ein Fresko im Stil von Anselm Feuerbach, auf dem der Salon zu sehen ist. »Neben Künstlern und Staatsmännern«, schreibt Rullmann, »gehörten u.a. zahlreiche Philosophen wie Anaxagoras, Sophokles und Sokrates zu ihren Stammgästen. Aspasias Wirken hat der ›gesamten Aufklärungsphilosophie neues Leben zugeführt‹ (Rohden 1895, S. 1718).« Etwas störend ist nur, daß in Aspasias Salon auch Archimedes verkehrt haben soll.

Dennoch: Die Übereinstimmungen zwischen den zwei Frauen wirken überraschend, bestätigen aber nur, was wir längst wissen: Unser Wissen wird bestimmt von Sprachregelungen. Aspasia ist, wie Hypatia, ein Phänomen der Zeugen vom Hörensagen und der Sekundärliteratur. Alles, was wir über sie wissen, steht unter dem Vorbehalt der zwei Worte »sie soll«. Sie soll Perikles die Reden geschrieben haben, u.a. seine berühmte Leichenrede für die Gefallenen des peloponnesischen Krieges. Sie soll ihn zu einer Abkehr von seinen eigenen politischen Maximen veranlaßt haben. Sie soll ihn überredet haben, den peloponnesischen Krieg anzuzetteln. Die Tatsache, daß in ihrem Salon auch Ehefrauen zugelassen waren – für das bigotte Athen der klassischen Philosophie absolut shocking! –, entfesselte den Vorwurf der Zuhälterei und die Behauptung, sie habe Bürgerinnen der Stadt mit ihrem Mann verkuppelt. Ein Diopeithes klagte sie der Gotteslästerung (Asebie) an, und »nur mit Mühe konnte Perikles, der sie nach Athener Recht als Vormund vor Gericht vertrat, ihren Kopf retten«[53].

Die widersprüchliche Darstellung Hypatias als Hexe und Schlampe (bei Johannes von Nikiusi) und sittsames Mädel (Palladas, Damaskios) ist in der Konfiguration Aspasias vorgeprägt. Beide sind Symbole in politischen Auseinandersetzungen. Man attackiert Aspasia, meint aber den Politiker Perikles. Besonders Lustspielautoren wie Aristophanes heimsten damit billigen Beifall ein, aber auch die dialektische Provokation bediente sich der Vorurteile. Aischines übernimmt die Diffamation, Aspasia sei eine Hetäre, um anschließend zu ihrer Ehrenrettung auszuholen und zugleich den sokratischen Eros zu propagieren.

Die Szene könnte aus einer Komödie stammen: Der reiche Kallias sucht einen Lehrer für seinen Sohn und wendet sich an Sokrates um Rat. Der empfiehlt ihm die Hetäre Aspasia als Philosophielehrerin. Eine zweifache Provokation: Frau und Hetäre. Aber das ist nur der Aufhänger. Sokrates singt nun (laut Aischines), um seinen Vorschlag zu begründen, ein Loblied auf Aspasia, das nicht einmal fiktiv sein muß. In der Literatur verbreitet ist die Annahme, daß Sokrates Aspasias Schüler gewesen sei und von ihr die Kunst des dialogischen Philosophierens erlernt habe. Hypatia ähnelt auch hierin Aspasia: Beide sind den besten Philosophen ihrer Zeit überlegen.

Das ist nur logisch: Wenn der Mann in allen Fertigkeiten, für die es Musen gibt, das ausführende Organ ist, das nur praktisch umsetzen kann, was die Muse ihm eingibt, muß die Frau / Muse ihm zwangsläufig überlegen sein, sobald sie selber zum Griffel greift. Darin liegt die Gefahr, wenn man einer Muse erlaubt zu malen, zu dichten, zu singen und zu philosophieren.

Die Überlieferung läßt somit einige Voraussetzungen des weiblichen Philosophierens erkennen. Der eine Strang läuft über die soziale Ausgliederung. Ein Teil der Einschränkungen, denen die Frauen in der griechischen Gesellschaft unterlagen, galt nicht für die Hetären. Daher der Kurzschluß, eine Frau müsse eine Hetäre sein, wenn sie philosophiere, der bis in die Belletristik über Hypatia reicht. Es gab keine Mädchenschulen, auch wenn Aspasia sie gefordert haben soll. Aber es gab offizielle Ausbildungsstätten für Hetären, denn die Männer wollten sich von der gedanklichen Kost daheim erholen. Eine Spitzenhetäre (es wird auch solche für konservative Stammtischpolitiker und Handwerksmeister gegeben haben) war geistvoll, gebildet, charmant, besaß ein angemessenes Haus voller Kunstwerke und war sicher nicht arm, genau so wie Hypatia. Im Haus der Hetäre war man unter sich und konnte ungestört schweinigeln (wie im »Symposion« Platons) oder konspirieren. Den politischen Klüngel, der sich im klassischen Griechenland immer wieder an und um die Macht putschte, nennt man »Hetärie«. Einige Hetären hatten Einfluß bis in die höchsten Kreise.

Das Vorurteil, die Epikureer seien eine frivole Gesellschaft gewesen, beruht auch darauf, daß etliche unter ihnen Hetären waren. Am bekanntesten wurde Epikurs Geliebte Leontion, die auch ein Fall für die antike Yellow-Press war. Epikur war nicht mehr der Jüngste, und sie hatte einen Geliebten. In der Schule hatte sie eine herausragende Stellung und schrieb auch selber. Einen Skandal verursachte ihre Schrift gegen den Philosophen Theophrast, der nach Aristoteles den Peripatos leitete. Er behauptete »Alle berühmten Männer sind Melancholiker« und hatte in einer Streitschrift vor den Gefahren der Ehe gewarnt. Leontions Erwiderung darauf ist leider verschollen, aber die Empörung hallt in der Literatur nach. Eine Frau, die einen Peripatetiker zurechtweist.

Möglichkeit zwei: Die Frau, die philosophieren wollte, mußte einen berühmten Vater oder Ehegatten haben, möglichst beides. In solchen Fällen konnten sich Nester bilden. Der Sokratiker Diodoros Kronos hatte fünf Töchter »von auffallender Tugendhaftigkeit«, die allesamt »Dialektikerinnen« wurden. Die Überlieferung kennt etliche Töchter und Ehefrauen, von Hippe bis zur Kaiserin Julia Domna. Hippes Vater war der Kentaur Chiron, daher ihr irritierender Name (Hippe = Stute). Er unterrichtete sie in Medizin, Natur- und Sternenkunde. Ihr Mann war der Gott der Winde, und sie lehrte ihn, was sie gelernt hatte. Julia Domna (170–217 n. Chr.) war die Tochter des Hohen Priesters im Tempel von Emesa. Mit fünfzehn heiratete sie Septimius, der später römischer Kaiser wurde. In Rom hatte sie einen Salon, in dem Cassius Dio, Philostratus und Diogenes Laertius verkehrten. Über sie könnte man einen Roman schreiben. Nach dem Tod ihres Sohnes Caracalla verübte sie Selbstmord.

Die meisten Philosophinnen sammelte Pythagoras (570–496 v. Chr.). Er ist förmlich eingekreist von Frauen. Seine ethischen Lehren soll er der delphischen Priesterin Themistokleia (geboren um 600 v. Chr.) verdanken[54]. 530 v. Chr. wanderte er, um Verfolgungen zu entgehen, nach Unteritalien aus, wo er Theano kennenlernte, die eine der berühmtesten Frauen der Antike wurde.

Theano (Tochter des Brontinos) war seine Schülerin, später auch seine Ehefrau und rund zwanzig Jahre jünger. Sie ähnelte Hypatia wie Aspasia im Positiven: Sittenstreng, wissendurstig, fromm, tugendhaft, nicht aber im Negativen. Gerüchte über Ausschweifungen verboten sich von selbst bei dem Ehemann. Gegen den Alltag der Pythagoreer war eine schwäbische Stiftsschule eine Lasterhöhle. Man glaubte an die Seelenwanderung. Ziel des Lebens war es, die Seele durch Reinheit und Glaubensstärke zu desinfizieren. Dem diente ein mönchisches Ordensstatut: kein Fleisch, Schweigegebot, eheliche Treue (der Frauen). Eine von Theanos Maximen lautete: »Worüber zu reden häßlich ist, darüber ist es besser zu schweigen.« Wittgensteins »Tractatus logicus« läßt grüßen.

Theano bereicherte das Bild der antiken Philosophin um eine wesentliche Facette. Hypatia war, angeblich in voller Absicht, Junggesellin, Aspasia verheiratet, aber kinderlos und dem Manne nur von Gesetzes wegen nachgeordnet. Theano hingegen wird als die klassische Multifunktionsintellektuelle mit Weiblichkeitsschwerpunkt beschrieben. Verheiratet, fünf Kinder: drei Töchter, zwei Söhne. Sie beweist dem Mann, daß seine Maximen praktikabel sind: Ernsthaftigkeit, Wissensdurst, Sittenstrenge auch in Erfüllung der »ehelichen Pflichten«, absolute Monogamie, aber Nachsicht gegenüber den Seitensprüngen des Gatten: »Nicht der Mann soll sich ändern, die Frau muß sich ihm anpassen.« Sie stenografiert mit, wenn er redet, tradiert also seine Lehre, kann aber auch selber schreiben, vorwiegend Themen aus dem großen Bereich der Lebenshilfe für Frauen, also Schwangerschaftsberatung, Kindererziehung, gesunde Ernährung. Sie kümmert sich um den Nachwuchs. Auch die Töchter sollen gute Medizinerinnen gewesen sein und die weise Mäßigung in allen Dingen als erste weibliche Tugend praktiziert haben, aber Geschriebenes ist nicht überliefert. Ob man sie dennoch zu den Philosophinnen rechnen sollte, ist eine Frage die in der feministischen Literatur nicht gestellt wird. Nicht ganz zu Unrecht. Auch Sokrates ist vielleicht nur eine Erfindung von Platon und Xenophon.

Von heute her muß man die Pythagoreerinnen jedenfalls als Emanzen bezeichnen. Die herrschende Ansicht, es sei nicht schicklich für Frauen zu reiten, zu philosophieren und in der Volksversammlung aufzutreten, lehnten sie ab, nur Regierung und Kriegführen waren Männersache. Im übrigen war Crotone ein veritabler Braintrust und erforderte hohe Kompetenz von allen Mitarbeiterinnen. Forschung, Lehre und Ausbildung hatten, außer der Philosophie, zwei Schwerpunkte: Mathematik und Medizin. Archytas von Tarent entdeckte, daß die Erde eine Kugel war. Die Mathematik diente der Welterkenntnis. Pythagoras glaubte, das Wesen der Wirklichkeit sei die Zahl, was die empirische Theano nach seinem Tod etwas relativierte.

Statt »Ihr Vorbild war Aspasia« hätte Sabine Bauer also auch schreiben können: »Ihr Vorbild waren die Pythagoreerinnen«, denn es ist auszuschließen, daß man sie in Alexandria, jener Hochburg der Mathematik, Medizin, Naturkunde und Astronomie, nicht kannte. Vermutlich noch zu Lebzeiten des Pythagoras wurde die Gemeinschaft von der Bevölkerung angegriffen, da sie angeblich zu großen Einfluß auf die lokale Regierung nahm. Die Schule wurde zerstört, die Pythagoreerinnen wurden getötet oder vertrieben. Es gibt also noch eine Gemeinsamkeit von Hypatia und Theano: Beide wurden Opfer eines Pogroms des Pöbels.

Immerhin: Theano und ihre Töchter konnten sich retten und verbreiteten Vaters Lehren nach Griechenland und Ägypten. Seine Geheimlehren soll der Alte seiner Tochter Damo anvertraut haben, die sie ihrer Tochter Bitale anvertraute. Immer mit dem Gebot, sie geheimzuhalten und vermutlich immer auf dem Sterbebett. Ehrfürchtig schrieb Diogenes Laertios über Damos Treue: »Sie hätte die Niederschriften für große Summen verkaufen können, doch sie erachtete die Aufträge ihres Vaters für schätzbarer als Gold.« Noch lange jagte man den Geheimlehren nach: Die hochschwangere Timycha, berichtet Margaret Alic, ließ der Tyrann Dionysios von Syrakus foltern, um das Geheimnis des Pythagoras zu erfahren. Sie biß sich die Zunge ab und spuckte sie dem Tyrannen ins Gesicht.

Ich referiere das so eindeutig, um nicht noch mehr Verwirrung zu stiften. Tatsächlich haben die Frauen um Pythagoras auch für Unklarheiten gesorgt. Mit Sicherheit gab es zwei Theanos, wenn nicht mehr, von denen einige sich vielleicht des Namens nur bedienten. Bis ins erste Jahrhundert v. Chr. reichen die Texte, die Theano zugeschrieben werden, so daß wir nicht wissen, von welcher das schöne Apophthegma stammt, das Maria Nühlen zitiert. Ein Verehrer schaute Theano zudringlich an und sagte: »Was für ein schöner Arm.« Theano antwortete: »Ja, aber er ist kein Gemeingut.« Einer Ehefrau hingegen habe sie geraten, wenn sie zu ihrem Manne gehe, mit den Kleidern zugleich auch die Scham abzulegen.

Wer war Theon?

Die Hypatia-Literatur feiert ihn als bedeutenden Mathematiker, Astronomen und Philosophen. Das ist verständlich, denn seine Tochter war eine noch größere Gelehrte auf diesem Gebiet. Er lehrte am Museion, und einige behaupten, daß er es geleitet habe, obwohl es dafür keine Quellen gibt. Es gibt auch keinen Hinweis darauf, daß er philosophische oder philologische Interessen hatte. Dafür weiß man, daß es das ptolemäische Museion zu seiner Zeit nicht mehr gab, aber das braucht nichts zu bedeuten. Vielleicht hatte man es nach seiner Zerstörung verlegt. Seltsam nur, daß niemand sich diese Frage stellt. Ein »Lexikon der Philosophie« bringt es im Jahr 2000 fertig, folgende Sätze aneinanderzureihen: »In diesem Museion wirkten u.a. Apollonios von Perge, Ammonius Sakkas und sein Schüler Plotin, Theon von Alexandria und dessen Tochter Hypatia von Alexandria. Das Museion von Alexandria fiel im 3. Jh. u. Z. der Zerstörung anheim.«

Über Theons Leben ist fast nichts überliefert. Eine Mutter scheint Hypatia nicht gehabt zu haben. »Außer der Tochter hatte Theon noch einen Sohn namens Epiphanius, der ebenfalls Mathematiker war.« Auf ihn schließt man aus einer Widmung. Theon selbst hat es zu einem Eintrag im Suda-Lexikon gebracht, was dem Perfektionsdrang der alten Enzyklopädisten geschuldet ist. Auch ein Mondkrater wurde nach ihm benannt. Um seine Lebensdaten zu ermitteln, braucht der große Pauly-Wissowa 2900 Zeichen ohne Steuerzeichen.

Die Indizien lauten wie folgt: Theon lebte noch unter Kaiser Theodosius dem Großen, berechnete die Mondfinsternis im Jahre 81 der Diokletianischen Ära, eine totale Sonnenfinsternis und eine 94 nach Diokletian eintretende Konstellation, ferner die »Konsularfasten« der Florentiner Handschrift etc. Er lebte folglich 47 oder 57 bis 117 nach Diokletian. Die Zählung der Jahre nach Christus hatte sich noch nicht durchgesetzt, da sie erst 241 nach Diokletian (Regierungsantritt 284 n. Chr.) erfunden wurde.

Über seine Arbeit als Mathematiker sind wir dagegen recht gut informiert. Er verfaßte Kommentare zu Claudius Ptolemaios 100 bis 160 n. Chr., dessen Werke unter Kalif Harun ar-Raschid (763–809) ins Arabische übersetzt wurden und dadurch als »Amalgest« erhalten blieben. Eine Abschrift davon soll heute in Nürnberg liegen. Theon gab auch die »Elemente« von Euklid (4./3. Jh. v. Chr.) heraus und beschäftigte sich mit Problemen wie der Nilschwelle, mit Astrologie und sonstiger Mantik – war also ein typischer Zeitgenosse. Allem Überirdischen und Wunderbaren aufgeschlossen, aber kein Christ.

Über seine Leistungen als Ptolemaios-Kommentator heißt es im Pauly-Wissowa: »Eine eigene mathematische Leistung liegt in den Kommentaren nicht vor, nur tralatizisches Gut, doch sind sie dadurch von Wert, daß sie oft die Quellen namhaft machen und dadurch wichtiges Material zur Geschichte der Mathematik übermitteln.«

Im Falle seiner Euklid-Edition hatte das Vorbeitragen didaktische Funktion. »Für den Zweck des mathematischen Unterrichts haben Mit- und Nachwelt die Arbeit Theons als ersprießlich befunden, was die fast völlige Verdrängung der nicht von ihm abhängigen Tradition beweist. Für die Herstellung des echten Euklid-Textes aber mußte auf die nicht-theonischen Textzeugen zurückgegriffen werden.«

Daß seine Arbeit im wesentlichen der Herstellung eines möglichst glatten, leicht verständlichen Textes der »Elemente« diente, hat sich im 19. Jahrhundert gezeigt, als nicht-theonische Handschriften gefunden und untersucht wurden. Seinen Ruhm als Gelehrter verdankt Theon offensichtlich der Tatsache, daß er Hypatias Vater war. Das Epitheton »Theons Tochter« wird damit zum Zirkelschluß.

Das schließt nicht aus, daß er tatsächlich der bedeutendste Mathematiker und Astronom seiner Zeit war – in Alexandria oder überhaupt. Die großen Zeiten der Entdeckungen waren lange vorbei, und die Wissenschaften versackten in Spökenkiekereien. Sie waren irgendwie an ihre geistigen Grenzen geraten, und wir wissen trotz einiger hunderttausend Studien und mehrbändiger Wälzer zu dieser Frage bis heute nicht, warum.

Da ich ein Knabe war, Ende der vierziger Jahre des vorigen Jahrhunderts, besaß ich ein Jugendbuch über die antiken Mathematiker, Astronomen und Geographen, und ihre Entdeckungen und Erfindungen versetzten mich in Erregung, weil ich sie nicht begriff. Während meine Freunde »Ein Kampf um Rom« lasen, »Land aus Feuer und Wasser«, und einer las auch Gobineau und Nietzsche, verehrte ich eine Handvoll cooler Rechner und sturer Beobachter: Theodoros von Kyrene (gest. 390 v.Chr.), Theaitetos von Athen (415–369 v.Chr.), Eudoxos von Knidos (um 350 v.Chr.), Aristarch von Samos (310–230 v.Chr.), Archimedes von Syrakus (285–212 v.Chr.), Eratosthenes (276–195 v.Chr.), Apollonios von Perge (262–190 v.Chr.), Hipparch von Nikaia (180–125 v.Chr.), Strabon von Amaseia (um die Zeitenwende), Heron von Alexandria (1. Jh. n. Chr.), Claudius Ptolemaios.

Wie Perlen an einer Kette waren die Neuerer aufgereiht, die nichts ungefragt hinnahmen, was gelehrt wurde, Probleme erkannten, die es noch nicht gab, und Lösungen fanden, die unzulänglich bleiben mußten, so lange sie gute Schüler hatten, während ich nicht einmal ein Problem erkannte. Jedes Problem mußte mir vorgekaut werden, für jedes gab es bereits eine Lösung, und immer noch war alles unbegreiflich.

Es machte mich rasend, wie diese antiken Gelehrten aus dem Nichts heraus Geräte erfanden zur Lösung ihrer selbsterfundenen Probleme. Und dann erst die Namen. Eudoxos erfand das Astrolabium, Hipparch baute ein Äquinoktialarmillar, Apollonius erfand den Epizyklus, die Parabel, die Ellipse und die Hyperbel, Archimedes den »Stab des Archimedes«. Ein US-amerikanischer Mathematiker behauptete kürzlich, daß Apollonius mit seinen Kegelschnitten nur noch ein paar gedankliche Sekunden von der Dreiergeometrie eines schwarzen Lochs entfernt gewesen sei.

Die griechischen Gelehrten einige Jahrhunderte vor Theon und Hypatia waren wirklich unglaublich. Sie berechneten die Entfernung der Sonne und des Mondes, die Länge des Jahres, die Erdkrümmung, den Erdumfang, bestimmten den Durchmesser von Mond und Sonne und stellten fest, daß der Merkur der Sonne nähersteht als wir. In heftigen Disputen erörterten sie das Für und Wider des geozentrischen und des heliozentrischen Systems, einigten sich darauf, daß keinesfalls alle Planeten um die Erde kreisen konnten, und berechneten den Lauf der Gestirne nach der einen und der anderen Methode, bis der alte Aristoteles (der in Wahrheit längst tot war) dem ausufernden Disput ein Ende setzte und der junge Aristarch den Schwanz einzog. Wenn die Erde, so argumentierte er, sich um die Sonne drehe, so müsse man auch eine Veränderung am Fixsternhimmel beobachten können, doch dies sei nicht der Fall. Vergeblich behauptete Aristarch, daß die Fixsterne zu weit entfernt seien und er noch kein Fernglas besitze. Man klagte ihn an wegen Gottlosigkeit, da er zu behaupten wagte, die Fixsternsphäre stehe fest, die Erde aber kreise um die Sonne und drehe sich gleichzeitig um die eigene Achse.

Nachts stand ich auf einem Hügel und versuchte mir das Spinnennetz vorzustellen, mit dessen Hilfe Eudoxos seine Sternenkarte auf die Innenseite der großen Kugel, die das Weltall enthielt, projiziert hatte, obwohl er schon wußte, daß die Fixsterne unterschiedlich weit entfernt von uns sind, und nicht mehr glaubte, was noch Anaximenes behauptete, die Fixsterne seien wie Nägel mit dicken Köpfen am erstarrten Firmament befestigt. Im Winter, wenn ich arbeitslos war, hockte ich in meinem Kämmerchen, baute die alten

Meßgeräte nach, schrieb endlose Zahlenreihen untereinander und versuchte, alles noch mal zu erfinden. Meine Nachbarn waren froh über mein neues Experimentierfeld. Ein Jahr zuvor, in meiner elektrischen Phase, hatte ich beim Versuch, die Glühbirne noch mal zu erfinden, im ganzen Dorf die Stromversorgung blockiert.

Man sollte sich also vor Augen führen, wann die Leute lebten, die wir noch heute zitieren, wenn wir Alexandrias Größe rühmen. Der letzte echte Mathematiker war Diophantos von Alexandria, der um 250 n. Chr. lebte. Seine »Arithmetica«, von der zehn Bände erhalten sind, gehen über die Grundform der antiken Mathematik, die geometrische Algebra hinaus und stellen erstmals eine echte Algebra dar. Danach war Sense. Schon Pappos, Theons Vorgänger, der fünfzig Jahre nach Diophantos wirkte, beschränkte sich im wesentlichen auf die Überlieferung. Hypatia ist offensichtlich nicht darüber hinaus gegangen. Dennoch lautet das Stereotyp bis heute: »Mit der Ermordung der Mathematikerin Hypatia erlosch 415 n. Chr. die alexandrinische Mathematikerschule.«

Viel kann da nicht gewesen sein, wenn der Tod einer Lehrerin eine ganze Wissenschaft zum Erliegen brachte. Vielleicht war es so: Vielleicht reichte das, was man wußte, als das Museion im dritten Jahrhundert n. Chr. in Schutt und Asche versank, für die nächsten Jahrhunderte. Vielleicht brauchte man es nicht einmal mehr. Welch ein Unterschied zwischen einem Claudius Ptolemaios, der an der Schwelle zur Neuzeit steht, und einem Anachoreten, der sich die Wüstensonne aufs Haupt scheinen läßt, bis er alle Erzengel tanzen sieht.

Hypatia herself

Wie Hypatia aussah, als sie etwa 25 bis 30 Jahre alt war, wissen wir. Die School of Mathematics and Statistics der University of St. Andrews, Scotland, hat ihr Portrait ins Internet gestellt[55]. Sie hatte ein volles, bleiches Gesicht, völlig faltenlos, und die Kinnlade war wenig ausgeprägt. Sie hatte einen dicken Hals, ebenfalls faltenlos, und einen kräftigen Nacken. Sie besaß eine vorgewölbte Kinnspitze, einen kleinen Mund, zierliche Ohren, eine gerade, spitze, zu große Nase, Schatten unter den mandelförmigen Augen, und eine auf römische Art aufgetürmte Frisur. Das Gesicht wirkte ernst und melancholisch, und der Kopf war immer leicht gesenkt und zur Seite geneigt. Sie hatte ein teilnahmsloses Dutzendgesicht ohne jedes Charisma.

Wir kennen zahlreiche Portraits ägyptischer Damen aus römischer Zeit. Im Hotel in Alexandria hingen Reproduktionen davon in den weiten hellen Korridoren. Diese Bilder blieben erstaunlich gut erhalten, da man sie irgendwie in die Mumien einzunähen pflegte, und sie sehen sehr lebendig aus, da man die Leute malte, so lange sie lebten.

Das Bild, das sich die Schotten von Hypatia machen, hat nicht die geringste Ähnlichkeit mit irgendeinem der überlieferten Abbilder. Man pflegte damals einen Portraitstil, der die Augen stark betonte und hervortreten ließ, und die meisten Personen waren von einer Aura des Geheimnisvollen umgeben, während die schottische Hypatia aussieht wie eine etwas depressive höhere Tochter aus Glasgow im 19. Jahrhundert.

Wann lebte die echte Hypatia? In »Alexandria 2«[56] lesen wir: »Hypatia, daughter of Theon the geometer and philosopher of Alexandria, was herself a well-known philosopher. She was the wife of the philosopher Isidoros, and she flourished under the Emperor Arcadius.«

Davon glauben wir nur, daß sie unter Kaiser Arcadius blühte und greifen zum nächsten Buch[57]. Dort lesen wir, daß Kaiser Arcadius von 377 bis 408 n.Chr. lebte, 383 Augustus wurde, und daß sein Vater, Kaiser Theodosius I., 395 n.Chr. starb und erst in Mailand und dann in Konstantinopel beigesetzt wurde. Er hieß »der Große«, da er die Christen tatkräftig förderte und die Heiden verfolgen ließ. Wann immer ein Herrscher in den Geschichtsbüchern »der Große« genannt wird, hat er sich um die katholische Kirche verdient gemacht.

Im Falle des Theodosius hieß die Kirche Ambrosius. Ambrosius, in Trier geboren, stammte aus dem römischen Hochadel und war Heide. Als Statthalter mit Sitz in Mailand mußte er feststellen, daß ein Erzbischof etwas viel Feineres war als ein Statthalter. Mailand war Kaiserresidenz. Ambrosius ließ sich also bei der nächstbesten Vakanz zum Bischof ausrufen und taufen. 390 n.Chr. war er so mächtig, daß er dem Kaiser das Meßopfer verweigern konnte. Begründung: Der Kaiser sei in der Kirche, nicht über ihr. Erst als Theodosius sich mehrfach vor dem Erzbischof zu Boden warf, unter Tränen seine Sünden bekannte und um Verzeihung bat, wurde er von Ambrosius wieder in die Kirchengemeinschaft aufgenommen.

»Kaum ein Ereignis der Spätantike hat die Historiker und Theologen mehr beschäftigt als der Bußakt von Mailand«, 390 n.Chr., schreibt Lippold und vermutet, daß der Kirchenbann den Kaiser zur Milde gegen den Terror des Kirchenmobs in Alexandria veranlaßte.

Als Theodosius I. starb, wurde das römische Reich für immer geteilt. Honorius erhielt den Westen, Arcadius den Osten. Honorius war elf und eine Marionette des römischen Generalfeldmarschalls Stilicho. Der war ein Wandale, aber mit Serena, der Nichte des Theodosius verheiratet. Arcadius war immerhin schon 18, als er oströmischer Kaiser wurde. Sein Vormund war Rufinus von Aquitanien, ein fanatischer Christ. Laut Seeck wurden beide Kaiser »ihr Leben lang nicht mündig«. Honorius wurde fast vierzig, sein Bruder Arcadius einunddreißig.

Auch Rufinus wurde nicht alt. Als Theodosius starb, ließ Eutrop ihn auf dem Paradefeld in Konstantinopel lynchen. Der Bericht zeigt, daß die Ermordung Hypatias nicht ungewöhnlich war. Er wurde zu einem unförmigen Klumpen zerstochen, schreibt Deschner. Das Gesicht zerfleischt, die Augen ausgerissen, der Körper zerstückelt, der Kopf auf einer Lanze im Triumph durch die Hauptstadt getragen.

Rufins Mörder war Eutrop, ein Eunuch aus Syrien, den der Hof auf dem Sklavenmarkt gekauft hatte. Er war der eigentliche Herrscher im Ostreich. 399 wurde er auch Konsul, aber schon in diesem Jahr ließ der Hof ihn wieder fallen und liquidieren. Regieren war damals lebensgefährlich. Im Jahr 408 wurde auch Stilicho in Ravenna von Graf Heraklian enthauptet. An sich sollte Heraklian ihn nur gefangennehmen, doch er enthauptete ihn einfach. Solche Gewaltexzesse untergebener Feldherren waren nicht selten, und vielleicht waren sie nur eine Legende, um den Kaiser in milderem Licht erscheinen zu lassen. Heraklian wurde nicht etwa gerügt, sondern zum Statthalter in Afrika befördert, wo er erst fünf Jahre später hingerichtet wurde. In jenen Jahren erschien übrigens auch König Alarich mit den Goten vor Rom, wo er sich Galla Placidia, der Halbschwester des Kaisers bemächtigte, bevor er nach Gallien retirierte. Kurz: In beiden Reichen herrschte das Chaos. So sah es aus, als »Hypatia blühte«.

Wann verblühte sie? Bei Malalas heißt es: »Zu jener Zeit verbrannten die Alexandriner Hypatia, die berühmte Philosophin, und sie war eine hochbetagte Frau.« Was mit »jener Zeit« gemeint ist, steht bei Sokrates Scholastikos: »Dies geschah im Monat März während der Fastenzeit, als Kyrillos im vierten Jahr Bischof war, im zehnten Konsulat des Honorius und im sechsten des Theodosius.«

Kyrillos wurde 412 Patriarch von Alexandria. Honorius kennen wir schon. Mit Theodosius ist der zweite Kaiser dieses Namens gemeint, der von 408 bis 450 regierte. Er war schon lange Augustus, als sein Vater Arcadius starb, und er war sieben Jahre alt, als er Kaiser wurde. Da man auch weiß, wann die Fasten stattfanden, ist man sich einig: Hypatia wurde im März 415 n. Chr. ermordet.

Uneinigkeit besteht über ihr Geburtsjahr. »Sie war schön und wohlgestaltet« (Damaskios), aber wann war das? Die Sache mit dem hartnäckigen Liebhaber fand wohl statt, als sie noch florierte. Arcadius wurde zwar erst 395 Kaiser. Zum Regenten des Ostreichs ernannte sein Vater ihn aber, als er eben sieben Jahre alt war. Blühte Hypatia somit schon ab 384 oder erst ab 395? Nehmen wir an, sie blühte seit ihrem fünfundzwanzigsten Lebensjahr. Dann kam sie entweder 370 zur Welt oder 359. Das ist manch einem zu spät. Theon brauchte Hypatia, sagen sie. Sie muß früher geboren worden sein. Ohne sie hätte er sein bedeutendes Werk nicht schaffen können. Sie wurde spätestens 355 geboren, und das entspräche dann auch der Nachricht, sie sei hochbetagt gewesen, als sie starb. Doch auch das überzeugt nicht jeden. Andere meinen, daß Malalas schlecht lesbar sei. Vielleicht habe er falsch abgeschrieben. Die meisten Autorinnen kümmert das alles nicht. Die Mehrheit schreibt: 370 bis 415.

Aus alledem ergibt sich folgendes Identikit:

Hypatia wurde in Alexandria vor Ägypten geboren. Sie studierte Mathematik bei ihrem Vater und verfaßte Kommentare zur »Arithmetica« von Diophantus und zu den Kegelschnitten von Apollonius. Ihre Schriften sind jedoch verschollen. Nach einer Lesart verfaßte sie auch einen Kommentar zum »Amalgest« des Ptolemaios. Andere lesen die betreffende Textstelle des Suda-Lexikons so, daß sie an den Kommentaren ihres Vaters mitgearbeitet habe. Später betätigte sie sich als Lehrerin der Philosophie. Ihr bekanntester Schüler war Synesios von Kyrene, der ihr mehrere bewundernde

Briefe schrieb. Zu ihrem Unterrichtsstoff gehörten Platon, Aristoteles, Plotin und andere Philosophen. Sie war eine sehr angesehene Frau und verkehrte mit den hohen Beamten der Stadt. Zu ihren Vertrauten gehörte der römische Statthalter Orestes. Im März 415 wurde sie von einer aufgebrachten Menschenmenge gelyncht. Die meisten Chronisten verurteilen die ruchlose Tat. Mit Ausnahme von Johannes von Nikiusi sind die Chronisten sich einig, daß sie eine schöne, wohlgestaltete, gebildete und sehr sittenstrenge Frau gewesen sei. Ein Chronist nimmt an, sie sei mit dem neuplatonischen Philosophen Isidoros verheiratet gewesen, was jedoch ein Irrtum sein muß. Ihr Geburtsjahr ist nicht bekannt. Wie es heißt, war der Kaiser sehr ergrimmt über den Mord, doch fand keine Strafverfolgung statt, da der zuständige Beamte bestochen wurde.

Whodunnit?

Malalas: »Die Alexandriner.«

Sokrates: »Einige stolze und frömmlerische Eiferer, deren Anführer ein Vorleser namens Peter war.«

Philostorgios: »Die Homousianer.«

Damaskios: »Eine Rotte von vertierten Menschen.«

Johannes von Nikiusi: »Eine Menge Gläubiger in Gott unter Führung des Lesers Petrus.«

Über eins sind sich die Chronisten einig: Hinter dem Anschlag stand der Erzbischof. Malalas schreibt, Kyrillos habe dem Mord zugestimmt. Sokrates Scholastikos nimmt an, Hypatia habe einer Aussöhnung zwischen Orestes und dem Patriarchen im Wege gestanden und sei ein Opfer der politischen Eifersüchteleien geworden. Damaskios behauptet, Kyrillos sei neidisch gewesen, da die Vorlesungen, die sie in ihrem Hause veranstaltete, von einer großen

Menge besucht wurden, und habe deshalb den Mordanschlag ersonnen. Johannes von Nikiusi bestätigt, daß es ein Auftragsmord war, doch während die anderen die Tat verurteilen, begrüßt er sie ausdrücklich. Es sei die Pflicht des Erzbischofs gewesen, die Stadt von solchen Elementen zu säubern. Hypatia sei eine Anhängerin der schwarzen Magie gewesen.

Sie »erschien in jenen Tagen«, schreibt er. Das heißt, sie kam aus der Fremde und war deshalb per se ein Unruhestifter. Sie betört als erstes den Gouverneur (Orestes, den Statthalter), so daß er aufhört in die Kirche zu gehen und auch andere zum Unglauben zurückführt. Als nächste Figur führt Johannes einen stadtbekannten Christen und Anhänger Kyrills namens Hierax ein. Er ist, wie andere Quellen zeigen, Schulmeister, und muß, wenn Kyrillos predigt, den Zuhörern Zeichen geben, daß sie klatschen sollen.

Daß Hierax die Feindseligkeiten noch anheizt, wird bei Johannes als positiv dargestellt. Er hat die Aufgabe, eine Bevölkerungsgruppe zu provozieren, die nur bei Johannes auftaucht, die Juden. Indem Orestes sich auf die Seite der Juden schlägt, erweist sich einmal mehr, daß vereinzelte römische Beamte noch nicht begriffen haben, daß die katholische Kirche die Hegemonie erobert hat und die Jagd auf alle Altgläubigen eröffnet ist. Orestes läßt Hierax öffentlich bestrafen. Damit hat die Provokation gegriffen, und die Gewaltspirale ist in Gang gesetzt.

An dieser Stelle überspringt Johannes ein Ereignis. Er sagt nämlich, »Kyrillos erzürnte über den Gouverneur der Stadt, weil er solches tat (gemeint ist die Bestrafung des Hierax), und auch weil er einen berühmten Mönch aus Nitria namens Ammonius töten ließ und auch andere Mönche.« Ammonius ist eine völlig neue Figur in der Überlieferung. Orestes hat inzwischen offensichtlich auch andere Christen bestrafen lassen, aber wir erfahren nicht, warum. Statt dessen erfahren wir, daß Orestes seine judenfreundliche Haltung etwas korrigiert habe und daß die wahren Opfer nicht die Juden seien, sondern die Christen. »Beendet eure Feindseligkeiten gegen die Christen«, habe er die Juden aufgefordert.

Johannes entwickelt den Konflikt zwischen Christen und Juden wie im klassischen Drama. Die Juden locken die Christen in eine Falle: und sie »massakrierten die Christen und vergossen das Blut vieler, obwohl sie schuldlos waren«.

Auch der nächste Schritt der Handlung ist überraschend. Wer glaubt, die überlebenden Christen würden nun verängstigt in ihren Löchern sitzen, sieht sich getäuscht. Vielmehr haben genügend von ihnen überlebt, um die Juden aus der Stadt zu vertreiben, sich ihren Besitz anzueignen, ihre Tempel zu schänden und sie in christliche Kirchen zu verwandeln. Ein veritables Pogrom hat stattgefunden, und Johannes tut so, als wäre es eine fromme Tat gewesen.

Am meisten überrascht die Apathie der römischen Behörden. Lakonisch erklärt Johannes: »Und Orestes, der Präfekt, war unfähig, ihnen zu helfen.« Der nächste Schritt ist folglich die Ermordung Hypatias, und noch einen Namen bringt Johannes ins Spiel: »Das ganze Volk umringte den Patriarchen Kyrillos und nannten ihn ›den neuen Theophilos‹, denn er hatte den Götzendienst in der Stadt besiegt.«

Es geht mir nicht um die Frage der Glaubwürdigkeit des Chronisten. Entscheidend ist: Knapp dreihundert Jahre nach dem Mord lautet die Überlieferung, daß die Christen die Stadt von heidnischen und jüdischen Bewohnern gesäubert hätten, daß es einen Machtkampf zwischen zwischen Kirche und Staatsgewalt gegeben habe, daß Hypatia in diesem Konflikt zwischen Kyrillos und Orestes die Verlierer unterstützt habe, daß die Rechtgläubigen unter Petrus sie deswegen umgebracht haben und daß schon Kyrills Vorgänger Theophilos in diesem Kampf gestanden habe.

Dies ist nun eine sehr klare Definition. Weder Haß auf das weibliche Geschlecht (wie feministische Autorinnen annehmen) noch blanke Wissenschaftsfeindlichkeit haben den Mord veranlaßt, sondern ein innenpolitischer Machtkampf. Dafür spricht auch, daß Kyrillos erzürnt war, als Orestes den Demagogen und Unruhestifter Hierax und einen oder mehrere Mönche bestrafen ließ. Offensichtlich beanspruchte der Patriarch für Kleriker eine eigene Gerichtsbarkeit der Kirche, während Orestes sie dem allgemeinen Strafrecht unterworfen hatte. Sogar die zunächst trivial wirkende Behauptung des Sokrates, Kyrillos sei erbost über den Zulauf Hypatias gewesen, wirkt auf einmal plausibel. Wenn Hypatia mehr Gehör findet als Kyrill und wenn – was Johannes beklagt – die Leute nicht mehr in die Kirche gehen, sondern zu Hypatia, besteht Grund, sie auszuschalten.

Natürlich ist diese Annahme weit verbreitet. Setzt man historische Quellen mit juristischen Beweisen gleich, so sind Kyrills Aussichten, freigesprochen zu werden, gering. Das betrifft nicht die eigentlichen Täter, über sie wissen wir nichts. Die vielen Mönche, die durch die Belletristik geistern, kommen in den Quellen nur einmal vor (bei Johannes und nicht als Mörder Hypatias) und die »Parabolanen«, von denen es in den Romanen nur so wimmelt, werden von den Chronisten nicht einmal erwähnt.

Etliche moderne Wissenschaftler sind im übrigen dem Ausruf »Kyrillos Mörder!« nicht gefolgt. Der angesehenste, Christopher Haas, meint: »Es besteht keine Möglichkeit mehr, Kyrill direkt mit dem Mord in Verbindung zu bringen. Die Geschichte hat jeden Hinweis darauf in Vergessenheit gebracht. Wir werden niemals erfahren, ob Kyrillos den Anschlag selber leitete, oder ob gewisse Partisanen, unliterarisch gesprochen, für den Patriarchen gekämpft haben.«

Er könnte recht haben. Damaskios könnte versucht haben, Kyrillos zu denunzieren, da er sein Gegner war. Johannes könnte ihm den Mord gutschreiben, um ihn posthum als mutigen Kämpfer für den rechten Glauben hinzustellen. Von den modernen Apologeten ganz zu schweigen. Manchen Leuten ist jeder Mord gerade recht. Er beweist, was sie glauben wollen.

Was kann ein Detektiv tun, der in dieser Klemme sitzt?

Ich werde abschließend, so knapp wie nötig, die Verhältnisse darstellen, die fast zwangsläufig zu diesem Mord führen mußten. Hypatia hätte, wie ein Romancier zu Recht spekuliert, flüchten können, denn nicht überall im Reich war es so unsicher wie in Alexandria. Aber warum hätte sie flüchten sollen und alles zurücklassen? Ihr Haus, die Schüler, die Freunde, die Bücher? Vielleicht war die Situation nicht so gefährlich, wie es scheinen mag, wenn man das nächste Kapitel gelesen hat.

HYPATIA-LINIEN

Die Märtyrerära

Die Parallele zwischen der Passion Hypatias und dem Schicksal der Märtyrer ist unübersehbar. Offensichtlich fügten die Christen ihren Opfern das zu, was sie sich selber ersehnten, als sie noch nicht an der Macht waren. Die »Märtyrerära« wurde von den Christen erfunden, als die Verfolgung vorbei war. Der christliche Kalender begann mit der Regierung Kaiser Diokletians 284 n. Chr., diente also der Erinnerung an die überstandenen Leiden.

Unterstellt man, wie es üblich ist, daß der römische Staat bis 311 n. Chr. praktisch einen Vernichtungsfeldzug gegen das Christentum führte, so stellt sich die Frage, wie diese Christen es schafften, in den folgenden siebzig Jahren die Antike zu kippen und die Macht zu erobern. Wie gelang es ihnen, in den 250 Jahren davor, trotz aller Verfolgungen den Staat so zu unterwandern, daß sie in den nächsten tausendfünfhundert Jahren die Hegemonie auf nahezu allen Gebieten des privaten und öffentlichen Lebens besaßen – in der Ökonomie, Kultur, Politik, in den Wissenschaften, der bildenden Kunst, der Literatur, der Philosophie?

Eine lesbare Untersuchung zum Thema scheint es nicht zu geben. Eine materialreiche Studie von Karl Johannes Neumann, über die hilf- und planlosen Versuche, den Aufstieg dieser Sekte zu verhindern, erschien lange vor meiner Zeit und reichte nur bis Maximinus Thrax, der 235–238 n. Chr. regierte. Der geplante zweite Band bis zu Konstantin dem Großen wurde nie gedruckt. Für die Zeit danach mag man Moreau[58] konsultieren, der vermutlich nicht mehr auf dem aktuellen Stand der Forschung ist. Ich bin kein Fachmann auf dem Gebiet der Christenverfolgung.

Daß christliche Gruppen überhaupt ins Visier der Justiz gelangten, war eine Folge des Vereinsrechts. Sie wurden als religiöse Assoziationen betrachtet, wie die Juden und die Philosophenschulen. Dabei ging es den römischen Herrschern schon in republikanischer Zeit immer nur um die öffentliche Ordnung. Spirituelle Erwägungen waren ihnen fremd. Kontroverse Vereine ließen sich für Putschversuche instrumentalisieren, führten zu Randale, zuweilen auch bürgerkriegsähnlichen Unruhen mit Plünderungen, Brandstiftungen, Mord und Totschlag. Schuld waren natürlich immer die anderen, aber wer wollte das entscheiden.

Sämtliche Assoziationen waren also zu überwachen und notfalls zu verbieten. Die Christen waren verboten, weil sie besonders viel Unruhe hervorriefen. Tatsächlich gab es in der heidnischen Bevölkerung mehr als vierhundert Jahre lang Widerstand gegen die neue Sekte, auch wenn wir nicht wissen, inwieweit Priester und andere Ideologen qua Meinungsführerschaft den Konflikt noch verschärften.

Die Vorurteile des heidnischen Pöbels gegen die frühen Christen erinnern an die Stereotypien des Antisemitismus, der bereits ein vorchristliches Phänomen ist. Die Christen sind eine Grube des Lasters. Sie sind schamlos. Nicht die Reinen und Gerechten sind ihrem Gott willkommen, sondern die Sünder und Einfaltspinsel. Die Gebildeten, Weisen und Einsichtigen achten sie gering und wenden sich an die Unwissenden, die nichts kapieren. Sie haben keinen Beweis für ihre Lehren und Gesetze und werfen ihren Gegnern vor, verblendet zu sein. Sie rühmen sich der Tugend und sind lasterhaft. Sie predigen Enthaltsamkeit und sind lüstern. Wie die gottlosen Palästinenser vereinigen sie Kriecherei mit Dreistigkeit. Bei der Kommunion opfern sie ein Kind und tauchen das Brot in sein Blut. An die Lampen binden sie Hunde. Wenn sie nun den Hunden etwas vorwerfen, so zappeln die Hunde, die Leuchter fallen um, und in der Dunkelheit geschieht das Schlimmste. Sie veranstalten Sex-Orgien, was man schon daran sieht, daß sie sich »Brüder und Schwestern« nennen.

Der Macht der Vorurteile konnte sich auch ein Kaiser nicht entziehen. Im Jahr 177 n. Chr. erließ Kaiser Marc Aurel ein Rescript, das die Bestrafung von Leuten befahl, die neue Sekten oder ihrem Wesen nach unbekannte Religionen einführten und es durch irgendeine Handlung verschuldeten, daß der leichte Sinn der Menge durch einen trügerischen Götterglauben erschreckt wurde und eine Volkserregung entstand.

Schon Gaius Iulius Caesar hatte, vor dem Hintergrund der Bandenkriege in Rom, das Vereinsrecht stark eingeschränkt, um die Wühlarbeit der politischen Klüngel – der »Hetärien« – zu unterbinden. Das galt auch für harmlose Kollegien. Unter Kaiser Trajan, der 97 bis 117 n. Chr. regierte, wurde ein Antrag aus Nikodemien abgelehnt, eine freiwillige Feuerwehr zu gründen, mit der Begründung, in der Region hätten die Parteien schon genug Unruhe verursacht. Man könne nicht verhindern, daß der Feuerwehrverein sich insgeheim politisch betätige.

Das Reich war voller Sekten diverser Art, deren Propheten und Priester unter Allmachtsphantasien litten. Sie glaubten an einen oder an viele Götter. Der religiöse Mumpitz der Neuzeit ist inzwischen fast zweitausend Jahre alt. Aber keine dieser religiösen Assoziationen (Thiasoi) hat je soviel Macht erobert und Unheil angerichtet wie die Christen.

Ein bewährtes Mittel, die Verfassungstreue der Reichsvölker zu testen, bestand im Kult der Staatsgötter. Die ersten Tempel zur Verehrung der »Roma« gab es in hellenistischer Zeit in Kleinasien, und noch zu Lebzeiten des Augustus schossen überall im Reich die Altäre und Tempel zu seiner Verehrung wie Pilze aus dem Boden. Das Kaisarion von Alexandria, in dem Hypatia gelyncht wurde, war ursprünglich eine solche Kultstätte.

»Geopfert wurde natürlich dem Kaiser«, schreibt Alfred Heuss. »Der Kaiserkult, an sich eine Institution, der man nie ein echtes religiöses Interesse entgegenbrachte, konnte dadurch im Sinne einer erneuerten Staatlichkeit renoviert werden. Wollte man eine Integration des Reiches als eines von Rom geschaffenen Machtgebildes, so war der Kaiserkult der gegebene Rahmen.«

Von beiden Regelungen nicht betroffen waren die jüdischen Gemeinden. Sie wurden zwar permanent diskriminiert oder sogar verfolgt, fielen aber nicht unter das Verbot der Assoziationen und waren davon befreit, dem Kaiser zu huldigen. Solange die Christen also nur jüdische Dissidenten waren, konnte ihnen wenig passieren.

Faßt man die Märtyrergeschichte der letzten zweitausend Jahre zusammen, so variieren die Täter. Die Märtyrologie dient dazu, den jeweils zeitgemäßen Gegner zu denunzieren. Ab 642 n. Chr. (Eroberung von Alexandria) waren es die Mohammedaner. Der erste Märtyrer war bekanntlich der heilige Stephan, der von Juden gelyncht wurde (Apostelgeschichte). Er diente also dazu, den ersten Gegner vorzuführen: die Juden. Da die Christen selbst Juden waren, war jeder Jude, der nicht sofort ein Christ wurde, zwangsläufig ein Gegner. Je näher der Gegner, desto größer der Haß.

Die erste Judenchristin wurde 58 n. Chr. unter Kaiser Nero nicht wegen ihres Glaubens, sondern korrekterweise wegen ausländischen Aberglaubens angeklagt und schließlich freigesprochen. Später wurden etliche Römer als Brandstifter hingerichtet, nicht weil sie Christen waren. Es liegt jedoch nahe, daß man ihnen den großen Brand anlastete, weil sie seltsame Rituale pflegten. Der Apostel Petrus fällt übrigens nicht unter diese Opfer. Es gibt keinen glaubhaften Hinweis, daß er jemals in Rom war.

Neumann[59] nimmt an, daß die Verbindung zum Judentum nach der Zerstörung des Tempels (70 n. Chr.) »allmählich lockerer« wurde, weil nun die Heidenmission zunahm. Zur Zeit Domitians, der 81 bis 96 regierte und für sich göttliche Verehrung beanspruchte, habe das Christentum aufgehört, als eine Spielart der jüdischen Religion zu gelten. »Seine Eigenart war erkannt« und: »Es lag nicht in der Absicht Domitians, dem Christentum die gleiche Schonung wie dem Judentum zu erhalten.«

Andererseits bezogen auch die Christen nun Position. Sie begannen den Staat abzulehnen, aber nicht, um ihn abzuschaffen, sondern um ihn ganz leninistisch zu usurpieren, während die Behörden sich darauf beschränkten, sie nur dort zu verfolgen, wo sie ihren Gegensatz zum römischen Staat offen bekundeten. Es war diese Schwachstelle der staatlichen Politik, durch die es dem Christentum gelang, sich nahezu ungehindert auszubreiten, bis die Zitadelle sturmreif war. Sie brauchten nur eine lächerliche Formalität wie den Kaiserkult abzulehnen, um sich als die natürliche politische Opposition des aufgeblähten römischen Staatswesens dauerhaft zu etablieren.

Der Kaiser und sein Pferd

In populären Schriften werden vor allem zwei Verfolgungen beklagt – die unter Decius und Diokletian.

Schon unter Philippus Arabs hatte es in Alexandria 248 n. Chr. antichristliche Ausschreitungen des heidnischen Mobs gegeben, und schon hier spielte das Serapeion eine Rolle. Im Heiligtum des

Serapis mußten die Christen ihrem Irrglauben abschwören, und von hier aus wurde auch eine gewisse Quinta durch die Stadt geschleift und schließlich gelyncht. Ein Christ wurde vom Dach seines Hauses geworfen, weil er Serapion hieß, und auch eine Jungfrau war unter den insgesamt vier Toten des Pogroms.

Kaiser Philippus, Sohn eines arabischen Scheichs, war vermutlich ein Christ, und es war seine christenfreundliche Politik, die den Aufruhr provozierte. Tagelang trauten sich die Christen von Alexandria kaum aus den Häusern, bis Militär die öffentliche Ordnung wiederherstellte. In Philipps Zeit fielen die Tausendjahrfeiern, die ganz im Zeichen der römischen Götter standen, die das Reich zu Größe und Wohlstand geführt hatten. Die Parole lautete: Jeder Stamm, jedes Volk verehrt seine eigenen Götter, und alle gemeinsam verehren die Götter des Großen, Ganzen.

Kaiser Decius, der von 249 bis 251 regierte und Philippus ermordete, versuchte als erster eine ordentliche Christenverfolgung. Von allen Bürgern des Reiches wurde der Nachweis verlangt, daß sie dem regierenden Augustus die übliche Huldigung (Supplik) erbracht hatten. Zur Kontrolle wurden Bescheinigungen ausgestellt, die sogenannten »libelli«. Das war keine gute Idee. Mit etwas Schmiergeld und Beziehungen ließen sich die »libelli« erschleichen. Der Volksmund nannte diese Christen die »libellatici«. Natürlich war es illusorisch, die Christen mit bürokratischen Methoden zur Vernunft zu bringen, und in einem solchen Riesenreich war die Maßnahme nicht durchführbar.

Ein Problem war die Verfolgung für die Kirche erst post festum. Mußten die »libellatici« neu getauft werden? Ging das überhaupt? Waren sie jetzt wieder Heiden? Einflußreiche Theologen plädierten dafür, sie zu begnadigen, nur die »Montanisten« waren unerbittlich und galten deshalb als Häretiker. Im übrigen waren die Unruhen in Alexandria mit dem Tod des Decius nicht vorbei. Bei seinem Sieg über die palmyrische Herrscherin Zenobia im Jahre 272 n. Chr.

legte Kaiser Aurelian die gesamte Königsstadt mit dem Museion und der berühmten Bibliothek in Schutt und Asche. Gut hundert Jahre später spricht der Historiker Ammianus Marcellinus vom »Bruchion« (wo die Basileia lag) als einer längst untergegangenen Sache, und Hypatias Zeitgenosse, Bischof Epiphanius von Zypern, schreibt, der Bezirk sei ein Trümmerfeld.

Der nächste ansehnliche Antichrist war, wie gesagt, Diokletian. Er ging gründlicher vor als Decius. Er war Befehlshaber der Leibgarde, als Kaiser Carus auf seinem Siegeszug in Persien vom Blitz erschlagen wurde. Sofort leistete sein Sohn Numerianus den Treueschwur, schloß Frieden mit den Persern und kehrte nach Rom zurück, aber er kam nicht weit. Unterwegs befiel ihn ein Augenleiden, und er konnte seine Sänfte nicht mehr verlassen. Den Oberbefehl führte statt dessen sein Schwiegervater Aper, der Gardepräfekt.

In der Nähe von Nikomedia, heute Izmet in Kleinasien, begann es aus der Sänfte zu stinken. Natürlich glaubten alle, Aper habe Numerius umgebracht, aber wer sollte das Urteil sprechen? Es gab nur einen Richter über dem Gardepräfekten, den Kaiser. Der aber, Numerius' Bruder Carinus, war in Rom geblieben. Steckte er vielleicht sogar mit Aper unter einer Decke? Man brauchte sofort einen neuen Kaiser. Dafür gab es von Rechts wegen nur zwei Möglichkeiten. Entweder der Kaiser wurde vom Senat in Rom bestimmt oder vom Heer. Zweiundzwanzig Soldatenkaiser habe ich auf der Liste, die sich alle von ihrer Armee wählen ließen.

Diokletian, Sohn eines Freigelassenen, forderte die sofortige Kaiserwahl, die Offiziere gehorchten, und als er sich zum ersten Mal im kaiserlichen Schmuck der Armee vorgestellt und den Akklamationsjubel entgegengenommen hatte, zog er sein Schwert, stieß den Gardepräfekten nieder und verkündete anschließend sein Urteil: »Dieser hier hat den Kaisermord angestiftet!« Die Begeisterung seiner Soldaten zeigte ihm, daß er recht hatte.

Er war ein unermüdlicher Organisator, der die gesamte Reichsverwaltung reformieren wollte. Die Religionspolitik war nur eines von vielen Feldern, auf denen er wütete Er entließ alle Christen aus der Armee und dem öffentlichen Dienst, verbrannte alle christlichen Schriften, konfiszierte das Vermögen der Gemeinden, zerstörte die Kirchen und verzichtete auf die »libelli«. Auch vermied er, daß der Scharfrichter den Christen kurzerhand zum Martyrium verhalfen. Er stellte statt dessen Folterknechte ein. Wer das Kaiseropfer verweigerte, kriegte die Kralle.

Ein Beispiel für seine Härte ist die Eroberung Alexandrias, die allerdings nicht der Christenverfolgung, sondern der Bekämpfung eines der vielen alexandrinischen Aufstände galt. 298 n. Chr. zog er selber mit einem Heer nach Ägypten, um seinen Päfekten Achilleus aus dem Weg zu räumen. Der Präfekt war unkontrollierbar geworden, herrschte als Usurpator zwei Jahre unter dem Namen Domitius Domitianus (Seeck), war aber nicht der einzige Putschgeneral, der von der Möglichkeit Gebrauch machte, sich vom Heer zum »Imperator« ausrufen zu lassen.

Die Chroniken berichten Merkwürdiges. In Seleukeia streikte ein Bataillon Pioniere. Sie riefen ihren Tribun Eugenius zum Kaiser aus. Der hatte Angst vor Diokletian, also bedrohten sie ihn mit dem Tod. Nun ließ er sich den Purpur umhängen, den die Soldaten in einem Tempel entwendeten. Dann gingen sie auf Raubzug und betranken sich. Als sie auch in Antiochia zu plündern begannen, wurden sie erschlagen, und obwohl die Bürger dem Spuk selber ein Ende setzten, ließ Diokletian einige Patrizier hinrichten. Irgendwie erinnert das späte römische Reich an ein riesiges Chicago, in dem rivalisierende Banden permanent Krieg führen, aber sicher wird man die heutige Welt in tausendsiebenhundert Jahren genauso betrachten.

Insgesamt sechs oder sieben angemaßte Gegenkaiser kennen wir aus der Zeit Diokletians – außer dem offiziellen Mit-Kaiser Maximian, der ein halbes Jahr nach Diokletian den Purpur erhielt, und ihren beiden »Cäsaren« Constantius und Galerius Maximianus, die den Heeren acht Jahre später vorgestellt wurden. Als »Cäsar« bezeichnete man seit Kaiser Hadrian den designierten Nachfolger des Herrschers. Dennoch war die Zeit der diokletianischen Tetrarchie relativ stabil. In den dreiunddreißig Jahren davor gab es um die zwanzig Kaiser und Gegenkaiser, viele regierten nur ein Jahr, und nur wenige wurden nicht ermordet.

Der aufsässige Präfekt Achilleus wurde acht Monate lang belagert. Diokletian tobte über seine Verluste und befahl, solange zu morden, bis sein Pferd knietief im Blut wate. Als er das Stadttor passierte, strauchelte sein Gaul und besudelte sich am Knie mit Blut. So galt der Befehl als ausgeführt. Malalas ergänzt, so viele Tote hätten auf den Straßen gelegen, daß der Kaisers über die Leiber geritten sei. Die koptische Kirche rechnet sie heute noch zu ihren Märtyrern.

Zur Erinnerung an den Sieg über Achilleus ließ er auf dem Hügel, wo auch das Heiligtum des Serapis stand, eine elegante Säule errichten, die eigentlich Diokletians-Säule heißen müßte. Sie steht heute noch und überragt die Stadt. Vivan Denon sah sie vom Meer aus. Ich habe mich vor ihr fotografieren lassen. Auf Postkarten und in den Reiseführern heißt sie »Säule des Pompeius«.

Zwölf Jahre dauerte die diokletianische Verfolgung, die im wesentlichen ein Bürgerkrieg war, der die Christen nur am Rande betraf. Sie zeigte in erster Linie, wie sehr auch die Elite Alexandrias, ihre Oberklasse und sogar die Kurialen, bereits dem Christentum verfallen waren. Die Kirche überlebte im Untergrund ohne nennenswerte Verluste. Man schwor ab und wartete auf bessere Zeiten.

Schon unter Konstantin war ein Teil der alexandrinischen Elite wieder christlich. »Mit Polizeimethoden war dem Christentum längst nicht mehr beizukommen«, schreibt Heuss[60]. Verwaltungsstellen, sogar Regierungszentren, sabotierten auch die diokletianischen Maßnahmen, und die Zivilbevölkerung gewährte den Verfolgten Schutz.

Ich frage mich, ob Christen auch Heiden Schutz boten, als sich die Verfolgungssituation am Ende desselben Jahrhunderts umkehrte.

Die Selbstmordsekte

Ebenso interessant ist natürlich die Frage, wie die Opfer am Ende des vierten Jahrhunderts zu Tätern werden konnten. Einige Autoren vertreten die These, die Übergriffe und Verbrechen gegen Juden und sogenannte Heiden, die mit dem Regierungsantritt Kaiser Theodosius' des Großen (379–395 n. Chr.) einsetzten, seien eine Reaktion auf die Jahrhunderte der Verfolgung gewesen.

Dabei darf man jedoch nicht vergessen, daß es in der Nachfolge Christi durchaus eine Gnade Gottes war, für seinen Glauben verspottet zu werden. Es war zweihundertundfünfzig Jahre lang Christenehre, bereit zu sein für »die Blutstaufe des Martyriums«, und manche haben den Tod gesucht. Massenhysterie und Psychoterror haben den Aufstieg der Kirchen zum Staat im Staate begleitet. Die antiken Christen waren eine Selbstmordsekte. Als es 185 n. Chr. in Ephesos zu einer Verfolgung kam, zogen alle Christen der Stadt vor den Prokonsul und verlangten, ebenfalls hingerichtet zu werden.

Die Märtyrerakten erzählen viele solcher Geschichten. Die Passion der Perpetua Ende des zweiten Jahrhunderts liest sich wie das Treatment zu einem Sandalenfilm, mit überraschenden Wendungen und vielen Figuren. Der alte Vater glaubt noch an die alten Götter, die Kinder sind moderner und schon Christen, ein gutmütiger Prokurator mahnt Perpetua vergeblich, ihres Kindes zu gedenken und dem Kaiser zu opfern, und der Gefängnisaufseher erkennt in den Gefangenen eine große Kraft Gottes.

Perpetuas Leidensgenossin Felicitas fürchtet, verschont zu werden, da schwangere Frauen nicht hingerichtet werden durften, die römischen Beamten konvertieren reihenweise zum neuen Glauben, und der heidnische Mob fordert die zusätzliche Geißelung der Opfer und ist frustriert, weil diese sich freuen, auch noch dieses Leiden des Herrn erdulden zu dürfen.

Es ist alles drin im Martyrium der Perpetua: Visionen, Geburt im Gefängnis, letztes Abendmahl, und Kampf in der Arena. Die Männer hatten Eber, Bär und Leoparden zu bestehen, die Frauen eine wilde Kuh. Saturus, vom Leoparden gebissen, taufte seinen Leidensgenossen Pudens mit seinem Blut, und das Publikum war begeistert. Bevor es zur Hinrichtung ging, küßten die Christen sich, um das Martyrium durch das Zeichen des Friedens zu vollenden. Perpetua hatte noch das Pech, an einen ungeschickten Gladiator zu geraten. Er traf ihre Rippen, und sie mußte das Schwert selber auf ihre Kehle lenken. Es war eine gelungene Performance.

Wie stark der christliche Todestrieb war, zeigt ein Ereignis zwanzig Jahre zuvor. Zur Zeit des Kaisers Marc Aurel, der von 161 bis 180 regierte, wurden in Pergamon zwei Männer hingerichtet. Auf dem Scheiterhaufen sah der eine, namens Karpus, die Herrlichkeit Gottes und pries ihn laut. Im Publikum saß auch eine Christin namens Agathonike, die niemand wegen ihres Glaubens verfolgte. Sie hörte Karpus rufen, sprang auf und verlangte, ebenfalls hingerichtet zu werden. Die anderen Zuschauer versuchten vergeblich, sie zu beruhigen, sie möge doch an ihren Sohn denken, aber sie sagte, um den werde sich Gott kümmern.

Die Heiden spotteten: »Nehmt euch doch selber das Leben und erspart uns die Arbeit.« Der Apologet Justinus, der 165 n. Chr. in Rom hingerichtet wurde, lehnte deshalb das freiwillige Martyrium ab, und auch Clemens (140–215 n. Chr.), der in Alexandria die Katechetenschule leitete, tadelte die Leute, »die dem Tod entgegenspringen« und stritt ihnen das Märtyrertum ab, aber beide setzten sich in der Frage nicht durch.

Sekten haben sich gebildet und mit anderen Sekten darüber gestritten, wer sich als Märtyrer bezeichnen darf. Reichten Gefängnis und Folter aus? In Verfolgungszeiten galt die Parole »Nur ein toter Christ ist ein guter Christ«, und es waren Christen, die diese These vertraten. Christen schlugen sich gegenseitig den Schädel ein wegen der Frage, was mit dem zu geschehen habe, der in der Not seinen Glauben verleugnete oder ihm abschwor. Diverse Sekten wetteiferten darum, wer die meisten Märtyrer habe, also wurden verbindliche Regeln gebraucht.

Bei Cyprian (200–258 n.Chr.) finden wir schließlich eine begrifflich scharfe Unterscheidung zwischen Märtyrern, Bekennern und bloßen »stantes«. Wer der Aufforderung zum Kaiseropfer trotzte, war ein Bekenner, aber noch kein Märtyrer.

Ein Christ, der das Pech hatte, nicht supplizieren zu müssen, weil er auf einen freundlichen Beamten traf, zählte zu den »stantes«. Nur wer als Bekenner hingerichtet wurde, war ein Märtyrer. Nicht einmal die Hinrichtung wegen Majestätsbeleidigung machte einen zum Märtyrer. Nur das Sakrileg, die Gotteslästerung zählte.

Auch eine Vermischung mit anderen Delikten war unerwünscht, was aber nicht ausschloß, daß windige Burschen trotzdem ins amtliche Märtyrerverzeichnis gelangten. Der Sklave Kallistus zum Beispiel war er ein bekannter Bankrotteur. Er spekulierte mit fremdem Geld, prellte Witwen und Schwestern seiner Gemeinde um ihr Vermögen, verlor alles und versuchte zu fliehen. Sein Dienstherr und Hauptgeldgeber ließ ihn verhaften und schickte ihn in die Stampfmühle. Daraufhin versuchte Kallistus Selbstmord zu begehen. Er drang in eine Synagoge ein und störte den Gottesdienst in der Hoffnung, erschlagen zu werden, doch die Juden verprügelten ihn nur und lieferten ihn aus. Nun weigerte er sich, seinem christlichen Irrglauben abzuschwören und wurde nach Sardinien ins Bergwerk deportiert.

Als er nach Rom zurückkam, gab er sich als Märtyrer aus und wurde zum Bischof gewählt. Offensichtlich schadete es seinem Ruf auch nicht, daß sein Gegner Hippolytus den wahren Grund für seine Bergwerksstrafe bekanntmachte. Kallistus wurde heiliggesprochen und gilt heute als Papst, der von 217–222 n. Chr. fungierte. Seine Hagiographie lesen wir in den »Acta sanctorum« (den Heiligenakten), die der Jesuit Jean Bolland im 17. Jahrhundert anzulegen begann, und dem »kleinen römischen Märtyrerverzeichnis«. Rombesucher kennen die Kallistus-Katakombe an der Via Appia. Er war dort Vorsteher des Friedhofvereins, dem die Anlage gehörte, also auch Grabspekulant.

Natürlich wird nur eine winzige Minderheit dem Ideal des Märtyrers entsprochen haben, und der Wahrheitsgehalt der Martyrologien steht in den Sternen. Sie sind ein Genre der Trivialliteratur, das die immergleichen Versatzstücke zusammenpuzzelt und das, modifiziert, bis zu den heutigen Splatterfilmen reicht. Daß der Tod der heidnischen Philosophin Hypatia sich wie der Tod einer Perpetua oder Katharina liest, ist den Hör- und Lesegewohnheiten des Publikums geschuldet. Eine Erzählung, die zu stark vom gewohnten Klischee abweicht, ist unglaubwürdig.

Das schließt einen Wahrheitskern nicht aus, aber sicher war vieles nur Propaganda, verfaßt von kirchlichen Autoren, um den Lämmern ein paar leuchtende Beispiele zu geben. Die Wissenschaft hat festgestellt, daß viele Märtyrerakten Fälschungen waren, und sie hat sogar Kriterien dafür entwickelt. Die heute auch von Klerikern anerkannte Faustregel lautet: je mehr Wunder, desto wahrscheinlicher die Fälschung. Es ist wirklich erstaunlich, wie überlebensfähig manche Märtyrer waren und welche Wunder sie vollbrachten, um ihre Verfolger zu besiegen.

Solche Bedenken bedeuten nicht, daß es keine Verfolgungen gab, sie erschweren es nur, sie korrekt zu dimensionieren. Die Zahl der Opfer ist unbekannt, es gibt kein Verzeichnis, wann, wo, unter welchem Statthalter wie viele Christen auf welche Weise verfolgt wurden.

Die überlieferten Gerichtsprotokolle, Anfragen von Statthaltern, wie generell zu verfahren sei, kaiserlichen Rescripte etc., lassen ein paar positive Aussagen zu. Es gab Christenverfolgungen nicht nur in den historischen Schmökern des 19. Jahrhunderts und den Schmachtfetzen der Kinoindustrie. Es gab kein besonderes Strafrecht für Christen, keine besonderen Härten (eher das Gegenteil), und auch die Strafen fielen nicht aus dem Rahmen. Die Ermittlungen erfolgten theoretisch von Amts wegen. Todesurteile lauteten auf Hinrichtung mit dem Schwert, Verbrennung, Kreuzigung und wilde Tiere in der Arena. In diesen Fällen vermischten sich wie üblich Vollzug der Gerechtigkeit und Vergnügungssucht der Massen. Sonstige Strafen waren Bergwerksstrafe und Deportation – beide mit Einzug des Vermögens und Verlust der bürgerlichen Ehrenrechte – und, als schwächste Strafe, die Relegation, die Verbannung, zumeist auf eine Insel, ohne Nebenstrafen.

Die (nicht nur in Christenprozessen) häufig verwendete Folter war hingegen keine Strafe und diente der Rettung der Angeklagten. Der Christ war ein Feind der Götter, insbesondere der göttlichen Kaiser, der Gesetze, der Sitten und der Natur. Es kam darauf an, ihn von seinem selbstzerstörerischen Irrglauben abzubringen, notfalls, indem man ihm wehtat. Der römische Staat war nicht so tolerant, wie gemeinhin behauptet wird, und die Christen waren nicht die einzige Sekte, die verfolgt wurde. Das Ganze mutet wenig modern und aufklärerisch an, ist aber noch heute in weiten Teilen der Welt herrschende Praxis.

Der Befund zeigt auch deutliche Schwächen. Es gab keine gleichmäßige, flächendeckende, kontinuierliche Christenverfolgung zwischen Nero und Diokletian. Auch wo reichsweite Anordnungen ergingen, wurden sie lokal sehr unterschiedlich und zumeist überhaupt nicht ausgeführt. Eine zentrale Kontrolle der Ergebnisse erfolgte nicht. Selbst Maßnahmen, die in den Geschichtsbüchern stehen, betrafen nur wenige, zumeist bekannte Christen. Lange Phasen des Friedens wechselten mit kurzen punktuellen Maßnahmen, so daß sich die christlichen Gemeinden fast ungehindert entwickeln konnten.

Rechtsstaat am Werk

Im übrigen gingen manche Behörden recht skrupulös mit den kaiserlichen Rundschreiben um. Wie viele Boykotteure es gab, wissen wir nicht. Ein Beispiel. Als Plinius der Jüngere (61–113 n. Chr.), von Kaiser Trajan nach Bithynien (Kleinasien) entsandt wurde, um das aufrührerische Treiben der Christen zu unterbinden, war die Situation trostlos: die heidnischen Tempel verödet, die alten Feste vergessen, und das Opferfleisch fand kaum noch Abnehmer. Fast ungestört entwickelte sich das Christentum.

Plinius fragt die Leute, ob sie wirklich Christen seien, und droht ihnen mit dem Tode. Er begnügt sich damit, diejenigen zu bestrafen, die durchaus Christen sein und bleiben wollen, und sucht nach Wegen, die es ihm gestatten, sie nicht für Christen zu halten und straflos zu entlassen.

Seine weiche Linie stieß auf Widerstand. Die Situation war genau umgekehrt wie zur Zeit Hypatias. Dort geht ein christlicher Mob gegen die Heiden vor, in Bithynien fordert der heidnische Mob eine härtere Gangart gegen die Christen. Plinius gibt nach. Er verlangt jetzt, daß mutmaßliche Christen vor dem Bild des Kaisers und der Götter ein Bittopfer darbringen und Christus verfluchen. Immer noch hält er es für möglich, hartnäckige Christen freizusprechen, auch wenn sie ihrem Glauben nicht abschwören, und wendet sich deshalb an Kaiser Trajan.

Die Antwort Trajans hat bis zum Ende des Verbots der Sekte quasi Gesetzeskraft gehabt. In einigen Punkten milderte Trajan die Praxis. Ohne Strafanzeige wird kein Verfahren eröffnet. Anonyme Anzeigen dürfen nicht verfolgt werden. Man darf mutmaßliche Christen weder aufsuchen noch nach ihnen fahnden. Nur wer angeklagt und überführt wird, darf bestraft werden. Wer erklärt, kein Christ zu sein, und die Staatsgötter anruft, geht wegen seiner Besserung straffrei aus.

Die Atmosphäre bei einer solchen Anhörung wird in einer Anlage zu einem Bericht beschrieben. Am 16. Tag vor den Kalenden des August 180 n. Chr., also zur Zeit der Verfolgungen des Kaisers Commodus, werden Speratus, Narsallus und Cittinus, Donata, Secunda und Hestia im Sitzungssaal zu Karthago vorgeführt. Dort entspinnt sich folgendes Gespräch.

PROKONSUL SATURNINUS: Ihr könnt bei unserem Herrscher Nachsicht finden, sofern ihr Vernunft annehmt.

SEPARATUS: Wir haben niemals etwas Böses getan, sondern wir danken sogar, auch wenn man uns übel aufnimmt, denn wir dienen unserem Gott und König.

PROKONSUL: Aber wir verehren Gott auch. Wir schwören beim Genius des Kaisers und bringen ein Bittopfer für sein Heil. Das müßt ihr auch tun.

SPERATUS: Ich erkenne das Reich der gegenwärtigen Zeit nicht an. Ich preise und ich diene meinem Gotte, den niemand geschaut hat.

Der PROKONSUL SATURNINUS sprach zu den anderen: Zeigt nur keinen Anteil an solcher Tollheit und Verrücktheit.

Der heilige CITTINUS: Wir haben niemand, den wir fürchten können, als den Herrn, unseren Gott, der im Himmel wohnt.

Die heilige HESTIA: Ich bin Christin.

Die heilige SECUNDA: Was ich bin, dabei will ich auch bleiben.

SATURNINUS zum heiligen Speratur: Bleibst du desgleichen Christ?

SPERATUR: Ich bin Christ.

Dasselbe sagten auch die anderen Heiligen alle.

SATURNINUS: Ihr sollt eine Frist von dreißig Tagen haben, ob ihr vielleicht zur Vernunft kommt.

Der heilige SPERATUR entgegnete darauf: Ich bin unwiderruflich Christ. Das riefen auch die anderen einmüthig.

Da ließ der PROKONSUL durch den Herold die Namen der heiligen Märtyrer verkünden und diese priesen einstimmig Gott und sprachen: Wir danken dir, dreimal heiliger Herr, und rühmen dich, daß du den Kampf des Bekenntnisses gnädig vollendet hast. Amen. Und als sie Amen gerufen, wurden sie mit dem Schwert vollendet, am 17. Juli.

Sechs Christen wurden hingerichtet. Sechs entzogen sich dem Urteil durch Flucht, wurden jedoch ebenfalls zu den Märtyrern gerechnet.

Wandel durch Annäherung

Die Zurückhaltung der Strafverfolger beruhte auf der Doppelmoral ideologisch geprägter Gruppen. Die starren Lebensregeln der Urchristen wurden desto laxer gehandhabt, je größer und älter die Sekte wurde. Ihr Glaube verbot den Christen den Besuch von Schauspielen und öffentlichen Spektakeln. Sie gingen trotzdem. Das Verbot, schöngeistige Literatur zu lesen, wurde vermutlich immer nur von Analphabeten eingehalten. Es gab Mischehen, Freundschaften, Geschäftsbeziehungen zwischen Christen und Heiden, was den Zorn der Fundamentalisten beider Seiten anheizte.

Das reichte in die höchsten Kreise und verursachte Unmut beim heidnischen wie beim christlichen Pöbel. Julia Mamaea ließ den christlichen Philosophen Origenes (185–254 n. Chr.) in ihren Palast in Antiochia rufen und disputierte mit ihm. Damit er heil ankam, schickte sie ihm ihre Leibgarde nach Cäsarea entgegen. Kein Wunder, daß ihr Sohn, Kaiser Alexander Severus, eine dezidiert prochristliche Politik verfolgte.

Julia Mamaea war eine der vier Julias der severischen Dynastie. Der Sonnenpriester von Emesa hatte nämlich zwei Töchter, die »Philosophin« Julia Domna, Frau des Kaisers Septimius Severus, und die Julia Maesa. Die wiederum hatte zwei Töchter namens Julia, nämlich Soaemias und Mamaea, die ihrerseits zwei Kaisern das Lebens schenkten. Über drei Generationen haben wir mithin eine matrilineare Erbfolge, und mindestens zwei der Mütter sind gebildet und beherrschen Männer und Söhne. An sich hätte Gibbon schon hier von »Weiberregiment« sprechen müssen.

Schon dreißig Jahre zuvor, unter Marc Aurel, hatte sich eine rege philosophische Auseinandersetzung mit dem Christentum entwickelt. Heidnische Philosophen versuchten, das geistige Niveau der Christenverfolgungen etwas zu heben. Eines der Hauptwerke dieser Literatur, »alethes logos« (Wahre Lehre), eines Platonikers namens Celsus, ist zwar verschollen. Wir kennen es aber durch eine Gegenschrift, die Origenes zur bevorstehenden Tausendjahrfeier verfaßte.

Die Origenes-Celsus-Debatte zeigt zweierlei. Parallel zu den staatlichen Verfolgungen und den Rempeleien und Riots der Glaubensgruppen findet eine Debatte statt, in der die Eliten ihre Standpunkte und Interessen gegeneinander ausspielen. Dadurch erfolgt eine Assimilation der heidnischen wie der christlichen Positionen. In einem Brief aus der Zeit des Kaisers Alexander Severus, der 222 bis 235 regierte, schreibt Origenes: »Daraufhin entschloß ich mich, sowohl die Lehren der Häretiker zu prüfen, als auch das, was die Philosophen über die Wahrheit zu sagen versprachen.«

Zu der Zeit hatte der frühere Förderer des Origenes, Demetrius von Alexandria, den Religionsphilosophen bereits auf mehreren

Synoden verurteilen lassen, ihn aus seinem Amt als Bischof und Leiter der Hochschule von Cäsarea geworfen und verbannt, was die Strafverfolger des Kaisers Decius in den fünfziger Jahren nicht hinderte, ihn zu inhaftieren und zu foltern, so daß er bald darauf starb.

Origines ist ein schönes Beispiel für die Koexistenz von Christentum und Heidentum. Verfolgung und Alltag liegen dicht beieinander. Es gab in Alexandria eine weltberühmte Katechetenschule, die bei Ausbruch der Verfolgung des Septimius Severus geschlossen wurde – vermutlich 201 n. Chr. Als Gründer der kirchlichen Hochschule gilt Pantainos, der ursprünglich Stoiker war. Er starb vor 200 n. Chr. Sein Nachfolger war Clemens von Alexandria (140–215 n. Chr.), ein gebürtiger Athener, der die alexandrinische Theologie begründete. Er verstand das Christentum als die wahre Philosophie, zu deren Erkenntnis die vorchristliche Philosophie hinführe. Er war also einerseits von Platon, andererseits von Philon von Alexandria beeinflußt. Philon (13 v. Chr. – 50 n. Chr.), ein jüdisch-hellenistischer Religionsphilosoph, hatte bereits die Idee, Heidentum und Judentum zu versöhnen, und argumentierte, daß der Pentateuch mit der klassischen Philosophie vereinbar sei.

Wir erleben also mitten in einer Zeit der schönsten Christenverfolgungen einen Dialog, der an das Berlin des 18. Jahrhunderts mit Moses Mendelssohn und Lessing erinnert, auch wenn das Ziel nicht Toleranz heißt, sondern eine höhere Ebene des Denkens. Daß der Versuch der Theodizee überhaupt ein Holzweg war, konnten die damaligen Philosophen noch nicht wissen.

Bereits 203 n. Chr. wurde nun diese Katechetenschule wieder eröffnet. Zum neuen Leiter ernannte Bischof Demetrius den eben achtzehnjährigen Origenes, obwohl die Verfolgungsaktion noch nicht beendet war. Das hing mit dem Ruf der Schule zusammen. Auch hochgestellte heidnische Familien schickten ihre Söhne in die Schule, nicht damit sie Christen wurden, sondern weil dort auch Literatur studiert wurde. Unter dem neuen Leiter machte die

Schule rasch Furore. Etliche seiner heidnischen Schüler konvertierten, und mehrfach kam es zu Volksaufläufen, und der römische Präfekt mußte Wachen vor sein Haus stellen.

Andererseits studierten, wie wir gesehen haben (Beispiel Origenes), Christen bei Heiden. In einer modernen katholischen Enzyklopädie lesen wir: »Christian thinkers, almost from the beginning of christian speculation, found in the spiritualism of Plato a powerful aid in defending their conception of the human soul. Later, when the ideas of Plotinus began to prevail, christian writers took advantage of the support thus lent to the doctrine that there is a spiritual world more real than the world of matter.«

Die undankbare Kirche

Von Origenes führen zwei Linien zu Hypatia. Die Kampagne, die zu ihrer Ermordung führte, begann mit seiner posthumen Verurteilung als Häretiker im Jahre 400 n. Chr. durch eine Synode in Alexandria unter Erzbischof Theophilos. Pasolini hätte über Origenes einen Film machen können. Er war eben siebzehn, als sein Vater martyrisiert wurde, und verlangte, ebenfalls hingerichtet zu werden. Seine Mutter versteckte seine Kleider, um ihn ans Haus zu fesseln. Später besuchte er die Opfer der Verfolgung im Gefängnis, begleitete sie zur Hinrichtung und küßte sie. Einmal hätte der peuple ihn fast gesteinigt.

Die Damen verehrten ihn, nicht nur Julia Mamaea. Nach dem Tod des Vaters läßt er sich von einer reichen älteren Dame das Studium bezahlen. Als er Matthäus 19, Vers 12 liest, greift er zum Dolch und verstümmelt sich. »Denn es sind etliche verschnitten, die sich selbst verschnitten haben, um des Himmelreiches willen. Wer es fassen kann, der fasse es.«

Andererseits ernährte er seine Mutter und die sechs Geschwister, indem er Literaturunterricht gab. Er studierte nicht nur beim christlichen Kirchenvater Clemens, sondern auch bei dem etwas älteren Hafenarbeiter Ammonius Sakkas, der zum Heidentum zurückgekehrt war, und wurde so zum ersten christlichen Neuplatoniker. Angeblich studierte er auch mit dem zehn Jahre älteren Plotin am »Museion« und brachte ihn zu Sakkas.

Richard Heinrich spricht deshalb von einer Zeit, in der es längst auch schon eine christliche Aneignung der platonischen Philosophie gibt. Als Figuren, die hier am Ursprung stehen, sollte man Clemens von Alexandria nennen im zweiten Jahrhundert und Origenes im dritten.[61] Von Windelband[62] wird Origenes mit dem Beinamen Adamantius als der neben Clemens philosophisch bedeutendste Vertreter des Christentums in dieser Periode bezeichnet. Mit eiserner Willenskraft und unermüdlicher Tätigkeit paarte er den friedlichen und versöhnlichen Geist wissenschaftlicher Bildung, mit dem er in die leidenschaftlichen Streitigkeiten der Kirchenpolitik seiner Zeit einzugreifen versuchte. Außer Kommentaren zu Bibeltexten stellte er als erster die Frage nach dem Originaltext, der hinter der üblichen Septuaginta stand. In den sechs Spalten seiner Hexapla stellte er den Text in hebräischen und in griechischen Buchstaben sowie andere Übersetzungen nebeneinander. Natürlich ergaben sich dabei erstaunliche Abweichungen.

Nach Origenes hätten Christen und Heiden sich nie die Köpfe einzuschlagen brauchen – jedenfalls, wenn es um die geistigen Fragen ging. Wenn er die christliche Philosophie mit den religiösen Urkunden des Christentums in Einklang zu bringen versuchte, so implizierte das, daß die Einhelligkeit der Christenlehre mit den Dogmen der griechischen Philosophie prinzipiell außer Frage stand. Was er nicht wissen konnte: Das Problem von Intellektuellen ist immer die Trennung zwischen den Bewegungen der Unterdrückten und ihrem eigenen Raum.

Als Wissenschaftler war Origenes trotz der Wirren, in die er verstrickt war, und seiner Reisen verblüffend aktiv. Das ging nicht ohne Staff. Sein Sponsor war ein Gnostiker namens Ambrosius, den Origenes zum christlichen Glauben bekehrte. Ambrosius finanzierte arbeitsintensive Großprojekte wie die »Hexapla«, die Schriften gegen Celsus und das Büro. Origenes beschäftigte Schnellschreiber, denen er diktierte, Schreiber, die die Stenogramme in Buchschrift auflösten und die Bibelzitate einfügten, Schönschreiber, die die Werke vervielfältigten. Auf dem Höhepunkt seines Ruhms beschäftigte er auch Stenografen, die seine »Homilien« (Auslegungen), Reden und Streitgespräche mitschrieben, die ihn u.a. nach Rom und Athen führten.

543 n.Chr. (fast dreihundert Jahre nach seinem Martyrium) wurde Origenes auch durch den christlichen Kaiser Justinian verurteilt, und alle Bischöfe des Reiches stimmten zu. Seine Schriften wurden vernichtet, und nur ein kleiner Teil hat sich erhalten. Es war eine andere, humanere Art des christlichen Denkens, die hier liquidiert wurde. Die Sekundärliteratur der letzten zwanzig Jahre ist unüberschaubar.

Platon, Plotin und Plethon

Hypatia muß, wenn sie über Plotin sprach, auch Origenes gekannt haben. Das ist die zweite Linie zwischen den beiden. Pauly-Wissowa: »Hypatia, neuplatonische Philosophin«. Sokrates Scholastikos: »Nachdem sie die Schule Platons und Plotins übernommen hatte«. Damaskios: »Sie erklärte denjenigen, welche sie hören wollten, im öffentlichen Auftrag die platonischen oder die aristotelischen Schriften oder die Werke irgendeines anderen Philosophen.«

Unter »Schule« dürfen wir uns nicht eine Akademie, wie in

Athen, oder wie das einstige Museion in Alexandria vorstellen, sondern schlicht die gedanklichen Zusammenhänge eines Philosophen. Hypatia unterrichtete, wie es scheint, in ihrem Wohnhaus.

Wir müssen uns also ein paar Sätze über den Neuplatonismus als Bewegung anhören (den ich selbst nie verstanden oder gemocht habe). The Internet Encyclopedia of Philosophy: »Neoplatonism is the last development of Greek philosophy. As a definite school it originated in Alexandria. Its founder was Ammonius Saccas. He left no written remains. Among his pupils were Plotinus and Origenes.«

Wissenschaftler wie der Wiener Heinrich unterscheiden nicht zwischen Platonismus und Neuplatonismus, sondern betonen, daß die platonische Akademie in Athen sich nie »als eine Anstalt zur Bewahrung des Platonismus verstanden« habe, und untersuchen lieber die Abweichungen und Außeneinflüsse nach Platons Tod. Doch da sich nun mal das Wort »Neuplatonismus« eingebürgert hat, wollen wir dabei bleiben. Die ganze Richtung stimmte aber nicht und war ein Gewirr von Temperamenten, Kompetenzen und Schulen, vor allem im Osten, das aber auch nach Rom reichte, so daß man nicht eigentlich von einer Richtung sprechen kann.

Der interessanteste Typ für Gegner des materialistischen oder auch nur naturwissenschaftlichen Denkens ist vermutlich Plotin (203–270 n. Chr.), obwohl seine »Enneaden« mich sehr gelangweilt haben. »Plotin«, schreibt Jaspers[63], »strahlt durch Wesen und Leistung in seiner Überzeitlichkeit. Er ist eine ewige Gestalt des Abendlandes.« Seine Herkunft war immer unbekannt. Eventuell stammte er aus Ägypten. Er sprach griechisch, verstieß aber gegen die Aussprache, als hätte er es erst spät erlernt. Nach Alexandria kam er mit achtundzwanzig und blieb elf Jahre bei Sakkas. Mit vierzig kam er nach Rom, fand Schüler und Anhänger und legte die philosophischen Texte aus. Er galt als Kauz.

Einmal sollte er gemalt werden. Er lehnte ab mit der Begründung, daß er selber nur ein Bild sei, das andere sich von ihm machten. »Warum sollte ein Bild von einem Bild etwas Sehenswürdiges sein?« fragte er den Maler. In seiner Abneigung gegen alles Irdische ähnelte er den Manichäern wie auch den frühen Christen. Das Seiende, die Welt also, hielt er nur für ein Zwischensein, hingeworfen zwischen dem Überseienden und dem Nichtseienden. Das eine, das er »Das Eine« nannte, war zwar undenkbar und unsagbar, aber im Grunde nichts Neues. Interessant war, daß Plotin das Nichtseiende als die Materie definierte und diese Materie ebenfalls für nicht denkbar hielt und mit überraschenden Beiwörtern qualifizierte: maßlos, unbegrenzt, nirgends feststehend, alleidend, stets bedürftig, von gänzlicher Armut.

Ich verstehe nichts von Philosophie, aber Plotins Definition der Welt, in der wir leben, erscheint mir seltsam modern. Das Sein bestehe aus dem Übersein und dem Nichtsein, sagt er. Alles Seiende sei dadurch, daß dieses Nichtseiende sei. Im Sein müsse sogar Nichtsein sein, damit es Seiendes sei. Obwohl die Materie nicht sei, sei sie nicht nichts. Sie sei aber als Sein des Nichtseins Lüge. Diese Lüge sei in allem Seienden gegenwärtig. Das klingt wie die Antwort des Leiters einer vatikanischen Sternwarte auf die Frage nach dem Wesen des Weltalls, könnte aber auch von einem Medientheoretiker stammen.

Daß er verehrt wurde, leuchtet also ein. »Vornehme Eltern«, heißt es, »wenn sie dem Tode nahe waren, brachten ihre Kinder zu ihm, daß er sie erziehe und ihr Vermögen verwalte.« Er hatte nie einen Feind und war ein beliebter Schiedsrichter.

Als er alt wurde, litt er an der Lepra und erblindete, und seine Hände und Füße eiterten. Seine Philosophie schien sich an seinem Leib zu vollziehen. Auch seine Schüler mieden ihn, da er die Luft verpestete. Er zog sich auf ein Landgut in Campanien zurück. Ein Freund stand in seinem Zimmer. Da kam eine Schlange unter dem Bett hervor und glitt durch ein Loch in der Wand. Plotin war tot. Er starb mit sechsundsechzig. Er war kaum tot, als das theurgische

Denken seiner Schüler sich durchsetzte und die Heiligenlegenden entstanden. Porphyrios hat sie in seiner Plotinus-Biografie überliefert. Danach tat Plotin schon zu Lebzeiten das, woran erst die nachfolgenden Neuplatoniker glaubten. Er vollbrachte Wunder, in denen Dämonen, Schutzgeister und die Gestirne eine Rolle spielten.

Manche Moderne glauben, die Griechen hätten den Neuplatonismus erfunden, um dem Christentum eine eigene, heidnische Religion entgegenzusetzen, und führen als Beleg den Christenhaß mancher Neuplatoniker an, Phorphyrios aus Syrien zum Beispiel (233–304 n. Chr.), der bei Plotin in Rom studierte, dort auch starb, dem wir eine Einführung in die »Kategorien« des Aristoteles verdanken (außer seinen Biographien über Plotin und Pythagoras). Seine fünfzehn Bücher gegen die Christen wurden heftig diskutiert und erst unter Theodosius II. verbrannt.

Aber der Wunderglaube der Neuplatoniker, die Stufenlehre, die Angst vor dem Diesseits und der Materie, die Wissenschaftsfeindlichkeit waren auch nach dem Geschmack der Christen und ein Grund für den Erfolg der neuen »Philosophie«. Der Baum, den Sakkas am Hafen von Alexandria pflanzte, hatte Äste auch in Antiochia, Pergamon, Athen, Rom. Von der Neuplatonikerin Hypatia ist in meinen philosophischen Fachbüchern nicht die Rede, und es ist auch unklar, bei wem sie studiert haben könnte.

Hierokles, der in Hypatias Todesjahr in Alexandria zu unterrichten begann, studierte bei Plutarch in Athen, obwohl er aus Alexandria stammte. Die Fachleute sehen ihn eher von Philon beeinflußt als von Plotin. Lexikalisch knapp: Der oberste Gott übt als »Demiurg« (Weltbaumeister, je nach Lehre gut oder böse konnotiert) seine Vorsehung durch Engel aus, was aber mit dem freien Willen vereinbar bleibt. Mit Hypatia hatte er nach h.M. nichts zu tun, nur eine Minderheit zieht aus seinem Denken Rückschlüsse auf Hypatia.

Proklos hingegen (411–485 n. Chr.) studierte in Alexandria und lehrte danach in Athen. Hegel schätzte ihn als Erfinder der Dialektik. Er trägt das Etikett »Höhepunkt des neuplatonischen Denkens«, aber als er studierte, war Hypatia fünfzehn Jahre tot. Kurz: Wir wissen nicht, wie sie philosophierte, wenn wir uns nicht der apokryphen Spinnerei anschließen wollen, daß sie der Pseudo-Dionysios Areopagita war.

Literarisch am ergiebigsten, weil historisch weitreichend, ist die Theorie, daß sie den Platonismus (Neuplatonismus) im Sinne des Iamblichos vertreten habe. Iamblicho (250–330 n. Chr.) war ein Schüler des Porphyrios und gründete die syrische Richtung der neuplatonischen Schule, in der es von Dämonen, Engeln und Wundern nur so wimmelt. Diese Episode ist auch weltpolitisch interessant. Sie geht so:

Jahrhundertelang kannte man in Europa die Lehren Platons nur in der Version des Pseudo-Dionysius Areopagita, die man durch die Übersetzung von Eriugena Scotus kannte. Auch in dieser Hinsicht rangierten die Europäer also weit hinter den Arabern, die schon im zehnten Jahrhundert erheblich mehr über Platon wußten. Das änderte sich erst, als die Osmanen 1354 die Halbinsel Gallipoli eroberten und damit die Schiffahrt zwischen Mittelmeer und Schwarzmeer kontrollierten.

1422 wurde zum ersten Mal auch Konstantinopel belagert. Byzanz suchte nun militärische Unterstützung in Italien. Dazu war eine gewaltige Hürde zu überwinden. Die Kirchenspaltung zwischen Ost- und Westrom, das Schisma, das seit 1054 endgültig war. So reisten die byzantinischen Diplomaten nach Italien, und einmal, 1438 in Florenz und Ferrara, trafen sich sogar die beiden Päpste. Das Resultat ist bekannt. Das Schisma blieb, und Byzanz fiel am 29. Mai 1453.

Die Ost-West-Diplomatie hatte einen positiven Nebeneffekt. Bereits 1423 hatte ein Schiff, das aus Ostrom zurückkehrte, ein vollständiges Manuskript der platonschen Dialoge an Bord. 1438 dann, zu den Konzilien in Florenz und Ferrara, kam ein byzantinischer Philosoph namens Giorgios Gemistios Plethon nach Italien. Er war charismatisch, ein Missionar der Philosophie, und erschien den Italienern als der wiederauferstandene Platon. Seine Vorträge in Florenz veranlaßten Cosimo den Alten zur Gründung der platonischen Akademie, die Florenz zum Mittelpunkt des Humanismus machte.

Aber wo Licht ist, ist auch Schatten. Ein Teil der Humanisten glaubte an Vorzeichen, Gespenster und Teufelsspuk. Als Papst Eugen IV. nach Florenz kam (wo er Plethon traf), sah man in der Nähe von Como viertausend Hunde, die nach Deutschland wollten. Ihnen folgten zahllose Rinder, ein Heer von Bewaffneten, teils mit, teils ohne Kopf. Ob sie vor den ungläubigen Katholiken aus Konstantinopel flüchteten, weiß man nicht. Humanisten wie Poggio Bracciolini, Sekretär etlicher Päpste und ein wichtiger Forscher, glaubten daran.

So kam es, daß die »ägyptischen Geheimnisse« des Iamblichos noch im selben Jahrhundert ins Lateinische übersetzt wurden und die platonische Akademie in Florenz beeinflußten. Im Wunderglauben trafen sich das frühe Europa und die späte Antike. Man ging zu den Hexenverbrennungen nicht nur aus Spaß an der Freude. Der Qualm, der aus den Scheiterhaufen emporstieg, enthielt jene berauschende Substanz, die man einatmen mußte, um selbst ein Hexer zu werden.

Ich erwähne das, wie gesagt, weil manche Autoren glauben, Hypatia habe die platonischen Lehren im Sinne des Jamblichus vertreten. Ihr Denken wäre dann schon Ende des 15. Jahrhunderts auf Europa übergesprungen, und sie hätte nicht nur die Aufklärung beeinflußt, sondern auch die Romantiker, Esoteriker, Geistheiler und so weiter.

EINE ART BALKANKRIEG

Lucuas, König, Messias

In einem sind alle sich einig: Hypatia wurde von aufgeputschten Christen gelyncht.

Der erste Christ in Ägypten war Jesus Christus. Seine Reiseroute ist legendär. Seine Eltern bevorzugten die Wüste. Von Gaza kommend über el Arish bis an den östlichen Nilarm, über den Fluß, weiter nach Süden, wieder über den Fluß, im Zickzack durch die östliche Wüste, wieder über den Fluß, noch weiter nach Süden bis kurz vor Theben, plötzlich kehrt und wieder nordwärts, aber nie durch die fruchtbare, dicht besiedelte Tiefebene, sondern oben durch Sand und Steine, durch das Natrontal bis fast nach Alexandria, über den Rosettearm nach Osten und wieder zurück nach Palästina. Ein alter Handelsweg vielleicht, und überall, wo Maria die Windeln wechselte, steht heute ein Kloster.

Der nächste war der heilige Markus, und da verstehen die Kopten keinen Spaß. Als Kopten bezeichnet man die ägyptischen Christen, die einen eigenen Papst haben. Das Wort stammt vom arabischen »al qipt«, das auf das griechische »Aigyptioi« zurückgeht. Die Kopten sind quasi die Ureinwohner.

Einer meiner Atlanten zeigt die Wege der zehn Jünger, die Jesu Wort folgten, »Gehet hin in alle Welt und prediget das Evangelium aller Kreatur«, während Jesu Bruder Jakobus der Gerechte, als eine Art jüdischer Kalif, in Jerusalem blieb. Danach missionierte Markus die Ägypter. Markus, »der Stummelfingrige«, war kein Jünger, sondern ein Christ der zweiten Generation, vielleicht aus Judäa oder aus Lorch. Die ägyptische Kirche verehrt Markus als ihren ersten Patriarchen und behauptet, er sei 68 n. Chr. als Märtyrer gestorben und in Baukalis am Rand von Alexandria begraben worden. Aber die Pressestelle der koptischen Kirche verbreitet auch, unter Kaiser Diokletian seien 800 000 Christen ermordet worden. Da fällt mir unser Geschichtslehrer ein. Er sagte, bei solchen Quellen müsse man immer drei Nullen abziehen.

Dennoch hat die Missionierung Ägyptens offensichtlich schon zur Zeit Jesu begonnen. Die Apostelgeschichte kennt einen »Kämmerer aus Mohrenland«, der getauft wird. Der Mann reist nach Jerusalem, um zu beten, versteht aber nicht, was er in der Bibel liest, gerät auf der Heimreise an den Apostel Philippus, und der keilt ihn für seine Sekte. Dieser »Mohr« ist der erste ägyptische Christ.

Die ersten christlichen Gemeinden bestanden auch in Ägypten aus getauften Juden. Die Juden waren in allen Wirtschaftsbereichen tätig, als Landwirte, Handwerker, Kaufleute, viele waren Söldner, zum Teil Offiziere, einige waren auch Polizisten und Steuereintreiber, und sie neigten wie alle Juden zur Häresie. Philon gibt ihre Zahl um die Zeitenwende mit einer Million an (12,5%), mit Sicherheit übertrieben. Die »Elephantine-Papyri« nennen eine jüdische Militärkolonie mit eigenem Tempel im sechsten Jahrhundert v. Chr., also lange vor Alexander, dem Großen. Aus solchen Militärkolonien entwickelten sich die jüdischen Gemeinden.

Nach Philon ging's bergab. Antisemitische Pogrome gab es unter Kaiser Caligula (37–41) und kurz drauf unter Nero in Alexandria, aber alles stellte die Raserei in den Schatten, die unter Kaiser Trajan

115 bis 117 n. Chr. stattfand. Der griechische Antisemitismus und die römischen Maßnahmen in Palästina (der Bau eines capitolinischen Tempels in Jerusalem) erzeugten ein messianisch-zelotisches Denken in der ägyptischen Judenschaft, und 115 n. Chr. begannen an mehreren Stellen gleichzeitig bewaffnete Konflikte zwischen jüdischen und griechischen Nachbarn.

Im gesamten Niltal siegten die Juden über die griechische Oberschicht. In der Kyrenaika folgten die Juden einem Messias und König namens Lucuas, und das war typisch. Menschen, deren Vorfahren seit vielen Generationen in Ägypten saßen, wollten plötzlich zurück nach Jerusalem. Eusebius von Cäsarea (263–339 n. Chr.), Schüler des Origenes, Verfasser einer Kirchengeschichte, hat die Geschichte aufgeschrieben, und schon Johannes von Nikiusi hat sie dort abgeschrieben.

Die von Juden verfolgten Griechen flohen nach Alexandria, wo sofort ein antisemitisches Pogrom ausbrach. Als nächstes kamen die aufständischen Juden vom Land ihren bedrängten Leuten in der Stadt zu Hilfe, wo nun auch etliches zu Bruch ging. Das berühmteste griechische Heiligtum, das von Juden geschändet wurde, war das Serapeion. Fast zwei Jahre dauerte der Krieg, der sich zu einem allgemeinen jüdischen Aufstand gegen Rom entwickelte. Kaiser Hadrian soll später gesagt haben, er habe Alexandria praktisch neu erbauen müssen, so sehr hätten die Juden gewütet.

Aber auch die Griechen rissen reichlich ab. Sie nahmen entsetzlich Rache, nachdem römische Truppen den Aufstand niedergeschlagen hatten, und vermutlich waren sie es, die bei der Gelegenheit die große Synagoge von Alexandria, »das Juwel der Diaspora«, ruinierten. »Myriaden über Myriaden von Juden wurden erschlagen«, behauptet der Talmud. Die traurigen Reste der jüdischen Gemeinde wurden im Osten außerhalb der Stadtmauer angesiedelt, räumlich getrennt von den Griechen, die westlich der Basileia wohnten. Vergeblich forderten sie die völlige Vertreibung der Juden.

Im Alexandria der Hypatia-Zeit lebten schätzungsweise 200000 Menschen. Es war also eine der wenigen echten Großstädte des Ostens. Ihre Bewohner waren die Ägypter, die jetzt angeblich allesamt Christen waren, eine Menge Griechen und ein paar Römer, die teilweise auch schon an Jesus glaubten, und eine jüdische Gemeinde, die Synagogen besaß und Gemeindevorsteher hatte, die als »die Führer der Juden« bezeichnet werden.

Sie waren offensichtlich nicht mittellos, wie wir von Johannes von Nikiusi wissen, und arbeiteten in allen Berufen und sozialen Schichten. Manche gehörten auch zur geistigen Elite als Philosophen, Mathematiker, Lehrer und vor allem Ärzte. Vier jüdische Ärzte sind namentlich bekannt. Einige Juden können sich Sklaven leisten, einer ist Bankier, es gibt Grundbesitzer, Händler für Alaun und Wein, und einer reist in einer juristischen Angelegenheit nilaufwärts.

Wir wissen das aus Papyrusfetzen, Resten von Inschriften etc. Über jüdische Seeleute unterrichtet uns ein kaiserliches Dekret, und Synesius schreibt seinem Bruder, er sei mit einem jüdischen Kapitän von Alexandria nach Kyrene gesegelt. Auch die Crew bestand aus Juden. Die Reise war nicht ungefährlich, denn ausgerechnet als ein Sturm aufkam, begann Schabbat, und der Kapitän weigerte sich zu steuern.

Wie viele es waren? Sokrates Scholastikos: »Eine Vielzahl«. Als der herrschende christliche Klüngel die Araber ins Land rief, um sich eine konkurrierende christliche Sekte vom Hals zu schaffen, schrieb Amr ibn el As an seinen Arbeitgeber, er habe eine Stadt mit 40000 steuerpflichtigen Juden erobert, aber er behauptete auch, die Stadt habe viertausend öffentliche Bäder und vierhundert Theater, und genug Bücher, um die Bäder ein halbes Jahr lang damit zu heizen. Also, wir wissen es nicht. Wir werden auch nie erfahren, warum Kyrillos am Vorabend des Mordes an Hypatia ein Pogrom anzettelte, alle Juden aus der Stadt vertrieb, ihre Häuser beschlagnahmte und ihre Synagogen in christliche Kirchen verwandelte.

Wir wissen aber, daß die Juden als Religionsgemeinschaft auch diese Verfolgung überlebten und daß Amr ibn el As mit der Regierung in Byzanz einen Vertrag über den Sonderstatus der jüdischen Gemeinde Alexandria aushandelte, die fortan während des gesamten Mittelalters eine der einflußreichsten Gemeinden im nahen Osten war.

Der unaufhaltsame Aufstieg

Alexandria galt seit der »Historia Augusta« (spätrömische Sammlung von Kaiser-Biographien) als unregierbar. »Wie die Verrückten, werden die Alexandriner aus nichtigen Gründen höchstgefährlich für das Reich«, heißt es da. Christopher Haas, der nichts von der These eines generell unruhigen alexandrinischen Blutes hält, meint hingegen, daß soziale Konflikte, wie die unter Theophilos und Kyrillos, zwangsläufig entstehen, wenn eine Gruppe, von ihren Führern oder auswärtigen Unruhestiftern dazu angestachelt, das Gleichgewicht stört, indem sie aus der etablierten Ordnung ausbricht und nach Hegemonie strebt.

Bis 305 n. Chr., als die zwei Kaiser Diokletian und Maximian gleichzeitig in Mailand und Nikomedia zurücktraten, versuchten diverse heidnische Gruppen in Alexandria offensichtlich, sich nach außen hin gegen die übermäßige Ausbeutung durch die Römer zu wehren und im Inneren zu vermeiden, daß die Christen sich als Konkurrenz etablieren konnten.

Mit Konstantin dem Großen, der 306 n. Chr. zunächst Kaiser des Westens wurde und in den nächsten achtzehn Jahren schrittweise die alleinige Macht usurpierte, ergab sich für die Christen die Chance, die anderen Gruppen zu hegemonisieren. Jeder Bewunderer von Piero della Francesca kennt die Legende vom heiligen

Kreuz in Arezzo und weiß, daß Kaiser Konstantin durch einen Traum zum Christentum bekehrt wurde. Vor der Schlacht gegen seinen Schwager Maxentius, der über Italien und Afrika herrschte, erschien ihm ein Engel und sagte: »In diesem Zeichen wirst du siegen«.

Doch kaum einer weiß, daß auch Maxentius einen Traum hatte. Kaiser Maxentius saß mit einem riesigen Heer auf prallgefüllten Magazinen in Rom, das eben erst (unter Aurelian) neu befestigt worden war, und schlagkräftige Einheiten standen im Umland. Konstantin, der ein relativ kleines Heer aus Gallien herangeführt hatte, hätte keine Belagerung wagen können. Am 26. Oktober 312 träumte Maxentius, daß er den Kaiserpalast sofort verlassen müsse. Das tat er und ließ die sibyllinischen Bücher befragen. Die Priester gaben die übliche zweideutige Antwort: An dem Tag, an dem er vor sechs Jahren den Purpur erhalten habe, werde den Feind Roms das Verderben ereilen.

Er ließ also eilig neben der milvischen eine Behelfsbrücke bauen und zog Konstantin entgegen, um ihn zu verderben. Hunderttausend Mann überquerten den Tiber und marschierten die Via Flaminia hinaus. Die Straße liegt eingezwängt zwischen dem Fluß und einer Reihe hoher Berge in einer Schlucht. Am Ende der Schlucht stand Konstantin mit seinem Heer und war genauso überrascht wie der Gegner. Aber er reagierte schneller, da er die Situation besser überblicken konnte. Er ließ ein Kontingent zurück, um die feindlichen Truppen festzuhalten, umging sie auf der Anhöhe und machte das Gros, das in der Schlucht lag, nieder. Die Nachhut strömte zurück in die Stadt. Unter denen, die mit der überlasteten Behelfsbrücke in den Fluß stürzten, war angeblich auch Kaiser Maxentius. Er wurde nie wieder gesehen.

Mit Konstantin beginnt die Machtergreifung der Christen. Als »letzter Märtyrer« wird Erzbischof Petrus von Alexandria verehrt, der 311 n. Chr. unter Kaiser Maximian enthauptet wurde. Als letzte

Kaiser beendeten Konstantin und Licinius (der über Illyrien herrschte) mit dem Edikt von Mailand 313 n. Chr. auch formell den Kampf gegen die Christen. Konstantin blieb zwar Pontifex Maximus und somit oberster Priester des heidnischen Staatskultes, und er ließ sich erst kurz vor seinem Tode taufen, aber das war damals nicht unüblich.

Das vierte Jahrhundert ist das spannendste der ganzen römischen Geschichte. Es reicht vom erneuerten Glanz des Kaisertums – am sichtbarsten in den Bauten Roms und der Einweihung der neuen Residenz Konstantinopel im Jahre 330 n. Chr. – bis zu den kaiserlichen Nullen zur Zeit Hypatias. Hin und her geht der Kampf zwischen den vielen Göttern der Antike, über denen ein Allmächtiger schwebt, und den drei Göttern der Christen, Vater, Sohn und heiliger Geist, eine unerklärliche, frauenlose Formation. Die prochristlichen Toleranzedikte und die antiheidnischen Gesetze endeten mit den Blutbädern der Sekten, mit der Vernichtung der heidnischen Kultstätten, der Entmachtung der Griechen und der römischen Verwaltungen, der neuerlichen Erniedrigung der Juden.

Wir wissen natürlich nicht, welche Sekte Damaskios meinte, als er schrieb, »Kyrillos, der Bischof der entgegengesetzten Sekte«, sei »an dem Hause der Hypatia vorbeigegangen«, aber häretische Gruppierungen, oft unter Führung eines entgleisten Bischofs, gab es genug. Die Synoden und Konzile hatten stets die Aufgabe, Häretiker zu verdammen und die Einheit des Glaubens zu erkämpfen.

Orthodoxie und Häresie sind zwar wesentliche Gestaltungsfaktoren der christlichen Theologie und Kirchengeschichte, aber sie sind nicht typisch christlich. Epiphanius von Salamis (315–402 n. Chr., ein frommer, naiver Ketzerjäger, untersuchte auch vorchristliche Religionen und kam zu dem Ergebnis: »Kirche und Häresie gibt es, solange es Menschen auf Erden gibt.« Der Begriff Häresie ist damit auf jeden Dissens in politischen und sozialen Systemen anwendbar.

Häresie ist die hartnäckige Leugnung einer Wahrheit, die nach göttlichem und katholischem Glauben anzunehmen ist, heißt es in der theologischen Realenzyklopädie[64], die aber auch zugeben muß: beweisen läßt sich alles, und deshalb zu dem Schluß kommt: die Frage, warum eine bestimmte Lehre den Sieg davonträgt und keine der bedeutenden abweichenden Lehren, ist Zufällen zuzuschreiben, es sei denn, man akzeptiert, daß auch staatliche Autorität auf Dauer nur durchsetzen kann, was auf einem breiten Konsens beruht.

Die Orthodoxie ist also die Wahrheit der Sieger, die Häresie die Wahrheit der Verlierer. Der jeweils herrschende Glaube hat oft die Aura und Rechtmäßigkeit des Althergebrachten, andererseits ist er selten frisch. Als Patriarch Achillas 311 n. Chr. in Alexandria inthronisiert wurde, setzten die Hofschranzen den soeben enthaupteten Petrus auf den Thron des heiligen Markus, um zu zeigen, daß Achillas der rechtmäßige Nachfolger sei. Der alte Klüngel bestimmt, wer der Nachfolger wird. Revoluzzer sind per se häretisch, werden aber schnell orthodox.

In diesem Kampfgeschehen ist auch der moderne Begriff des Renegaten aufgehoben. Der »größte katholische Kirchenlehrer des Altertums«, der heilige Augustinus (354–430), begann als Manichäer, wurde Neuplatoniker und endete als Christ. Nach seiner Berufung zum Bischof von Hippo in Nordafrika verfaßte er ein Dutzend Kampfschriften gegen seine einstigen Genossen und rechtfertigte jedes Verbrechen, wenn es ihrer Vernichtung diente. Ebenso bekämpfte er Donatisten und Pelagianer. Die Fraktionskämpfe sind das eigentlich Interessante an der Kirchengeschichte, da sie paradigmatisch für die allgemeine Politikgeschichte sind.

Die Nuancen der Spätantike müssen jedem Neuzeitler lächerlich erscheinen, solange er die Absurdität unserer heutigen Welterklärungsmuster nicht in Zweifel zieht. Donatus, gestorben 355 n. Chr., Bischof von Karthago, verkündete, die Wirksamkeit der katholischen Sakramente sei abhängig von der Heiligkeit des Spenders, was zu einer Katastrophe geführt hätte. Keine Ehe wäre wirksam gewesen, keine Taufe. Natürlich hatte Augustinus recht, wenn er meinte, auch der größte Sünder könne nur Gottes Willen vollziehen. Pelagius, ein Brite, der um 418 starb, lehnte wie viele andere die augustinische Gnadenlehre ab, da er auch die Erbsünde ablehnte. Er behauptete glatt, der Mensch habe eine Willensfreiheit und könne das Heil aus eigener Kraft erreichen. Der Priester könne ihn dabei nur unterstützen. Das reduzierte die Kirche auf eine ethische Beratungsstelle und war Augustinus zu wenig.

Der Fußabtreter Manis

Eine der stärksten Sekten waren die Manichäer. Die Kreuzigung ihres Stifters Mani im Jahre 276 n.Chr. wurde mit dem Opfertod Jesu verglichen. Danach verbreiteten seine Lehren sich wie ein Lauffeuer, so daß manche von einer vierten Weltreligion sprechen. Die Manichäer hatten, genau wie die Christen, die parasitäre Fähigkeit, sich der Religion ihrer jeweiligen Wirtsvölker anzupassen. Im vierten Jahrhundert war Mani in Spanien, Gallien, Italien, Illyrien, Nordafrika und Ägypten etabliert. In Ägypten fanden Fellachen in den zwanziger Jahren des vorigen Jahrhunderts die ältesten manichäischen Schriften. Es waren zerklumpte Haufen. Händler fledderten sie und verkauften sie in kleinen Partien. Ein Haufen sah aus wie eine zerfressene Perücke, und anfangs dachte man, es sei ein alter Fußabtreter.

Das Schicksal der Papyrushaufen hätte in einen Reißer von Eric Ambler gepaßt. Ein englischer Forscher, der sich eingearbeitet hatte, wurde im Krieg mit einem britischen Bomber abgeschossen. Der zweite Experte war ein Deutscher. Er mußte seine Forschungen schon vor Kriegsausbruch beenden, weil er nach herrschender Wissenschaft Jude war. Im Krieg wurden die immer noch nicht entzifferten Papyri in einem Flakturm eingelagert. Nach dem Krieg sollten die zwischen Glasscheiben verwahrten Blätter in die Sowjetunion gebracht werden. In Polen wurde der Zug ausgeraubt. Die manichäischen Schriften waren wertlos für die Diebe, aber das Glas war kostbar.

Der Fund von Fayum war nicht der einzige. In Westchina wurde Anfang des 20. Jahrhunderts in der Ruinenstadt Chodjo eine manichäische Bibliothek in dreißig Sprachen gefunden, darunter Miniaturen aus dem 8. und 9. Jahrhundert, und auch in letzter Zeit wurden in einer Oase wieder Schriften entdeckt.

Der Wirkungskreis Manis war Persien. Hier wurde er gefördert und gekreuzigt, aber der Kampf gegen seine Anhänger überdauerte seinen Tod um Jahrhunderte. Der Reiz seiner Lehren für die Christen bestand in paradoxen Antworten auf triviale Fragen, wie jener, wie das Böse in die Welt kommt, wenn sie doch von Gott erschaffen wurde. Mani erklärt das so: Von Anfang an standen sich das Gute und das Böse unversöhnlich gegenüber. Das Gute wohnte im Land des Lichts und das Böse im Land der Dunkelheit. Dazwischen muß irgendwo die Erde gelegen haben, bevölkert von Lebewesen, die einen bösen Körper, einen dunklen Geist und eine lichtvolle Seele besaßen. »Und das Licht scheint in der Finsternis«, glauben die Christen.

Der Körper versucht mit seinen Begierden, vor allem den sexuellen, den Menschen an seine tierische Existenz zu fesseln, um zu vermeiden, daß seine Seele endlich erlöst wird, denn wenn der Mensch sündigt, muß er zurück in die Welt.

Das Scheitern der Manichäer verweist auf eine Vorleistung, die Orthodoxie wie Häresie erbringen müssen, um erfolgreich zu sein. Sie müssen sich mit den Lebensgewohnheiten der Herrschenden vertragen. Johannes Chrysostomus, Patriarch von Konstantinopel zur Zeit Hypatias, fiel zum Beispiel in Ungnade, als er gegen die Putzsucht und ein Immobiliengeschäft der Kaiserin wetterte.

Da Häresie und Orthodoxie stets um die Macht kämpfen, auch wenn die sozialen, ökonomischen und nationalen Motive fast nie ersichtlich sind, kann die Häresie zur Orthodoxie werden und umgekehrt. In den synoptischen Streitgesprächen treten Jesus und die Pharisäer als Gegner auf, die sich gegenseitig der Häresie beschuldigten. Das Ergebnis ist bekannt. Jesus gewann, und die Christen schlachteten die Juden ab.

Auch die koptische Kirche ist das Ergebnis einer siegreichen Häresie. Ihre Anführer entwickelten bald nach der Ermordung Hypatias die Theorie, daß Jesus nur eine Natur habe, eine »Physis«. Man nannte sie deshalb die »Monophysiten«. Christus sei so sehr Gott, meinten sie, daß von seiner menschlichen Seite fast nichts mehr übrig bleibe. Er sei ganz handfest und historisch beweisbar auf der Erde gewesen, besitze jedoch nur eine gottmenschliche Natur.

Das widersprach der orthodoxen Ansicht, daß in Christus zwei Naturen vorhanden seien, und das war Absicht, denn die Patriarchen von Alexandria hatten es satt, immer im Schatten ihrer Kollegen in Konstantinopel zu stehen. Auf einer Synode 449 n. Chr., der sogenannten »Räubersynode«, brachte der Erzbischof von Alexandria einen Sack Geld mit und finanzierte damit einen Volksaufstand, der die gegnerischen Bischöfe derart einschüchterte, daß sich die Monophysiten in der Abstimmung durchsetzen konnten. Der große Spalt in der Mitra ist vermutlich ein Symbol für die Schlägereien auf den Bischofskonferenzen. Erst seit dem siebten Jahrhundert hatten die Alexandriner eine eigene Kirche. Da waren schon die Araber im Land.

Daß die Menschen sich darüber Gedanken machten, wer Jesus Christus sei, war weniger verrückt, als wir heute glauben. Jesus wußte es selber nicht. Einmal fragte er die Jünger: »Wer sagen die Menschen, daß ich sei?«

Was für Jesus eine demoskopische Frage war, war für die frühen Christen existentiell. War Jesus nur ein gnadenreicher Prophet, so war er ungeeignet als Weltenrichter und Erlöser. Das Christentum verlor damit sein stärkstes Argument. Das Leben war entsetzlich, da hatten die Manichäer recht. Krieg, Mord und Totschlag, Diskriminierung, Sklaverei, Hungersnot, Erdbeben, Hitze und Kälte. Die einzige Hoffnung war ein Leben nach dem Tod, doch wie sollte man dahin gelangen ohne Vergebung der Sünden? Auch ein Halbgott konnte Wunderdinge vollbringen, aber erlösen konnte er nicht. Oder war Maria nur ein Reagenzglas für Gottes Samenzellen?

Ketzerei und Seemannslieder

Am Stadtrand von Alexandria lebte ein Presbyter namens Arius (280–336 n. Chr.). Epiphanius beschreibt ihn in seiner Ketzergeschichte als hochgewachsen, dünn und ernst. Philostorgius meint, er habe auch Lieder für Seeleute, Müller und Reisende verfaßt. Gibbon nennt ihn gelehrsam, fleckenlos, edelmütig und unerschrokken. Ein katholisches Handbuch notiert: »Arius nimmt großen Raum ein in der Kirchengeschichte.« Uns steht er besonders nahe, da wir Germanen arianisch missioniert wurden und erst nach leidvollen Erfahrungen (»Ein Kampf um Rom«) rechtgläubig wurden.

Arius taucht zunächst als Randfigur des melitianischen Schismas auf. Melitius war Bischof in Lykopolis in Oberägypten. Als Diokletian in Ägypten anfing, erhielt Melitius seine Chance. Die wichtigen Bischöfe wurden von den Römern verhaftet, Erzbischof Petrus von Alexandria floh 305 n. Chr. in die Wüste. Melitius blieb zunächst verschont. Er versuchte in das Machtvakuum einzudringen und ordinierte Presbyter und Diakone.

Ein Verbündeter des Melitius im verwaisten Alexandria war

Arius, und vielleicht hätte sich Melitius auf den Thron des heiligen Markus gesetzt, wenn er nicht ebenfalls verhaftet worden wäre. Der theologische Streit begann, als 306 n. Chr. die Verfolgung nachließ und Petrus zurückkehrte, denn nun fragte man sich, was mit den abtrünnigen Christen zu geschehen habe.

Petrus zeigte sich versöhnlich. Er verfaßte ein Rundschreiben, in dem er den Abtrünnigen durch eine Reihe maßvoller Kirchenbußen den Rückweg ebnete. Dagegen wetterte Melitius. Er war also Montanist. Dem Erzbischof warf er vor, durch seine Flucht selber abtrünnig geworden zu sein. Mit seiner rigoristischen Linie hatte sich Melitius zum Häretiker entwickelt. Er wurde deshalb 306 n. Chr. auf einer Synode verurteilt und abgesetzt, was seinem Ruf jedoch nicht schadete. Er gründete eine »Kirche der Märtyrer«, die er der orthodoxen Kirche des Petrus entgegensetzte.

Damit hatte er den nächsten Schritt getan. Das war die Kirchenspaltung. Petrus konnte sich von dem Ruf, »das Blutzeugnis« verweigert zu haben, zwar reinigen, weil er hingerichtet wurde, doch das Kernstück der melitianischen Häresie blieb bestehen. Das Schisma wurde 325 n. Chr. in Nizäa beendet, und Melitius erhielt auch seinen Bischofsstab zurück.

Konflikte dieser Art entstanden dort, wo eine Christenverfolgung stattgefunden hatte. In Rom waren es die Novatianer, die Härte gegen die Schwächlinge forderten und der Kirche das Recht absprachen, die Abgefallenen zu begnadigen. Novatian, Gegenpapst, gründete eine »Kirche der Reinen«, analog zur melitianischen »Kirche der Märtyrer«. Marginal waren diese Schismen nicht. In Ägypten war die Hälfte der Bischöfe melitianisch.

Das nächste Mal begegnen wir Arius als Widersacher des Patriarchen Alexander (312–328) und seines Nachfolgers Athanasios (regierte 328–378 mit drei längeren Unterbrechungen).

Petrus hat Arius inzwischen zum Diakon gemacht, abermals exkommuniziert, und Petri Nachfolger Achillas (311–312) hat ihn begnadigt und zum Presbyter von Baukalis am östlichen Stadtrand von Alexandria ernannt. Baukalis war nicht so groß wie der Sprengel des Patriarchen, doch gehörten immerhin neun Kirchen zu seinem Amtsbezirk. Arius wäre nach dem Tod seines Förderers Achillas Erzbischof und Patriarch von Alexandria geworden, wenn Alexander, der Kandidat der Homousianer, ihn nicht ausgestochen hätte. Wir haben es also schon ein Jahr vor dem definitiven Ende der Christenverfolgungen mit einem Machtkampf auf höchster kirchlicher Ebene zu tun.

Worum ging es? Vordergründig um das beliebte Problem der Natur Jesu. Alexander vertrat die anerkannte Lehre, Arius dagegen versuchte, mit Logik ein neues Glaubensbekenntnis zu denken. Wenn Gott unteilbar und unveränderlich war, folgerte er, konnte er seine Gottheit auch nicht übertragen. Christus mußte also ein Geschöpf Gottes sein, nicht ewig, nicht präexistent, nicht Gott, sondern Gott nur ähnlich.

Das machte Arius zum Häretiker. Wenn Christus etwas Geschaffenes war, Arius ihn aber als Gott anbetete und damit Geschöpf und Schöpfer gleichstellte, war sein Gottesdienst eine Götzenanbetung. Wenn, ad zwei, Christus zwar etwas anderes war als Gott und dennoch Gott sein sollte, verehrte Arius de facto zwei Götter. Vor allem aber konnte dieser Christus der Menschheit kein Heil bringen, da er selbst nur von einem Gott erschaffen worden war.

Früher, als man noch Fremdwörter gebrauchte, sagte man gerne »ein Jota«. Es war der griechische Buchstabe »i« und bedeutete »eine Winzigkeit«, weil das »i« der kleinste Buchstabe war. Spötter haben bemerkt, daß sich Orthodoxie und Häresie im arianischen Streit um »ein Jota« unterscheiden, und zwar in den griechischen Wörtern »homousios« (wesensgleich) und »homoiusios« (wesensähnlich). Das meinte auch Kaiser Konstantin, als er die Streithähne zur Versöhnung aufrief.

Gott und Jesus sind wesenseins, lautete die orthodoxe Lehre, die Alexander und Athanasios vertraten, sie sind wesensähnlich, sagte der arme Arius. Da ist keine Einigung möglich. Ich empfehle »Volkers theologischer Salbentiegel«[65], Stand 13.12.00, der die Sache kurz und lustig auf die Reihe bringt, allerdings ohne die Germanen.

In der Literatur wird die arianische Häresie bis heute als rein theologisches Phänomen betrachtet. Der Streit hatte jedoch klare soziale Konturen. Athanasios soll seine heftigsten Anhänger unter den Seeleuten und Hafenarbeitern der zwei Häfen gehabt haben, die uns aus der Belletristik als Mörder Hypatias bekannt sind. Die besseren Bürger standen vermutlich abseits. Athanasios stöhnte, sie seien konfliktscheu. Vermutlich war der Streit auch deshalb so katastrophal für Alexandria, weil die gesamte Mittelklasse – Christen, Heiden, Juden – sich aus unterschiedlichen Gründen nicht engagieren konnte.

Wer die ursprünglichen Arianer waren, ist klar. Der Name »Baukalis« entspricht unserem »bukolisch«. Der Kirchenbezirk des Presbyters Arius umfaßte also eine ländliche Region, in der vorwiegend Schäfer mit ihren Schaf- und Kuhherden lebten. Auch der wirtschaftlich bedeutende Rindermarkt von Alexandria befand sich hier. Die bukolischen Schäfer galten als gewalttätig. Die orthodoxe Propaganda bezeichnete sie als Räuber und Mörder.

Ein anderer Teil der arianischen Basis waren anfänglich die Asketen, die erst seit den dreißiger Jahren zum Anhang des Athanasios gehörten. Baukalis grenzte an drei große Friedhöfe im Osten der Stadt. Der Kopf des Pompeius lag hier vergraben. Auf diesen Friedhöfen wohnten zahlreiche Asketen, und es heißt, auch der heilige Antonius habe vor seiner Übersiedlung in die Wüste hier gehaust. In der Nähe befand sich der legendäre Ort, wo der heilige Markus lag. Entsprechend beschwert der heilige Athanasios sich über »die gottlosen Arianer, die wie Dämonen an den Gräbern rumsitzen und die Toten daran hindern, beigesetzt zu werden«.

Dies alles ergab einen passablen soziokulturellen und ökonomischen Hintergrund für eine Religionsgemeinschaft von Underdogs, die zum Aufruhr neigten. Die City reagierte zunächst, indem sie die Häretiker als sittenlos beschrieb. Als Arius endlich durch Alexander exkommuniziert wurde, auf einer Synode in Alexandria, an der hundert ägyptische Bischöfe teilnahmen (318 n. Chr.), wurden mit ihm »siebenhundert Jungfrauen« ausgewiesen.

Das war eine Redensart, denn Athanasios berichtet auch von den unordentlichen jungen Frauen, die die Christenheit in Verruf bringen, indem sie sich schamlos auf den Straßen herumtreiben und vor Gericht behaupten, sie seien von den Arianern dazu angehalten worden.

Schutzgelder und schwarze Kassen

Der arianische Streit, wie er sich nach dem Konzil von Nizäa (325 n. Chr.) entwickelte, war verworren und hatte viele Mitspieler. Da die Antagonisten von Anfang an auswärtige Verbündete suchten, erfaßte der Konfikt den ganzen Osten bis hinauf ans Schwarze Meer. Die theologischen Positionen und Glaubensformeln wechselten auf jeder der rund zwanzig Bischofskonferenzen des Jahrhunderts. Die herausragende Figur war Athanasios von Alexandria.

Athanasios der Große (295–373), der »Vater der Orthodoxie«, war Diakon und Sekretär des Patriarchen Alexander und begleitete ihn nach Nizäa, wo er hinter den Kulissen wirkte. Sein Hauptwerk ist die Verdammung der Arianer: »Orationes contra Arianos, Apologia contra Arianos, De decretis Nicaenae synodi« etcpp. Nach kirchenoffizieller Lesart siegte er in Nizäa, wo sich 318 Bischöfe (fast nur Ostler) unter Leitung von Kaiser Konstantin trafen. So haben wir es gelernt in der Schule, aber in Wirklichkeit ging der

Streit weiter, denn das nizänische Glaubensbekenntnis löste nicht die sozialen Spannungen in Alexandria.

Vor allem aber diente der Streit dazu, die Machtverhältnisse im Osten auszutarieren. Die ägyptische Kirche, die seit dem dritten Jahrhundert eine koptische Bibelübersetzung besaß, war seit Alexander und Athanasios so eigenständig, daß sie anfing, an die Spitze der Christenheit im Osten vorzustoßen. Athanasios schrieb auch bereits koptisch. Patriarch Alexander hatte an die hundert Bischöfe unter sich, und der Pomp, mit dem er sie in Alexandria empfing, war berühmt im Ostreich. Aus diesem Selbstbewußtsein ergab sich eine deutliche Konkurrenz zu außerägyptischen Bistümern des Ostens, vor allem zu Konstantinopel, und die kaiserliche Herrschaft über die Stadt war bedroht.

Dem entsprachen die Positionen. Kaiser Konstantin war noch neutral, favorisierte Arius und hielt jeden Bischof, egal welcher Couleur, für ein höheres Wesen. Sein Sohn Constantius II. war ein entschiedener Arianer. Eusebios von Cäsarea, der Vermittler von Nizäa, war zwar Homousianer, wie der Klüngel von Alexandria, jedoch ein Schüler des Origenes, den die Alexandriner ebenfalls als Häretiker bekämpften.

Eusebios von Beirut, Antipode der alexandrinischen Orthodoxie, war ein Anhänger des Arius und am Kaiserhof einflußreich. Er taufte Konstantin auf dem Sterbebett und steigerte seinen Einfluß noch, als er 338 n. Chr. Patriarch von Konstantinopel wurde. So konnte er bis zu seinem Tod 341 für eine Fortsetzung des arianischen Schismas in Alexandria sorgen und dabei helfen, den Arianismus über ganz Europa zu verbreiten, indem er einen gewissen Wulfila (311–383 n. Chr.) zum Missionsbischof für die Germanen weihte.

Wulfila sollte man zum Maskottchen der Bundessparte der Übersetzer machen. Er mußte in eine Sprache übersetzen, die es noch nicht gab. Bevor die Goten seine Übersetzung lesen konnten, mußte er ihnen erst mal die von ihm erfundene Sprache beibringen, denn für viele biblische Ausdrücke besaß das Gotische keine Wörter: Kreuz, Altar, Prophet, Evangelium.

Wulfila, der germanische Vorfahren hatte, lebte an die vierzig Jahre bei den Goten und bekehrte sie zum arianischen Christentum, das in der Folgezeit überall ankam, wo Germanen angesiedelt wurden und Reiche gründeten, Griechenland, Illyrien, Spanien und Karthago. Italien vor allem: Alarich, Theoderich der Große, Tejo. 488 zogen die Ostro-Goten mit Theoderich nach Italien. Der Ägypter Arius wurde hier zum germanischen Barbaren, denn in Italien war man orthodox.

Ob die Byzantiner die arianischen Goten mit Italien belehnten, um die römisch-othodoxe Kirche zu ärgern, wäre zu fragen. Erst Kaiser Justinian, der in Byzanz ab 527 n. Chr. regierte, korrigierte den Fehler und setzte die Germanen auf die Opferliste. Als erstes wurden die Vandalen und Alanen in Nordafrika ausgemerzt. 533 wurde ihr Reich in Karthago vernichtet. 553 waren die italienischen Goten am Ende, 554 die spanischen.

Die Reibereien zwischen den Fremden und dem heiligen Stuhl dauerten an, bis der Langobardenkönig Agilulf (590–615 n. Chr.) seinen arianischen Glauben ablegte und zur römischen Orthodoxie konvertierte, und im Grunde trug noch die frühmittelalterliche Geschichte in Westeuropa letzte Spuren des arianischen Schismas in die Neuzeit hinein. Die Burgunder wechselten um 500 zur offiziellen römischen Staatsreligion und wurden gute, orthodoxe Katholiken. Sie tauften dann den salischen Frankenkönig Chlodwig (466–511) in Reims und gaben ihm eine ihrer Prinzessinnen zur Frau.

Daß Chlodwig kein Arianer wurde, trug wesentlich zur Karriere der Franken bei und machte sie zur germanischen Hegemonialmacht. Chlodwig war als einziger germanischer Fürst so katholisch wie Kaiser und Papst und erhielt aus Byzanz den Königspurpur. So wurden die Franken die weltlichen Erben Roms und bildeten einen römischen Staat, in dem Lateinisch gesprochen wurde, während das Fränkische verkümmerte, so daß es heute kaum noch rekonstruierbar ist. Die anderen Germanen blieben (sofern sie überhaupt noch tauften) Arianer und somit Barbaren, verharrten in ihrer Ketzerei und mußten von den Franken noch einmal missioniert werden. Die sinnlosen Reste ihrer Kultur überlebten im Gedächtnis von Oberlehrern, Kulturkritikern und Politikern des 19. und 20. Jahrhunderts als chauvinistische Chiffren und Kampfbegriffe. Hier spricht man deutsch. Wie Theoderich und Theuderich.

Arius ist nicht nur wegen dieser Auswirkungen der Häresiarch schlechthin, und als solcher geistert er durch Darstellungen der Literatur und der Malerei bis in die Neuzeit. Vor Ort ähnelte der Streit einem Verteilungskampf zwischen Cliquen, an deren Spitze Kirchenfürsten standen. Es ging um viel Geld, das den Bossen zwar nicht gehörte, über das sie jedoch verfügten, als wäre es ihr Privateigentum.

Seit Beginn des dritten Jahrhunderts erhielt die Kirche fromme Spenden in bar, in Sachmitteln, Immobilien, Sklaven etc. Die Christenheit knüpfte schon während der Verfolgungszeit ein karitatives Netz, das nach 311 ausgebaut wurde. Der römische Staat nahm nur, die katholische Kirche nahm ebenfalls, aber sie gab auch. In Alexandria hatte sie ein Armenhaus, ein Altersheim, Hospitäler. eine Seuchenstation. An dieser Stelle sind die »Parabolanen« zu Hause, die wir aus der Belletristik als den christlichen Mob kennen, der Hypatia ermordete. Sie unterstanden dem Erzbischof, waren uniform gekleidet, in der kirchlichen Krankenpflege tätig und wurden als Privatarmee des Patriarchen eingesetzt.

Nach dem Mord an Hypatia bestimmte der Kaiser, daß ihre Zahl auf 500 zu reduzieren sei und daß ihre Ernennung dem römischen Staathalter obliege – ein Zeichen dafür, daß sie an den Unruhen aktiv beteiligt waren.

Die Kirche hatte viele Einnahmequellen. Kirchliche Ämter waren begehrt und wurden gegen Bezahlung vergeben. Wer um eine Audienz bei einem Kirchenoberen nachsuchte, mußte bestimmte Kanäle durchlaufen und an allen Türen einen Obolus entrichten. Die Presbyter, die Bischöfe, der Erzbischof standen an der Spitze von Klientelsystemen. Man kassierte bei den wohlhabenden Klienten, und man unterstützte die bedürftigen.

In solchen Gesellschaften (und die Kirchen haben stets alle Strukturmerkmale einer Mafia aufgewiesen) braucht man in allen Fragen des täglichen Lebens einen einflußreichen Fürsprecher und eine schützende Gruppe. Epiphanius berichtet, daß auch die Presbyter von Alexandria (wie überall im Reich) für ihre Gemeindemitglieder sorgten.

Jede Pyramide bestand also aus mehreren Unterdreiecken. Es waren diese Gefolgschaften, die von den Kirchenoberen in die Gefechte geschickt wurden – sei es in die Kleinkriege mit Juden und Heiden, sei es in die religiösen Konflikte.

Wir wissen nicht, ob auch Arius sich von seinen Anhängern alimentieren ließ. Es liegt näher, daß er für seine Gemeinden an den wohlgefüllten Töpfen des Patriarchen teilhaben wollte. Von Georg von Kappadozien sind geschäftliche Interessen überliefert. Er war Heereslieferant in Konstantinopel. Als (arianischer) Patriarch von Alexandria beanspruchte er Monopole auch weit außerhalb der Stadt, so an der Papyrus-Produktion, der Schilfernte und der Gewinnung von Salpeter. In der Stadt kassierte er Schutzgelder von den Bestattungsunternehmern und den Totengräbern.

Für die heidnischen Griechen von Alexandria, zu deren Wortführern Hypatia gehörte, war das arianische Schisma eine Hoffnung, eine Enttäuschung und am Ende auch eine gewisse Chance. Es begann nach dem Motto »die Feinde meiner Feinde sind meine Freunde«, denn natürlich waren die Orthodoxen die Feinde der heidnischen Griechen und der Juden.

Das erste griechische Heiligtum, das die Christen eroberten, war der Tempel des Kronos (Saturn). Patriarch Alexander setzte den Erzengel Michael an die Stelle des kannibalischen Gottes. Die Analogie war plausibel. Beide geleiteten die Toten ins nächste Leben und kümmerten sich um die jährliche Nilschwelle. Die Michaelskirche lag im Osten am Judenbezirk und war nicht die Kathedrale des Patriarchen. Die lag an der Hauptstraße, der Via Kanopica, am »Mondtor«, und war dem heiligen Theonas geweiht, der von 282–300 als Patriarch waltete. Alexander ließ sie nach dem Ende der Verfolgungen zu Ehren seines Vorgängers prächtig ausbauen. Aus der Theonas-Kathedrale wurde später die »Moschee der tausend Säulen«.

Die Entweihung des Saturn-Tempels war der einzige Frevel, der auf Alexanders Kappe ging, und die Christen entweihten auch ihre eigenen Denkmäler. Als Athanasios 339 zum ersten Mal vertrieben wurde, verbündeten sich die Juden und Heiden mit den Arianern, zettelten Unruhen an und schändeten Kirchen der Orthodoxen. Zu den Schändern gehörten die bukolischen Schäfer. Arme wie Reiche erhielten dafür ansehnliche Belohnungen.

Patriarch Gregory von Kappadozien, der in Alexandria von 339 bis 346 als Exponent der Arianer amtierte, war relativ beliebt dank des römischen Präfekten Philagrius, der die soziale Vielfalt pflegte. Dennoch blieb die Mehrheit der Christen vermutlich orthodox, so daß Athanasios zurückkehren konnte und umjubelt wurde.

Erst ab 355 unternahm Kaiser Constantius einen neuen Anlauf. Athanasios wurde abermals abgesetzt, weigerte sich aber zu gehen. Gibbon, kein Sympathisant der Arianer, erzählt, wie er vertrieben wurde, im Februar 356 n. Chr.:

»Um Mitternacht umringte Syrianus, Dux von Ägypten, an der Spitze von fünftausend Kriegern die Kirche des heiligen Theonas, wo der Erzbischof mit einem Teil seiner Geistlichkeit und des Volkes eine nächtliche Andacht verrichtete. Die übrigen Kirchen der Stadt wurden durch ähnliche Unthaten entweiht. Viele der Gläubigen fanden den Tod und mögen den Namen von Märtyrern dienen. Bischöfe und Priester wurden mit schmachvoller Grausamkeit behandelt, geweihte Jungfrauen ausgezogen und geschändet, die Häuser reicher Bürger geplündert und unter dem Deckmantel religiösen Eifers wurden Wollust, Habsucht und Priestergroll befriedigt. Die Heiden von Alexandria, welche immer noch eine zahlreiche und mißvergnügte Partei bildeten, waren leicht beredet einen Bischof zu verlassen, den sie fürchteten. Von diesem Augenblick an verschwand der Primas von Ägypten und blieb über sechs Jahre in undurchdringlicher Zurückgezogenheit verborgen.«

Dabei handelte es sich, wohlgemerkt, um einen Konflikt zwischen Christen, in dem die Heiden lediglich am Rande die eine Seite begünstigten. Athanasios floh jedenfalls zu den Mönchen in die Wüste, und der designierte Nachfolger von Kaisers Gnaden, Georg von Kappadozien, ließ auf sich warten. Dieses Machtvakuum nutzten abermals die heidnischen Griechen. Der Bericht über den folgenden Aufstand stammt von Athanasios, ist also tendenziös. So spricht er zwar von »jungen Heiden«, erzählt aber auch, daß etliche von ihnen später zu arianischen Bischöfen ernannt wurden. Vermutlich hatte sich, wie 339, eine Koalition aus Arianern und Heiden gebildet.

Ich referiere diese Ereignisse so ausführlich, um klarzumachen, wie die Situation 415 n. Chr. gewesen sein mag, als Hypatia ermordet wurde, denn natürlich gingen die innerstädtischen Machtkämpfe nach Ende des arianischen Schismas in Alexandria (381 n. Chr.) weiter, obwohl uns die Quellen des Hypatia-Romans über die Fronten zur Zeit des Patriarchen Kyrillos keine Auskunft geben.

356, im Juni, begannen die Krawalle auf dem Marktplatz und griffen auf das nahegelegene Kaisarion über, das seit Athanasios' Rückkehr 346 als große Kirche diente. Constantius hatte den Gebäudekomplex den Arianern geschenkt, und nun erinnerten sich die Griechen daran, daß er eines der Heiligtümer des Kaiserkultes gewesen war, und hofften, mit ihrer Aktion Kaiser Constantius zu imponieren. Sie störten den Gottesdienst, zerschlugen das Mobiliar, entzündeten im Hof ein Feuer und trieben allerlei Schabernack, an dem sich auch Frauen beteiligten. Aus dem Bericht wird klar, daß es sich durchweg um sakrale Rituale aus diversen griechischen Kulten handelte. Offensichtlich ging es also auch um eine Selbstbehauptung griechisch-heidnischer Identität. Interessant auch, daß die Griechen ausgerechnet das Kaisarion schändeten, in dem kurz drauf die Christen die Griechin Hypatia schändeten. Das zeigt, daß es sich um eine Retourkutsche handelte.

Die Heiden irrten sich jedoch, wenn sie meinten, Kaiser Constantius und der neue Patriarch, der sein Amt im Februar 357 antrat, würden die Heiden nun zumindest tolerieren. Manche behaupten sogar, Constantius habe Georg von Kappadozien nicht nur ausgewählt, weil er Arianer war, sondern weil er auch ein berüchtigter Heidenfresser war.

Georg vernichtete jegliche Opposition in Alexandria. Athanasier und Asketen wurden aus der Stadt vertrieben, verbannt und die wohlhabenden Bürger expropriiert. Mit Hilfe des römischen Militärs wurden sämtliche heidnischen Kultstätten, die zumeist in der Innenstadt lagen, geschändet und gingen zum Teil für die Heiden auf immer verloren.

Das konnte nicht gutgehen. Nach nur achtzehn Monaten hatte

der arianische Christ Georg alles Ansehen eingebüßt und mußte fliehen. Die Heiden atmeten auf, und die orthodoxen Christen nahmen ihre Kirchen wieder in Besitz, mußten sie aber nach zwei Monaten erneut herausgeben, als die Römer Verstärkung erhielten. Erst drei Jahre später kam Georg noch einmal in die Stadt, wurde sofort attackiert und von den Römern in Schutzhaft genommen, zumal sein Mentor, Kaiser Constantius, zur gleichen Zeit verstarb. Der Neue, Kaiser Julian, der nur zwei Jahre amtierte, von 361 bis 363, stoppte die Heidenverfolgung und übte sich in religiöser Toleranz. Die Orthodoxen nannten ihn deshalb »der Abtrünnige«.

Man kann gegen Georg sagen, was man will. Er ging entschieden gegen die heidnischen Kulte vor und schaffte die orthodoxen Christen beiseite. Vermutlich haßte er auch die Arianer. Am 24. Dezember 361 wurde er aus dem Gefängnis entführt und umgebracht. Seine Leiche wurde auf ein Kamel geworfen und im Triumph durch die Kanopische Straße geführt. Am Hafen wurde er verbrannt.

Danach war der Ruf der Arianer ziemlich ruiniert. Die Macht ihres Parteigängers Lucius, der als Marionette des Kaisers zweimal auf dem Markusstuhl thronte (367 und 373–378), reichte nur noch so weit wie die Lanzen der römischen Präfekten.

VON MÖNCHEN UND MENSCHEN

Die neuen Märtyrer

Es ist auffällig, daß die blutigen Auseinandersetzungen innerhalb des Christentums fast zeitgleich mit der Etablierung der Kirche in der spätantiken Gesellschaft einsetzen. Das Ende der Verfolgungen durch den römischen Staat wurde offensichtlich als Mangel empfunden. Ein Teil der Christen sucht das Martyrium nun in der Einsamkeit in der Wüste. Ägypten ist das Land der Asketen, Einsiedler, Mönche und Klöster. Von Asketinnen hört man auch, aber nur selten.

Der Ahnherr der christlichen Asketen ist aus der Kunstgeschichte bekannt: »Die Versuchung des heiligen Antonius«, gemalt von Hieronymus Bosch. Antonius, der über hundert Jahre alt wurde und 356 starb, stammte aus einem reichen christlichen Elternhaus in Alexandria und übernahm die Familiengüter, als er eben 20 war. Matthäus 19, 21 änderte sein Leben. Er war befreundet mit Athanasios, der ein Buch über ihn verfaßt hat.

Die Biografien der Anachoreten sind ein Genre für sich. In seinem ersten Lebensabschnitt ist der Mensch ein Jedermann. Irgendwann kommt der Bruch, und zögernd beginnt die zweite Laufbahn.

Das heißt: Der Asket siedelt schrittweise aus. Er beginnt als Stadtstreicher und macht Platte, geht an den Rand der Stadt, wo die Friedhöfe liegen, dann tiefer in die Wildnis. Er betet, fastet, meditiert. Er verrichtet eine komplizierte Handarbeit, ein Seil flechten etwa, um nicht einzuschlafen. Er lebt in Gräbern, Ruinen und Höhlen. Ein Autor berichtet abfällig von einem Anachoreten, der Bücher in seiner Höhle hatte. Was er sucht, ist nicht die geistige Klarheit, sondern die Verwirrung, die ihm Dämonen auf die innere Netzhaut zaubern. Durch Schlafentzug erscheinen sie wirklich, die manichäischen Sünden, gegen die er in seinem Wahn kämpfen kann, um erlöst zu werden.

Antonius wurde von schönen Frauen versucht und von monströsen Wesen mit Krallen und Zähnen verwundet, zu Boden geschlagen, an den Haaren gerissen und in die Lüfte gehoben, während seine Zelle in Flammen aufging. Es gab Wanderasketen, Säulenheilige, Baumheilige und Eremiten, die sich einmauern ließen, aber der Normalfall war der in seiner Kellia sitzende Wüstenvater, der nur das Sitzen übte und übertriebene Askese ablehnte. Wachen, Sitzen, Schweigen und ein Glas Wasser, das muß reichen. Der Anachoret, der so weit in die Wüste zieht, daß er einen Tag lang laufen muß, wenn er neues Wasser braucht, war die Ausnahme.

Auf viele enttäuschte Christen machten die ersten Anachoreten offensichtlich einen ähnlich guten Eindruck wie die Märtyrer, denn sie fanden rasch Nachahmer. Sprüche und Geschichten bewährter Wüstenväter[66] wurden überliefert, auch aufgeschrieben. Insgesamt kennt man heute an die 3000 solcher »Apophthegmata«. Manche erinnern an den bekannten Anglerwitz. Zwei Wüstenväter sitzen schweigend beieinander. Nach ein paar Stunden sagt der eine kopfschüttelnd: »Es wird bald Abend.« Der andere steht auf und geht. »Warum gehst du?« fragt der eine. »Du weißt zuviel«, antwortet der andere. Ein anderes Schema erinnert an die »Fragen an Radio Eriwan«. Der Schüler richtet eine Frage an den »Abbas«, den er als

»pneumatophoros« (Träger des Geistes) oder »magnus senex« (großer Alter) bezeichnet, und der Wüstenvater gibt eine oft überraschende Antwort.

»Die Apophthegmen unterscheiden drei Örtlichkeiten, an denen berühmte Anachoretenkolonien gelegen haben«, schreibt Heussi[67]. Ich erwähne das, weil es in den Quellen heißt, zu den Mördern Hypatias hätten die nitrischen Mönche gehört.

»Ungefähr 65 km südlich von Alexandria zieht sich von Nordwest nach Südost das Natrontal hin. An einer uns nicht näher bekannten Stelle lag die Wüste Nitria mit einer berühmten Mönchskolonie.« Dodler schreibt: »Nitria, die am nördlichsten gelegene Gegend, wurde von Ammon als Ort der Anachorese gewählt.«

Der Wadi Natrum, an der Wüstenstraße von Giza nach Alexandria, ist ca. 30 Kilometer lang und liegt unter dem Meeresspiegel. In ägyptischer Zeit wurde hier das Natron abgebaut, das für die Einbalsamierung der Leichen gebraucht wurde. Daher der Name. Die heilige Familie machte hier Station.

Ammon (288–350 n. Chr.) und seine Frau beschlossen in der Hochzeitsnacht, keusch zu bleiben. Nach achtzehn keuschen Ehejahren gründete seine Gattin einen Frauenorden. Er ging zum Berg Nitria. Er saß oben, unten die Nachahmer. Als die Gegend zu voll wurde, gründete er ein paar Kilometer weiter südlich mit Antonius eine Mönchssiedlung, die archäologisch erforscht ist, die sogenannte »Kellia«. Ein Abbas, zwei Schüler lebten in einer Kellia und jede hatte ein Gärtchen und eine Mauer. Man schätzt, daß südlich der Nitria einige Tausend Mönche in solchen Kleinstgruppen lebten. Als Ammon starb, sah Antonius, wie Engel seine Seele zum Himmel trugen.

Eine andere Form des Mönchtums, das Koinobitentum, entwickelte sich in der südlichen Thebais in Mittelägypten, dort, wo der Nil nach Osten einen Halbkreis bildet. »Koinos bios« heißt gemeinsames Leben und umfaßt, wie Heussi schreibt, »ein Dreifaches: gemeinsamen Gottesdienst, gemeinsames Wohnen, Schlafen, Essen in einer nach außen abgeschlossenen Siedlung, gemeinsamer Erwerb des Lebensunterhaltes durch gemeinsame Arbeit«. Ein Koinobium ist demnach ein Kloster.

Als Erfinder der neuen christlichen Lebensform gilt Pachomius der Ältere (292–346), und auf ihn bezog sich der Vater des abendländischen Mönchtums, der heilige Benedikt von Nursia.

Pachomius war der Sohn eines heidnischen Bauern, lernte beim römischen Militär die Christen kennen, ließ sich taufen und ging drei Jahre bei einem Heiligen namens Palamon in die Lehre. Der war enorm asketisch. Einmal zu Ostern gab Pachomius zur Feier des Tages etwas Öl ans Gemüse. Der Pneumatophoros schlug die Hände überm Kopf zusammen und rief: »Mein Herr wurde für mich ans Kreuz geschlagen, und ich soll etwas genießen?«

320 gründete er in Tabenisi am Nil sein erstes Kloster, an dessen Bau er selber mitwirkte.Vor allem aber verfaßte er eine Regel, die genauestens vorschrieb, wie die Koinobiten zu leben hatten, und gründete unentwegt neue Klöser, auch zwei Frauenklöster. Bacht, S.J.[68], zählt vierzehn pachomianische Klöster für Männer in der Thebais und vier für Frauen, insgesamt achtzehn, davon neun Gründungen des Generalabtes persönlich.

Die Ordensregel betraf vor allem die Klosterorganisation und die praktische Lebensgestaltung. Die Übersetzung stammt vom heiligen Hieronymus. Im Frühjahr 404 erschienen Mönche in Bethlehem und überbrachten ihm eine griechische Version des Regelwerkes, das Pachomius und seine Schüler Theodorus und Horsiesius auf koptisch verfaßt hatten. Offensichtlich schrieben sie kein griechisch.

Der »Doctor Ecclesiae«, bekannt als Übersetzer der Bibel aus diversen Fremdsprachen (Vulgata), sollte auch diese Werke ins Lateinische übersetzen. Wir kennen ihn als Büßer in der Einöde, aber auch als Gelehrten in seiner Studierstube. Mantegna, Lotto, Dürer,

Cranach und Altdorfer, Antonello da Messina, Jan van Eyck, Ghirlandaio, Carpaccio und Lochner haben ihn gemalt. Sein ständiger Begleiter ist der Löwe, dem er den Dorn aus der Tatze zieht, während der heilige Antonius stets ein Schwein dabei hat und ein Glöckchen, damit die Jungfrauen vor ihm reißaus nehmen können.

Wozu brauchte man eine lateinische Übersetzung? Durch die Episode erfahren wir, was aus dem religiösen Mittelpunkt des Heidentums wurde, dem Tempel des Serapis. Der heidnische Rhetor Libanius hat in seiner berühmten Rede »Pro templis« (Für die Tempel) unmittelbar nach dem Vandalenakt gegen die Mönche gewettert, die das Heiligtum auf dem Gewissen hatten.

Nun, in den neunziger Jahren hatte Patriarch Theophilos das alte griechische Heiligtum in ein Kloster der Pachomianer verwandelt. Hier lebten die Mönche, die gerufen wurden, um Hypatia zu ermorden, und viele von ihnen kamen aus dem Westen, konnten also weder koptisch noch griechisch. Also brauchte man eine lateinische Ausgabe der Ordensregel. Hieronymus, der aus Trauer um den Tod seiner Frau Paula aufgehört hatte zu schreiben, ließ seinen Notarius beiholen und diktierte ihm die Übersetzung in einem Zuge runter.

Pachomius »war eine Führernatur«, schreibt ein Kirchenlexikon. Er visitierte seine Klöster regelmäßig und organisierte zweimal im Jahr ein Generalkapitel. Er starb nach einem Attentat während einer Epidemie, die sämtliche Pachomiusklöster ergriff. Im übrigen umfaßte die Regel des Pachomius nicht alle ägyptischen Klöster. Ein anderer berühmter Mönch, der Archimandrit Schenute, stammte aus einem unabhängigen Kloster. Während Pachomius erst im Alter Griechisch lernte, war er mit hellenischer Bildung vertraut, kannte also den Feind.

Schenute ist der Schöpfer der koptischen Literatursprache und sorgte dafür, daß sich die Klöster zu christlichen Bildungszentren entwickelten. Seit der Mitte des dritten Jahrhunderts entstanden Klosterbibliotheken. Die Lagenheftung kam in Mode. Andererseits war auch Schenute ein fanatischer Heidenfresser und gestattete nur christliche Erbauungsliteratur.

Es zeichnete sich ab, daß die Erde wohl doch nur eine Scheibe ist.

Der Ritt auf dem Esel

Für uns von Bedeutung ist vor allem das Verhältnis zwischen Erzbistum und Koinobiten. Es war, meint Haas, einzigartig im römischen Reich. Einige Daten belegen das. 330: Athanasios besucht die Klöster in der Thebais. 338: Der heilige Antonius besucht Alexandria. 339: Athanasios besucht Rom, seine Leibwache besteht aus Mönchen. 356: Athanasios flieht vor den Römern »in die Wüste«, ist angeblich unauffindbar und arbeitet an einer »Vita Antonii«. 360: Der römische »Dux« Artemius sucht im Kloster Phbow (einer pachomischen Gründung in der südlichen Thebais) nach Athanasios. 363: Athanasios verbirgt sich in der Thebais. 391: Theophilos siedelt Mönche auf Stadtgebiet im ehemaligen Serapeion an, um sie in seiner Nähe zu haben.

Für die Mönche war der Patriarch der Stellvertreter Christi. Die Reisen des Athanasios zu den Klöstern waren prunkvolle Wallfahrten. Er ritt auf einem Esel (wie Jesus beim Einzug in Jerusalem). Mönche aus diversen Klöstern bahnten ihm den Weg, sangen Psalmen und das hohe Lied. Abba Theodorus, Pachomius' Nachfolger, führte das Grautier an der Leine, so überwältigt von der Ehre, daß er nicht spürte, wie das Feuer der frommen Fackeln seine Kutte ankokelte. Dem Primas folgte eine unübersehbare Schar, Kleriker mit Lampen und Fackeln, Bischöfe und Gläubige ohne Zahl.

Melitianische und arianische Asketen lehnte der Patriarch jedoch ab. Kenner vermuten, daß er den heiligen Antonius mit soviel

Pomp empfing, um zu beweisen, daß dieser berühmte Asket die Lehre von der Wesensgleichheit unterstütze, denn ansonsten wurden die Mönche argwöhnisch kontrolliert, sobald sie in die Stadt kamen. Kirchenpolizeiliche Vorschriften regelten ihr Verhalten. Sie mußten täglich am Gottesdienst teilnehmen und durften keine Orte und Veranstaltungen besuchen, die dem Vergnügen dienten. Dazu gehörten auch die Stätten der Märtyrer.

Unter Theophilos, der von 385 bis 412 amtierte, wurde das Verhältnis zwiespältig[69], aber das war zeitgeistig. Überall, wo es stadtnahe Koinobiten gab, hatten die Behörden mit ihnen Probleme und versuchten, ihre Bewegungsfreiheit einzuschränken. Anfang der neunziger Jahre lebten im Umland von Alexandria an die zweitausend Mönche. »Sie lebten nobel und waren fanatisch«, behauptete Palladius.

Detailliert überliefert ist der Konflikt mit Isidoros und den langen Brüdern. Isidoros war ein Asket, den Theophilos besonders schätzte. Das erste Mal begegnet er uns als ein seit Athanasios bewährter Presbyter. Er ist offensichtlich das Vorbild für Mauthners Hypatia-Mörder, denn es gibt sonst keinen Asketen dieses Namens in jenen Jahren. Vier Mal begegnet uns Isidoros im Laufe der Geschichte.

Erstens: 388 geht Kaiser Theodosius I. endlich gegen den Usurpator Maximus vor, der bereits den ganzen Westen beherrscht und mit seinen Truppen in Pannonien steht. Theophilos schickt seinen Vertrauten Isidoros mit Glückwünschen an beide Kaiser auf das Schlachtfeld – je nachdem, wer gewinnt. Der Opportunismus kam raus, weil jemand die Briefe entwendete, aber Theodosius verzieh den Lapsus des Primas.

Zweitens: Als 397 der Primas von Konstantinopel, ein gewisser Nektarios, stirbt, versucht der Primas von Alexandria einen ihm ergebenen Kandidaten durchzusetzen, und zwar wiederum den Presbyter Isidoros. Bei Hofe erinnert man sich jedoch der Affäre mit den Glückwünschen. Inthronisiert wird 398 deshalb Johannes Chrysostomos aus Antiochien (344–407), genannt »der Goldmund«, ein notorischer Gegner des Theophilos. Antiochia, Konstantinopel, Alexandria: Das sind die drei nach Hegemonie strebenden religiösen Zentren des Ostens.

Drittens: In dieser Episode, die ziemlich gleichzeitig spielt, ist Isidoros (fünfzehn Jahre vor Hypatias Ermordung) bereits achtzig Jahre alt, und der Patriarch hat ihn aus der Nitria kommen lassen und zum Chef über das Hospitalwesen und die Fremdenheime gemacht. Daraus entwickelt sich eine Kontroverse. Isidoros ist der Anwalt der Armen und wirft dem Patriarchen unnötige Geldausgaben vor. Enttäuscht zieht er sich in die Nitria zurück und wandert an der Spitze einer Armee von dreihundert Mönchen zusammen mit den »vier langen Brüdern« nach Palästina. Von dort ziehen sie mit fünfzig Schülern nach Konstantinopel zu Johannes Chrysostomos und werden etwa 402 in die hohe Kirchenpolitik verwickelt, diesmal als Gegner des Primas von Alexandria.

Es gibt noch eine vierte Episode, in der sich Isidoros und Theophilos ebenfalls ums Geld streiten. Eine Witwe hat den Armen von Alexandria ihr Vermögen vermacht, und Theophilos beansprucht die Erbschaft für den Episkopat.

Die Episoden zeigen den Versuch der Nomenklatur von Alexandria, in Konstantinopel und am Kaiserhof Einfluß zu gewinnen. Die soziale Komponente erinnert dagegen an die Anfänge des arianischen Schismas hundert Jahre zuvor. Die einfache Frömmigkeit der Landarmut, vertreten durch den Asketen Isidoros, die Anstoß nimmt am weltlichen Treiben der städtischen Maden im Speck.

Auf die soziale Frage reagiert Theophilos wie gehabt, indem er aus dem Lifestyle der Städter eine religionsdogmatische Frage macht. Zu Hilfe kommt ihm Epiphanius von Salamis. Der bewährte Sektenschnüffler wittert Häretiker in der nitrischen Wüste. Die Häretiker nannte man diesmal »Anthropomorphiten«.

Das war weniger obszön, als es klingt. Der Anthropomorphismus nimmt an, daß man sich Gott äußerlich wie einen nach seinem Bilde geschaffenen Menschen vorstellen müsse. Er beruhte mithin auf der bekannten Stelle im »Pentateuch: Und Gott schuf den Menschen ihm zum Bilde«.

Das war dem Primas zu primitiv. In seiner Osterbotschaft 399 teilte er den Mönchen im ganzen Land deshalb mit, Gott sei unkörperlich. Er habe nicht Arme noch Beine, sehe nicht aus wie ein Mensch und könne nicht mit unseren fünf Sinnen wahrgenommen werden.

Sämtliche Asketen entsetzten sich über den Brief, nicht nur die Landmönche. Diese Ansicht war ihnen zu fortschrittlich. Man müsse sich Gott in einer Gestalt vorstellen, um ihn anbeten zu können, widersprach ein bekannter Abbas. Der Mönch Johannes Cassianus, der gerade in der »Sketis« weilte (einer klosterreichen Wüste am südlichen Ende des Wadi Natrum), schreibt, die aufgebrachten Mönche hätten gefordert, Theophilos Arme und Beine abzuschneiden, um ihn seinem Bild Gottes ähnlicher zu machen. In ganz Ägypten verließen sie die Klöster und kamen nach Alexandria, beschuldigten ihn der Gottlosigkeit und bedrohten ihn mit dem Tod.

Alexandria kochte. Theophilos schmeichelte den Mönchen. »Ihr ähnelt Gott in eurem Zorn!« rief er ihnen zu. Vergebens. Schon Origenes, versicherte er, habe nachgewiesen, daß Gott körperlos und nicht sichtbar sei. Das war ein Kardinalfehler. Gerade hatte der größte Mönch aller Zeiten, der heilige Hieronymus, den Origenes-Streit losgetreten, in dem er behauptete, Origenes müsse endlich anathematisiert werden. Die Mönche antworteten also, Theophilos möge unverzüglich den (längst toten) Origenes verdammen, und riefen: »Wenn du das nicht tust, bist du ein gottloser Mann und wirst auf der Stelle erschlagen.«

Theophilos gab nach, wodurch er selber Anthropomorphinist

wurde, aber er stellte eine Bedingung. Sämtliche Klöster sollten die Lehren des Origenes ebenfalls verdammen. Alle befolgten seinen Befehl, lediglich in der Nitria weigerten sich die Mönche und outeten sich damit als Häretiker. Tatsächlich kannten die »langen Kerle« den Origenes. Sie waren gebildete und kultivierte Leute, im Gegensatz zur Masse der Mönche, und strebten nicht nach weltlichem Ruhm. Einer der vier hatte sich ein Ohr abgeschnitten, als Theophilos ihn zum Bischof ernennen wollte.

Vermutlich 399 fand nun ein regelrechter Feldzug gegen die nitrischen Klöster statt. Die Gehöfte ihrer sozialkritischen Anführer wurden verwüstet, ihre heiligen Schriften und Kultgegenstände vernichtet. Danach waren die Mönche domestiziert und standen dem Erzbischof als Privatarmee zur Verfügung.

Das war auch unter Kyrillos so, der Hypatia lynchen ließ. Eine Patriarchengeschichte aus dem zehnten Jahrhundert berichtet, daß Kyrillos fünf Jahre bei den Asketen im Natrontal verbracht habe. Andere halten die Nachricht für einen Topos. Gute Beziehungen zu den Mönchen galten im Klerus von Alexandria als Empfehlung für höchste Ämter. Das schließt nicht aus, daß die Mörder Mönche waren. Die Klöster der Hypatia-Zeit waren randständige Sammelbecken. Wer in der Stadt oder in seinem Dorf Probleme hatte, Pleite machte, ausgestoßen wurde, ging ins Kloster, sogar gefährliche Kriminelle fanden hier Zuflucht.

Die Erde ist eine Scheibe

Ein Ereignis wie der Mord an Hypatia wäre noch fünfzig Jahre zuvor nicht denkbar gewesen. Kein Kirchenfürst hätte es gewagt, einen Kaiser so bloßzustellen. Hypatia genoß, auch nach Ansicht anerkannter Fachhistoriker, einen Ruf, der bis an den Kaiserhof reichte. Natürlich versuchten Kaiser und Kirchenfürsten seit Beginn des vierten Jahrhunderts immer mal, einen Götzenkult zu beenden und heidnische Gebäude für das Christentum zu reklamieren, so wie es Phasen des heidnischen Rollback gab, unter Julian Apostata etwa.

Aber ein ausdrückliches Recht, heidnische Tempel zu demolieren und gegen Heiden rigoros vorzugehen, erhielten die christlichen Bischofe erst im Jahr 407, und nie in all den Jahren des Kirchenkampfes wurde je eine so bekannte Figur des Heidentums mit Duldung des Staates auch nur mißhandelt.

Der Wandel vom Heidentum zum Christentum erfolgte nicht nur durch aufsehenerregende Aktionen, sondern auch durch Annäherung, und die Zeiträume sind größer als die Biografien. Zwischen den Highlights liegen Phasen der Ruhe, in denen man sich neu arrangieren kann. Zwischen der Übernahme des Kronos-Tempels und dem Vandalismus der Mönche unter Cynegius liegen rund siebzig Jahre. Zwischen dem Feldzug gegen die nitrischen Mönche und den Unruhen, die zu Hypatias Tod führen, rund fünfzehn.

Bei solchen Intervallen entsteht kein Lebensgefühl der ständigen Bedrohung, zumal wir nicht wissen, ob die Ereignisse überhaupt in ihrer Tragweite und in der ganzen Stadt wahrgenommen wurden. Im Denken und in der Normalität liegen die spätantiken Heiden und die frühen Christen ohnedies nicht so weit auseinander.

Mehr noch: Die Ausschaltung der Heiden war letzen Endes nur scheinbar, und so ist auch dieses Kapitel ein Beleg für den Humor des Weltgeistes. Gibbon schreibt: »Die angesehensten Bischöfe waren zu der Überzeugung gelangt, daß unwissende Landleute dem heidnischen Aberglauben freudiger entsagen würden, wenn sie im Schoß des Christentums etwas Ähnliches finden würden. Am Ende waren die Sieger selbst von den Listen ihrer besiegten Rivalen unmerklich bezwungen worden.«

Immerhin, das strategische Ziel war klar. Mit Kaiser Theodosius I. (347–395) erobert die Kirche einen erheblichen Anteil an der weltlichen Macht und muß nun versuchen, ihre Positionen zu festigen und auszubauen. Sie tut das, wenn auch im Osten nicht so brutal wie im Westen, wo der Kaiser 390 vor Ambrosius in die Knie gehen mußte, Bußakt von Mailand – eine im übrigen in ihrer Dramatik einmalige Aktion bis zur Replik unter Heinrich IV., Gang nach Canossa.

Theodosius der Große, der seit 379 regierte und sich ein Jahr später taufen ließ, herrschte zunächst als Mitaugustus über die Präfektur des Ostens, die Alexandria einschloß. Gleich mit seinem ersten Religionsedikt, das er Anfang 380 in Saloniki erließ, ging er in die Geschichte ein. Es lautet gekürzt:

»Alle Völker, welche wir gnädig und mit Milde regieren, sollen in dem Glaubensbekenntnis verharren, welches der göttliche Apostel Petrus überliefert hat. Das heißt, wir glauben an des Vaters, des Sohnes und des Heiligen Geistes eine Gottheit in frommer Dreifaltigkeit. Die, die diesem Gesetz folgen, sollen die Bezeichnung katholische Christen beanspruchen, die anderen aber, nach unserem Urteil Unsinnige und Verrückte, sollen die schimpfliche Ehrenminderung der Häresie erleiden. Sie sollen durch ein göttliches Gericht und auch durch unser richterliches Einschreiten bestraft werden.«

Das Edikt bekräftigt im Grunde nur das nizäanische Glaubensbekenntnis, ergänzt um den heiligen Geist, und tut so, als hätte je ein Apostel Petrus eine solche Lehre verkündet. Es wendet sich nur an die Christen, läßt Heiden, Juden und andere Religionen außen vor, betrifft unsere Hypatia also nicht, sondern soll nur die Einheit der orthodoxen Kirche stärken – ohne Erfolg übrigens.

Auch das zweite ökumenische Konzil, das er 381 nach Konstantinopel einberief, enthielt keinen Angriff gegen Juden und Griechen und diente nur der Einheit der Christenheit auf dem kleinsten gemeinsamen Nenner. Es war, wie schon Nizäa, eine reine Ostveranstaltung. Die 150 anwesenden Bischöfe beschlossen unter anderem: Die Erde ist eine Scheibe. Es gibt eine Ursünde. Der Tag des römischen Sonnengottes, der 25. Dezember, ist Jesu Geburtstag. Es gibt nicht nur Gott Vater und Sohn, sondern auch einen heiligen Geist als substantiellen Bestandteil der göttlichen Dreieinigkeit.

Das war alles irgendwie bekannt. Die Entdeckung, daß die Erde eine flache Scheibe sei und daß die Sonne sich um die Erde drehe, stammte von dem bedeutendsten Gelehrten der Zeit, dem heiligen Augustinus, Bischof von Hippo. Problematisch war nur die Behauptung, der Erzbischof von Konstantinopel sei der oberste Bischof der Ostkirche, nur der Bischof von Rom habe einen höheren Rang. Das war eindeutig gegen Alexandria gerichtet, aber auch der apostolische Stuhl in Rom mochte Konstantinopel keine Rangerhöhung zubilligen.

Erst Ende 381 gibt es im Osten einen kleinen Erlaß gegen die Heiden, der eine Marginalie betrifft. Theodosius verbietet Opfer zur Zukunftserforschung. Etwas härter ging Kaiser Gratian in Rom vor, wo die Vestalinnen stark behindert wurden. Hier zeigte sich auch, daß die Kirchenfürsten keinen Widerspruch mehr ertrugen. Nach der Entfernung des Altars der Viktoria, der seit Kaiser Augustus im römischen Senat stand, hielt der (heidnische) römische Stadtpräfekt Symmachus 384 in Mailand eine berühmte Rede. »Wir leben alle in derselben Welt. Wir beten zu göttlichen Gewalten. Es gilt gleich, welches Denken die Wahrheit ermittelt. Auf einem Weg alleine kann das hohe Geheimnis nicht ermittelt werden.«

Kaiser Valentinian II. und sein Hof waren sehr angetan, doch der heilige Ambrosius fiel nicht herein auf solches Toleranzgesülze und beschwerte sich bei Theodosius dem Großen. Der ließ seinen Prätorianer-Präfekt Cynegius prüfen, ob der Opfererlaß von 381 eingehalten werde. Von 384 an wütete Cynegius in allen Ostprovinzen gegen die heidnischen Kulte, angeregt von seiner Gattin. Frappierend generell der große Einfluß der Ehefrauen, Witwen und Mütter in der Spätantike auf allen Führungsebenen, vor allem an den

Kaiserhöfen. Anregungen und konkrete Hilfe erhielt das Ehepaar Cynegius von Mönchen und Klerus, auch in Alexandria, wo die Heiden seit der Ermordung des Patriarchen Georg relativ unbehindert waren. Die Rede des Symmachus hatte also das Gegenteil bewirkt.

Libanius protestierte in einem Brief an Theodosius gegen das wüste Treiben der Mönche: »Die Schwarzröcke, die da mehr essen als die Elefanten, die das Trinken mit Liedern begleiten und ihre Trunksucht unter einer künstlichen Bleichheit verbergen, stürzen mit Stangen, Steinen und Eisen zu den Tempeln. Dann werden die Dächer eingerissen, Mauern umgestürzt, Bilder herabgerissen, die Altäre zerstört, und die Priester müssen schweigend den Tod erleiden.«

Stasis und Stagnation unter Theophilos

Patriarch Theophilos, der von 385 bis 412 amtierte, steht ebenfalls bei Johannes von Nikiusi, der natürlich für ihn schwärmt. Seine Eltern waren wohlhabende Christen in Memphis. So einflußreich war sein Clan, daß er nicht nur seinen Nachfolger durchdrücken konnte, sondern auch 451 noch einen Bürgerkrieg anzetteln konnte, um den Stuhl des heiligen Markus erneut zu erobern.

In Alexandria machte Theophilos als Privatsekretär und enger Ratgeber des Patriarchen Athanasios Karriere. Er hatte eine Schwester, die ebenfalls in Alexandria wohnte. Sein Nachfolger Kyrillos war ihr Sohn. Kyrillos wuchs bei ihm auf. Bedenkt man, daß Athanasios Privatsekretär und enger Vertrauter seines Vorgängers Alexander war, so ergibt sich, daß die Orthodoxie von 312 bis 444 von vier Männern geprägt wurde, die aus einem Stall kamen.

Theophilos hatte das gleiche strategische Ziel wie seine Vorgänger, sofern sie nicht von Konstantinopel oktroyiert waren, wie Gregory und Georg: Er wollte Alexandria zum Zentrum der katholischen Kirche machen und Papst werden, also Rom und Konstantinopel in die zweite Reihe schieben. Dazu mußte er die Stadt zum Hort der reinen Lehre machen, die Reste der Häresie beseitigen, Kirchen bauen, das Heidentum weiter einschränken, die Klöster disziplinieren, das Kaiserhaus auf seine Seite ziehen, gegen die Patriarchen von Konstantinopel intrigieren, die Kirchenhäupter der anderen Provinzen be- und ausstechen.

Sein Taktik sah vor: mit Rom gegen Konstantinopel und Antiochia und dann mit der geballten Macht der Ostkirche gegen Rom. Es hätte klappen können. Vor allem Antiochia, mit seiner auf die Apostel Paulus und Petrus gegründeten, urchristlichen Tradition, war auch für Rom ein Konkurrent. Für unseren Fall ist das wichtig: Männer mit solchen Plänen schrecken nicht vor einem Mord zurück.

Berühmt (und bis heute vielfach untersucht worden) ist der Sturm auf das Serapeion. Das Bauwerk kennen wir durch den lateinischen Kirchenschriftsteller Rufinus (345–411). Es enthielt u.a. die Bibliothek und Lesesäle, in denen Hypatia zu exzerpieren pflegte (sonst macht die Geschichte keinen Sinn). Als das Museion noch stand, war es die zweitgrößte Bibliothek der Stadt und zur Zeit Hypatias die größte.

Das riesige Gebäude hatte Arkaden im Erdgeschoß. Über jedem Bogen hatte es ein großes Fenster. Der Innenhof war bebaut mit kleineren Häusern für die Priester etc. Das Innerste bestand aus einem viereckigen Portikus. Er umgab den Tempel mit der Statue des Serapis. Das Bauwerk war bekannt in der ganzen Welt, da der Gott die ägyptische Version von Gottvater war und im ganzen östlichen Mittelmeerraum höchste Verehrung genoß.

Rufinus hat auch die Vernichtung beschrieben[70]. Sein Bericht zeigt sehr schön, wie effektvoll die Patriarchen innerstädtische

Konflikte inszenierten. 391 begann man irgendwo in der Stadt mit Bauarbeiten. Im Untergrund stießen die Arbeiter auf ein Heiligtum (eventuell ein Mithrasheiligtum), das Kultgegenstände enthielt, die nach heidnischem Religionsverständnis nur Eingeweihten zugänglich waren. Schon die Anwesenheit nicht eingeweihter Personen bei bestimmten Weihehandlungen begründete ein höchst sträfliches Sakrileg.

Theophilos nutzte den Fund propagandistisch. Er ließ die mysteriösen Objekte auf dem Marktplatz öffentlich zur Schau stellen und verspotten, um zu zeigen, wie lächerlich die heidnischen Kulte seien. Rufinus über die Folgen: »Die Griechen waren außer sich, als hätten sie Schlangengift getrunken, und begannen zu wüten.« Sie attackierten die Christen, und blutige Straßenschlachten entbrannten. Ein Lehrer namens Helladius brüstete sich gegenüber Sokrates Scholastikus, er persönlich habe neun Christen erschlagen. Anschließend zogen die Griechen sich in das Serapeion zurück, unternahmen Ausfälle und machten auch Gefangene. Einer von ihnen, der Redner Gessius, über den es etliche Aufsätze gibt, wurde laut Palladas gekreuzigt.

Das Serapeion lag bekanntlich auf einem Hügel über der Stadt und war für Christen off limits, denn später lernen wir, daß Bürger der Stadt das Heiligtum besichtigten, weil sie es noch nie gesehen hatten. Vergeblich forderten die römischen Behörden die Hausbesetzer auf, ihre Festung zu verlassen. Diese verstärkten nur die Verteidigung. Die kaiserlichen Befehlshaber Evagrius und Romanus fragten bei Theodosius an, was zu tun sei, da ein Angriff auf das Heiligtum hohe Verluste versprach. Theodosius schrieb einen Brief. Er garantierte den Heiden freien Abzug und Begnadigung und erklärte die erschlagenen Christen zu Märtyrern. Im übrigen verbot er den Kult des Serapis. Ein Wunsch, den Athanasios Jahrzehnte zuvor seinem treuen Theophilos anvertraut hatte, ging in Erfüllung.

Die Christen jubelten, als das Schreiben verlesen wurde, die entsetzten Heiden tauchten in der Menge unter oder flohen aus der Stadt. Das Serapeion wurde geplündert und verwüstet. Ein riesiger Serapis aus Holz ist heute im griechisch-römischen Museum von Alexandria zu besichtigen. Wir wissen also, wie er aussah. Der alexandrinische ist verschollen. Er wurde zerschlagen, und die Teilstücke verbrannte man in diversen Stadtteilen.

Noch die Verbrennung war ein Triumph. Die Heiden glaubten, die Erde würde sich auftun, der Himmel einstürzen und die Nilschwelle ausbleiben, doch nichts geschah. Man hat etwas Asche und einen Finger gefunden. Der Fund bestätigt die Berichte: Die Serapis-Statue hatte einen Kern aus Holz, die unbedeckten Körperteile waren aus Elfenbein, und die Gewandpartien bestanden aus Goldblech. Die Technik nennt sich »chryselephantin« und war den überragenden Gottheiten vorbehalten.

Als der Krieg vorbei war, dekretierte Theodosius der Große, nur ums Gemeinwohl besorgt und ganz unparteiisch: »Niemand hat das Recht, zu opfern. Niemand darf den Tempel betreten. Niemand darf die Altäre anbeten. Jeder muß wissen, daß es gegen unser Gesetz verstößt, einen Tempel zu betreten. Alles was mit den Göttern und den heiligen Ritualen zu tun hat, widerspricht unserem Verbot. Wer es trotzdem unternimmt, muß wissen, daß kein Privileg und keine kaiserliche Gnade ihn von der Bestrafung befreit.«

Das heißt, die Christen zetteln einen blutigen Aufstand an, zwingen den Kaiser zum Einschreiten, und der nutzt den Anlaß zu einer neuerlichen antiheidnischen Maßnahme, die er ohne einen solchen Grund nicht wagen konnte, da es noch zuviele Heiden in der Armee, in der Gesellschaft und selbst in höchsten Ämtern gab.

Daß der Kaiser den Aufruhr der Christen so ruhig hinnimmt, beruht nicht nur auf seiner Sympathie für das Christentum. Es entspricht auch antikem Verständnis von Politik. Eine progressive Lenkung findet nicht statt. Man läßt die Dinge schleifen, nimmt den Reformstau vielleicht sogar wahr, wartet jedoch auf den großen

Knall. Man nennt ihn »Stasis«. Lexikalisch ist »stasis« der Stau in einem Blutgefäß. Politologisch bezeichnet er den Aufruhr, der die versperrte Blutbahn sprengt, sich nach außen wendet und alles überschwemmt.

Auch im Verhältnis zwischen Heiden und Christen ist die Methode feststellbar, nur daß sich seit Konstantin die Vorzeichen geändert haben. Nach der Thronbesteigung des Kaisers Gallienus erlebt die Kirche vier Jahrzehnte ununterbrochenen Friedens und Wachtums, bis Diokletian wieder zuschlägt. Zwischen Georg von Kappadozien und der Erstürmung des Serapeions haben die Heiden drei Jahrzehnte relativer Ruhe.

Im Grunde starb Hypatia, weil mal wieder eine Welle der Gewalt fällig war, aber es gibt auch andere Gründe, warum Theophilos nach der Zerstörung des Serapeions innenpolitisch Ruhe gab. Er war unter anderem in Konstantinopel damit beschäftigt, den dortigen Patriarchen zu degradieren.

Portrait eines Schreibtischtäters

Der heilige Kyrillos usurpierte den Thron des heiligen Markus im Jahr 412, zweieinhalb Jahre vor dem Mord. Er stammte wie sein Onkel aus einem reichen Haus, so daß ihm viele Türen offenstanden. Sokrates Scholastikos erzählt:

»Theophilos starb am 15. Oktober, im neunten Konsulat des Honorius und im fünften des Theodosius. Einige wollten Timothius, den Erzdiakon, zu seinem Nachfolger wählen, die anderen Kyrillos. Auf den Straßen brach ein Tumult aus, und Abundantius, der Befehlshaber der kaiserlichen Truppen, unterstützte Timothius. Daraufhin nahm Kyrillos am dritten Tag das Bistum in Besitz und herrschte mit größerer Macht, als Theophilos sie je besaß. Seit der

Zeit ging die Macht des Erzbischofs von Alexandria über die Grenzen der priesterlichen Funktionen hinaus, und er übernahm die Herrschaft auch in weltlichen Angelegenheiten.«

Die Chronik der Patriarchen bestätigt das. Während es sonst heißt, der Kandidat sei von anderen Bischöfen bestimmt und inthronisiert worden, heißt es bei Kyrillos lakonisch: »Als der Patriarch Theophilos starb, übernahm Vater Kyrillos den apostolischen Stuhl.«

Kyrill konnte sich das erlauben, da er Rückhalt bei Hofe hatte. Er hatte seinen Onkel als Achtzehnjähriger nach Konstantinopel begleitet und kannte die schmutzigen Tricks. Ein halbes Jahr lang hatte Theophilos gegen den dortigen Patriarchen Johannes intrigiert, der nach der blutigen Osternacht 404 die Stadt verließ. Vom Schiff aus sah Johannes, wie seine Bischofskirche in Flammen aufging. Drei Jahre später ließ der Kaiser ihn ans Schwarze Meer deportieren. Der Dreiundsechzigjährige starb auf dem Fußmarsch an den Entbehrungen, die man ihm auferlegte.

Am Hof ging es seit dem Tod des großen Theodosius zu wie in einer Seifenoper. Die Ost-Kaiser zur Zeit Hypatias, Arcadius (395–408) und Theodosius II. (408–450), wurden als Kinder inthronisiert und kamen nie wirklich an die Macht. Die lag in den Händen von Eunuchen, Präfekten, Generälen und vor allem der drei Frauen, Eudoxia, Frau des Arcadius, Pulcheria, ihrer Tochter, und Eudocia, Gattin des zweiten Theodosius, die ihm sagte, was er zu tun hatte. Einmal mußte er sogar in den Krieg, durfte aber bald wieder nach Hause kommen.

Eudoxia war die Kaiserin, die den Patriarchen Johannes in die Wüste schicken ließ, weil er ihre Putz- und Herrschsucht kritisiert hatte. Ihre Tochter Pulcheria ließ sich 414 an ihrem fünfzehnten Geburtstag zur Augusta ausrufen, legte das Jungfrauengelübde ab, und herrschte de facto für ihren kleinen kaiserlichen Bruder, da Eudoxia früh starb. Sie suchte ihm auch die Frau aus, hatte darin aber keine gute Hand.

Eudocia, die Frau des kleinen Kaisers, war zwar eine miserable Lyrikerin, ansonsten jedoch eine begabte Frau. Mindestens so herrschsüchtig wie ihre Schwägerin Pulcheria und darin nur von ihrer Schwippschwägerin übertroffen, der berühmten Galla Placidia, Schwester des Westkaisers Honorius, die einen Sohn hatte, der mit zwei Jahren schon Augustus und Cäsar wurde, weil Honorius keine Kinder wollte, und alsbald mit Eudocias ebenfalls zweijähriger Tochter Eudoxia verlobt wurde.

Die Geschichte der Galla Placidia (Entführung durch den Goten Alarich, Heirat mit dem Goten Athaulf) heben wir uns auf fürs nächste Buch.

Pulcheria stritt sich jedenfalls eine Weile mit Eudocia, dann zog sich eine von beiden zurück. Zum Glück wurde auch Eudocia nicht alt, so daß Pulcheria die Regierungsgeschäfte in Byzanz wieder übernehmen konnte, und Galla Placidia regierte im Westen für ihren kleinen Cäsar, bis sie in Ravenna ein berühmtes Grabmal bezog, das die Touristen heute noch anzieht. Auch Otto Seeck spricht abfällig von »Weiberherrschaft«, aber die Damen waren nur klüger und gewalttätiger als ihre Brüder, Söhne und Ehemänner.

Nicht einmal nach dem Tod ihres Bruders Theodosius II. konnte Pulcheria die Macht, die sie faktisch ausübte, auch offiziell übernehmen. Sie mußte, um an der Regierung zu bleiben, eine Josephsehe mit einem ältlichen Krieger eingehen, den sie als Augusta selbst mit dem Purpur bekleiden durfte.

In Byzanz hatte Kyrillos vor allem Rückhalt bei Pulcheria und ihrem Bruder Theodosius II., während er die Höflinge kaufen mußte. Ein halbes Jahrhundert zuvor hatte Athanasios noch behauptet, er sei ein armer Mann, als seine Gegner ihm vorwarfen, er sei so reich, daß er jedes Ziel erreichen könne. Theophilos kam 403 hoch mit den Schätzen Ägyptens beladen nach Chalkedon bei Konstantinopel, um die Synodalen zu bestechen. Als Kyrillos ein paar Jahre später zum Konzil nach Ephesos fuhr, hatte er eine halbe

Tonne Schmiergold im Gepäck, 117 elegante Teppiche und 32 Sessel aus Elfenbein, als Geschenke für die noch unentschiedenen Bischöfe.

Natürlich konnte man eine Frau wie Pulcheria nicht mit Geld kaufen. Sie konditioniert er, indem er behauptete, Nestorios verbreite das Gerücht, sie sei ihrem Keuschheitsgelübde nicht treu und habe einen Liebhaber. Doch gegenüber den Höflingen zeigte er sich spendabel, wobei er die Eunuchen, Kammerdiener und Zimmermädchen nicht vergaß, denn im vertrauten Verkehr des Schlafgemachs und des Ankleidezimmers, das wußte er, läßt sich ein Kaiser am wirksamsten beeinflussen, will sagen: Theodosius II. hörte auf jeden, der ihm den Hintern abwischte und den Tee brachte. Mit Geld wurden übrigens auch Demonstrationen des Volkszorns inszeniert, wie auf der sogenannten »Räubersynode«.

Kurz: Der Streit zwischen Kyrillos und Nestorius kostete so viel Schmiergold, daß Alexandria bei den Banken in Konstantinopel Kredit aufnehmen mußte. Warum das alles? Vordergründig ging es auch hier um eine theologische Frage. Wer war Maria? Verdiente sie die Bezeichnung »Gottesgebärerin« oder sollte man sie besser »christotókos« also Christusgebärerin nennen, weil Christus sowohl den göttlichen Logos als auch den vom Logos angenommenen Menschen bezeichnete?

Mit Stolz sagte ein ägyptischer Delegierter auf einer der ungezählten Synoden jener Jahre: »Es ist überflüssig, von den Bischöfen Ägyptens Rechenschaft über den wahren Glauben zu fordern. Allen ist klar, daß wir dem wahren Glauben folgen, den unser hochheiliger Vater, der Erzbischof Kyrillos aufgestellt hat.«

Das heißt, Alexandria nimmt den anderen Bistümern die Beichte ab, nicht umgekehrt. Im Kern ging es noch immer um die alte Konkurrenz der drei östlichen Hauptstädte.

Als Nestorius 435 definitiv abgesetzt und nach Ägypten verbannt wurde, stand Kyrillos auf dem Höhepunkt seiner Macht, drohte Alexandria Hauptstadt der Christenheit zu werden. Doch schon unter seinem Nachfolger Dioscuros brach alles zusammen, weil Pulcheria sich mit Leo dem Großen, dem Bischof von Rom verbündete und den Alexandriner verbannen ließ. In die Heimat schickte er ein Zeichen für sein Martyrium: ein paar ausgezupfte Barthaare und einige ausgeschlagene Zähne.

Kyrills heutige Sympathisanten meinen, daß ein Mann von solchem Format keine harmlose Philosophielehrerin umbringen läßt. Wenn überhaupt, hätten seine Sturmtruppen, die nitrischen Mönche und die Parabolani, über die Stränge geschlagen. Das ist albern. Alexander der Große hatte auch Format und ließ trotzdem seinen Hofchronisten zu Tode foltern, weil der sich nicht das Maul verbieten ließ.

Die Philosophielehrer hatten mehrfach die Wortführerschaft der griechischen Heiden in Alexandria übernommen, zum Beispiel während der Besetzung des Serapeions. Es lag also nahe, auch das Attentat auf Hypatia im Rahmen eines seelsorgerischen Gesprächs abzunicken, wenn sie, wie die Quellen es nahelegen, eine bekannte und einflußreiche Figur der griechischen Community war.

Der Aufstand des Heraklianus

Eine Blutspur der Intoleranz, der Anmaßung und der Arroganz der Macht zieht sich durch die ersten drei Regierungsjahre Kyrills in Alexandria, so daß sich der Begünstigung schuldig macht, wer behauptet, Kyrillos habe den Höhepunkt dieser Entwicklung nicht zu verantworten. Er war nicht einer dieser dummen Despoten, die nicht wissen, daß die Stärke eines Gemeinwesens auf seiner kulturellen Vielfalt beruht und daß homogene Systeme wegen geistiger Inzucht verkümmern. Er war ein Haupttäter.

Gezielt sucht Kyrillos sich vier Gegner aus, die leicht zu besiegen sind. Sokrates Scholastikus beschwert sich, daß er praktisch sofort die Kirchen der Novatianer plündert und beschlagnahmt und ihren Bischof, einen Theopemptus, absetzt. Die Novatianer waren die harmlosen Reste der Häretiker, die unter Bischof Melitius die Feinde der kyrillischen Vorgänger Petrus und Alexander waren, aber sie stellten längst keine Gefahr mehr dar. Sie waren eine überall respektierte rigoristische Sekte geworden, die unter den Verfolgungen durch die Arianer und zuvor durch die Heiden gelitten hatten wie die Orthodoxen.

Kyrillos schaltete sie aus, weil er sie für eine fünfte Kolonne des Patriarchen von Konstantinopel hielt und sie verdächtigte, seinen Gegner Thimotheus unterstützt zu haben. Also ein Racheakt und eine Maßnahme zur Festigung seiner Position.

Die nächsten drei Attacken fanden binnen weniger Tage oder Wochen im Frühjahr 415 statt – das Judenpogrom, der Versuch, den römischen Präfekten Orestes zu ermorden, und der Mord an Hypathia.

Die Hintergründe des Pogroms – eines der bekanntesten der Spätantike – sind relativ komplex: Der traditionelle Antisemitismus der Christen, der Versuch, die Stadt von »Fremdkörpern« zu säubern, Schwächung jeglicher Opposition, eine Art Regierungswechsel am Hof von Konstantinopel, sind die wichtigsten Motive des Erzbischofs.

Wie stets, ist auch Kyrills Antisemitismus eine Melange von machtpolitischen Zielvorstellungen und paranoiden Zwängen. Seine Äußerungen über die Juden belegen das. Sie seien »nutzlos, blind, unverständig« und »verblödet«. Sie sind »dümmliche Gottesleugner, die Mörder unseres Herrn, Ungläubige, Feinde der Religion.«

Alle vier orthodoxen Patriarchen hatten die Juden in Verdacht, mit ihren jeweiligen Gegnern unter einer Decke zu stecken – egal ob römische Beamte, christliche Häretiker, griechische Heiden oder

Ausländer – und wären längst über sie hergefallen, wenn das politisch machbar gewesen wäre. Das Christentum, das ab 300 für den größten Teil der Menschheit eine Bedrohung war, hat sich an der Macht gehalten, weil es sich für eine stets bedrohte Minderheit hielt.

Es waren kaiserliche Gesetze, die die Verfolgung der Heiden in erträgliche Bahnen lenkten und den Juden einen gewissen Rechtsstatus gaben, wenn auch keine Gleichheit, und Attacken auf ihre Gotteshäuser verboten. Erst unter Kyrillos wurde die staatliche Habeas-Corpus-Garantie allmählich schwächer.

Pulcheria, die große Schwester der Kaisers, war seit Juli 414 der neue Stern am Kaiserhof. Sie war selbst eine fanatische Christin und Judenhasserin und ernannte einen Veteranen ihres Großvaters zum neuen Regierungschef, einen gewissen Aurelian, der schon dafür gesorgt hatte, daß ihre Mutter, die ältere Eudoxia, zur Augusta (Kaiserin) ernannt wurde. Aurelian bekundete seinen Antisemitismus, indem er in Konstantinopel eine Kirche für den heiligen Sebastian erbauen ließ – den ersten Märtyrer nach Christus überhaupt und den ersten, den angeblich die Juden gelyncht hatten.

Sokrates' Bericht legt nahe, daß Kyrillos nur die Gelegenheit ergriff, die sich durch den kaiserlichen Richtungswechsel ergab. Den Anlaß und den Verlauf des Judenpogroms kennen wir. Die Folgen wurden oft falsch dargestellt. Auch nach dem Pogrom gab es in Alexandria eine jüdische Gemeinde, so wie es nach dem Tod Hypatias weiterhin Griechen und Heiden gab.

Anzunehmen ist, daß Kyrillos mit seinen Machenschaften vor allem zwei Ziele verfolgte. Die Zerstörung der kulturellen Identität der Juden und Griechen war ihm wichtig, aber sein eigentlicher Gegner war der römische Präfekt Orestes. Solange der das Reich vertrat, war die christliche Hegemonie nicht sicher.

Orestes war »sehr betrübt« über die Vertreibung der Juden, und »die Methoden des Patriarchen erfüllten ihn mit großer Empörung«, heißt es bei einem Verfasser. Das war noch vorsichtig gesagt, denn die Art, wie Kyrillos vorging, war auch ein Affront gegen den kaiserlichen Statthalter, der seit Pulcheria und Aurelian in der Hauptstadt keinen großen Rückhalt mehr hatte.

Ich weiß nicht viel über Orestes und warum Kyrillos ihn derart brüskieren konnte. Die ersten Jahre Kyrills als Patriarch werden in der Literatur nicht groß behandelt. Seine Größe sieht die katholische Kirche in seinem Sieg über Nestorius, den Patriarchen von Konstantinopel, in der Marienfrage. Die Aufwertung und Vergöttlichung Marias ist nicht, wie manche behaupten, ein politisches Ziel des 19. oder der Polen des späten 20. Jahrhunderts. Sie beginnt bereits in der Spätantike.

Manche sehen den Grund für die Schwäche des Orestes im Aufstand des Heraklianus, der in manchen Listen sogar als Kaiser geführt wird. »Heraclian, der Stilicho ans Messer geliefert hatte«, schreibt Seeck, »war für diesen Henkerdienst mit dem Oberbefehl über die africanischen Provinzen belohnt worden. Auf die Dankbarkeit des Kaisers (Honorius) vertrauend, hatte er hier in der rücksichtslosesten Weise seinen Beutel gefüllt.«

Nordafrika war Hauptgetreidelieferant für Italien und Gallien, wo auch die Wisi-Goten auf ihr Korn warteten, und als Ravenna ihm Vorhaltungen wegen der Ausplünderung Karthagos machte, hielt er kurzerhand die Getreidelieferungen zurück. Als im Sommer 413 das römische Heer nach Gallien zog, eskalierte der Konflikt. Heraclian landete mit 3700 Schiffen (eine Null abziehen) vor Rom und marschierte auf Ravenna. Rom interessiert ihn weniger. Der Ort war schon seit Kaiser Diokletian nicht mehr die ewige römische Hauptstadt, und seit Honorius war Ravenna die Residenz.

Der Usurpator kam nicht weit. Bei Ocricoli an der Via Flaminia in Umbrien wurde er aufgerieben. Man spricht von 50000 Toten. Seeck: »So verfügte der Kaiser (Honorius) wieder über die reiche Kornprovinz Karthago.« Man versteht die ungezählten Aufstände,

Thronstreitigkeiten, Kriege überhaupt nicht, wenn man nicht wahrnimmt, daß es sich immer um Verteilungskämpfe handelt – zwischen den diversen Provinzen, zwischen den Reichsvölkern und den Grenzvölkern, zwischen den sozialen Klassen. Auch Alexandria kabbelte sich mit Konstantinopel und Rom, weil Ägypten nicht immer nur ausgebeutet werden wollte. Man wollte den Spieß auch mal umdrehen.

Der Aufstand des Heraklian also, und manche behaupten auch, Orestes habe an jenem Tag im Theater von Alexandria, als Hierax die Juden provozierte und dafür von Orestes noch im Theater öffentlich abgestraft wurde, den Sieg Heraklians bekanntgeben und sich selber zum Herrscher Afrikas ausrufen wollen, jedoch quasi in letzter Minute die Nachricht vom Tod des aufständischen Getreidelieferanten erhalten und habe nun seinerseits fürchten müssen, von Pulcheria als Verräter geköpft zu werden. Diese Gelegenheit habe Kyrillos genutzt, um Orestes zu zeigen, wer wirklich über Alexandria herrschte.

Eine klassische Tragödie

An dieser Stelle ist es nötig, die von Johannes von Nikiusi unterschlagenen Gründe für die Hinrichtung jenes nitrischen Asketen Ammonius nachzutragen, der, kaum tot, von Kyrillos schon zum heiligen Märtyrer erklärt und in den Sarkophag Alexanders des Großen gelegt wurde, während die zerfledderte Mumie im Abfallkübel verschwand.

Dahinter verbirgt sich ein Ereignis, das bis dahin keiner für möglich gehalten hätte. Der Erzbischof von Alexandria hat versucht, den römischen Statthalter zu ermorden. Orestes hat sich wegen des Pogroms an seine Regierung gewandt, und die hat ihn abschlägig beschieden. Pulcheria und Theodosius II., fühlten sich angeblich nicht dazu befugt, einen christlichen Erzbischof zu rügen, aber vermutlich hatte Kyrillos in ihrem Sinne gehandelt. Kyrillos versucht nun den Statthalter loszuwerden.

Die Quellen nennen keine Daten, aber es macht sich gut, die Kette der Ereignisse im Sinne der klassischen Tragödie abzuhandeln. So hätte Schillers Tragödie aussehen können mit einem Schuß Brecht.

Hypatia Mord in Alexandria

Tragödie im Stil Schillers (mit einem Schuß Brecht)

Ort und Zeit der Handlung: Die ägyptische Hauptstadt Alexandria, vier Tage im März des Jahres 415 nach Christus. Fünf Akte. 1 D, 4 H, 3–4 Chargen (m), etliche Komparsen (w und m).

ERSTER AKT: Die berühmte Philosophin Hypatia im Auditorium ihres Hauses. Sie hat soeben eine ihrer freigeistigen Vorlesungen gehalten, Tenor: »Ich kann es nicht mehr hören, der da ist Grieche, der Ägypter, der Jude, der Christ, der Homousianer, der Origenist. Wir machen uns mitschuldig an der Gemeinheit, wenn wir diese demagogischen Kategorien benutzen.« Nun steht man noch eine Weile beisammen und plaudert.

Hypatia ist der strahlende Mittelpunkt der liberalen, weltoffenen Bürger von Alexandria. Juden, Christen, Heiden versammeln sich in ihrem Haus, jeden Freitagnachmittag um fünf, vereint in den geistigen Idealen der Antike, des alten und des neuen Testaments. Hier sind auch Häretiker willkommen. Der Stadtpräfekt, ein Karrierebeamter namens Orestes und Christ von Amts wegen, beehrt die noble Versammlung mit seiner Anwesenheit.

Nur Hypatias Mitarbeiter Hierax steht abseits, wie üblich entsetzt über die geistigen Freizügigkeiten. Er ist überzeugter Christ und warnt die Anwesenden vor der ewigen Verdammnis, wird aber nur mit mildem Spott bedacht. Hierax ist an Hypatias Philosophikum zuständig für wissenschaftliche christliche Theologie und wird deshalb von vielen nicht ganz ernst genommen.

Später Hypatia und Orestes alleine. Hierax lauscht. Orestes verehrt Hypatia. Er wird sich deshalb aus Protest gegen die antisemitische und antiheidnische Politik der neuen Kaiserin Pulcheria zum Gegenkaiser von Ägypten ausrufen lassen. Schon am nächsten Tag beabsichtigt er, im Theater eine Erklärung zu verlesen, daß unter seiner milden Herrschaft alle Menschen gleich sind. Hypatia rät ab. Am Schabbat sind traditionell viele Juden im Theater. Seine Proklamation könnte als einseitige Stellungnahme zugunsten der Juden mißverstanden werden.

Zur gleichen Zeit, nur ein paar Häuser weiter, hat auch der Patriarch Kyrillos seinen Jour fix, umgeben von schmallippigen Asketen und Prälaten mit wulstigen Lippen. Dezent geschminkte Novizen tragen auf. Ein soeben angekommener Diplomat aus Konstantinopel berichtet von den neuesten Stimmungen am Kaiserhof.

Hierax kommt herein, sehr erregt, und beschreibt das Treffen im Haus der Philosophin. Aus seinem Bericht müssen wir schließen, daß ein Aufstand bevorsteht. Juden und Heiden versuchen, mit Hilfe des Präfekten, den Erzbischof aus der Stadt zu vertreiben und einen häretischen Patriarchen zu unterstützen. Die Asketen sehen bleich aus, der Diplomat lächelt amüsiert, und Kyrillos beruhigt seinen Hofstaat. Er schickt Hierax zurück zu Hypatia und ermahnt ihn aber, Augen und Ohren offen zu halten. Später sendet er Boten ins Serapeion zu den Mönchen, sich am nächsten Tag bereitzuhalten.

ZWEITER AKT: Nächster Tag, um die Mittagszeit. Seminarraum in Hypatias Haus. Nach und nach treffen einige Schüler ein. Die Stadt ist voller Mönche. Sie treiben sich in den Straßen herum und terrorisieren die Bürger. Drei Schüler waren am Vormittag im Theater und berichten. Es seien überraschend viele Christen dort gewesen, auch solche, die öffentliche Lustbarkeiten ablehnen. Als der Appell des Präfekten zur Toleranz und Völkerverständigung verlesen worden sei, habe Hierax den Vortrag gestört. Alles weitere erfahren wir in der Rückblende. Hierax dirigiert christliche Sprechchöre gegen Juden, Griechen und den Präfekten und ein Hoch auf das geschwisterliche Kaiserpaar in Konstantinopel. Es kommt zu Prügeleien.

Hierax kommt humpelnd herein. Orestes hat ihn auspeitschen lassen. Die Juden und Griechen haben gejubelt. Orestes hat seine Ansprache beendet und ist im Triumph in seinen Palast zurückgekehrt. Hierax sagt: Wenn das seine Toleranz ist.

Hypatia ist entsetzt. Sie läßt sich sofort zu Orestes tragen und stellt ihn zur Rede. Orestes schwelgt im Triklinium. Er bespöttelt sie. Hierax ist nur ein Sklave. Hypatia verteidigt die Menschenrechte der Sklaven. Sie scheiden im Streit.

DRITTER AKT: Früher Morgen des dritten Tages, ein Sonntag. Abwechselnd Orestes und Hypatia, Simultanbühne, beide lassen sich berichten. Es ist in der Nacht zu blutigen Zusammenstößen zwischen Christen und Juden gekommen, mit Verwundeten und Toten. Die Juden haben angeblich die Christen angegriffen, ermuntert durch den Auftritt des Präfekten im Theater, aber die Christen haben schon die Oberhand gewonnen. Momentan sind sie dabei, die Synagogen zu schänden, die Häuser der Juden zu plündern und sie aus der Stadt zu deportieren.

Hypatia betritt den Balkon ihres Hauses am Marktplatz. Draußen ihre Anhänger. Sie hält eine ihrer besonnenen Reden. Sie verurteilt eventuelle Übergriffe der Juden, tadelt die Bestrafung des Hierax, wettert gegen die Vertreibung der Juden. »Wir müssen lernen, miteinander umzugehen, das Gespräch suchen. Gewalt ist kein Mittel der Politik.«

Mönche und Parabolanen, Ägypter, Fischweiber, Bauern etc. drängen sich dazwischen, werfen Tomaten. Der Konflikt nimmt nationalistische Züge an. Sprechchöre: »Wir sind das Volk!« »Ich bin ein Ägypter!«

Derweil läßt Orestes in seinem Haus den Diplomaten kommen. Er wirft ihm vor, daß an dem Pogrom die neue antiheidnische Regierungspolitik schuld sei. Wer Tempel schließen läßt, provoziert Unruhen. Er befiehlt, die Garnison zu wecken und sich auf dem Marktplatz einzufinden. Der Diplomat widerspricht nicht und geht. Orestes läßt sich einkleiden und verläßt mit seiner Leibwache den Palast.

Auf dem Weg zum Markt einige Mönche, die Steine werfen. Orestes läßt den Anführer herausgreifen. Es ist Ammonius, ein Mönch aus der Nitria. Er weigert sich, seinen Auftraggeber zu nennen, und verwünscht den Präfekten. Orestes läßt ihn auf dem Marktplatz wegen Majestätsbeleidigung kreuzigen. Die Heimholung der Juden wird auf den nächsten Tag verschoben.

VIERTER AKT: Vormittag des vierten Tages. Wieder abwechselnd Orestes und Hypatia, Simultanbühne, beide lassen sich berichten. Parabolanen haben nach Einbruch der Dunkelheit die Leiche des Gekreuzigten geborgen, durch die Stadt getragen und anschließend im Sarg Alexanders des Großen im Hof der Athanasios-Kirche beigesetzt. Die Mumie des Stadtgründers auf den Misthaufen geworfen. Kleriker, Mönche, Hafenarbeiter, Fackeln und die halbe Stadt auf den Beinen.

Hypatia tief betroffen. Die Stadt ist in Aufruhr, genau was sie befürchtet hatte. Orestes tobt und gibt Befehl, erneut die Garnison in Marsch zu setzen, um die Totenruhe des großen Alexander wieder herzustellen und Kyrillos für den Frevel zur Rechenschaft zu ziehen. Der Diplomat suspendiert ihn von seinem Amt, bis neue Weisungen aus der Hauptstadt kommen.

Orestes in Verkleidung alleine bei Hypatia. Es ist Abend. Sie essen zusammen. Er bittet sie um Rat. Hypatia hält ihm einen Vortrag. Der Mensch ist gut, aber nicht klug. Er ist leicht verführbar. Es ist die Aufgabe der Politik, seine Schwächen zu berücksichtigen und ihn auf den rechten Weg zu führen. Sie zitiert Platon. Sie versteht was von Platon. Sie ist Platonikerin. Sie wird versuchen, Orestes mit Kyrillos zu versöhnen, um den Frieden in Alexandria wiederherzustellen. Orestes bleibt sicherheitshalber über Nacht.

Am nächsten Morgen: Hypatia unausgeschlafen beim Frühstück. Sie hat die ganze Nacht Plotin und Origenes gelesen, um auch die Christen zu verstehen. Sie erklärt Orestes, was sie gelernt hat. Auch die Christen sind im Grunde Platoniker. Es gibt keine unüberbrückbaren Gegensätze zwischen Heiden, Juden und Christen. Orestes dagegen ausgeschlafen, schon wieder ganz Soldat und Haudegen. Er möchte am liebsten dreinschlagen und die öffentliche Ordnung wiederherstellen. Mit der ganzen Strenge des Gesetzes vorgehen. Hypatia erinnert ihn daran, daß er momentan suspendiert ist, und schickt Hierax zum Haus des Präfekten, seine Leibgarde holen.

Später Hypatia im erzbischöflichen Palais. Gespräch mit Kyrillos, der auch gerade aufgestanden ist und seine Hände in Unschuld wäscht. Kyrillos ist weitläufig mit ihr verwandt. Er versteht das Volk, das die Juden vertrieben hat und über die Ermordung des Ammonius empört ist. Er fragt spöttisch, ob Hypatia es gutheißen könne, wenn Orestes einen harmlosen Steinewerfer kreuzigen läßt. Er spielt auf die Putschpläne des Präfekten an. Er läßt sich zum Hochamt kleiden. Er wird eine Messe für den neuen Märtyrer lesen. Hypatia fordert ihn auf, sich mit Orestes zu versöhnen. Kyrillos lenkt ein. Er schickt sie zu Orestes.

Hypatia bei Orestes. Sie bittet ihn, zum Zeichen der Aussöhnung an der Messe in der bischöflichen Kathedrale teilzunehmen. Orestes willigt ein.

FÜNFTER AKT: Am späten Vormittag. Messe in der Theanos-Kathedrale. Orestes exponiert neben dem Altar in einem Sessel. Kyrillos hält eine flammende Rede gegen die Mörder des heiligen Ammonius, betont aber, daß die Kirche jedem vergibt, der seine Sünden gesteht und bereut. Er reicht Orestes die Heilige Schrift. Orestes stutzt und weist das Buch zurück. Wenn er die Bibel annimmt, so wird die ganze Stadt glauben, er habe sich der Herrschaft des Patriarchen unterworfen. Kyrillos betet für ihn.

Ende der Messe. Der Präfekt verläßt als erster das Gotteshaus. Draußen erwarten ihn fünfhundert erregte Mönche, Krankenwärter und anderes Volk. Sie beschimpfen ihn als Heiden und Antichrist und bewerfen ihn mit Steinen. Die Leibwache flieht. Vergeblich beteuert Orestes, er sei ebenfalls Christ. Er wird getroffen und fällt zu Boden. Die Menge wirft sich auf ihn. Plötzlich ist Hierax da und gebietet Einhalt. Schüler Hypatias retten Orestes mit Waffengewalt. Kyrillos verläßt die Kirche durch das Hauptportal und gibt der Menge ein Zeichen. Die Menge lyncht Hierax.

Hypatia im Salon des Präfekten. Orestes kommt blutend herein. Er wirft ihr vor, sie in eine Falle gelockt zu haben. Sie widerspricht ihm und eilt davon, um Kyrillos zur Rede zu stellen. Auf dem Marktplatz wird sie von der Menge eingekesselt. Sie beginnt zu reden. Links der Palast des Patriarchen, rechts der Palast des Präfekten, geradeaus ihr eigenes Haus. Die Menge zerrt sie aus der Trage und verschleppt sie.

Orestes in seinem Arbeitszimmer. Der Diplomat tröstet ihn. Auftritt Kyrillos. Er berichtet, was die entfesselte Menge mit Hypatia gemacht hat. Auf den Stufen des Kaisarion entkleidet, in der Kirche zerfetzt, die Leichenteile durch die Straßen getragen. Momentan werden ihre sterblichen Reste auf dem Kinarion am Hafen verbrannt, dort wo der Pöbel fünfzig Jahre zuvor auch den häretischen Patriarchen Georg von Kappadozien verbrannt hat. Er wird für sie eine Messe lesen, obwohl sie Heidin war. Orestes wird nichts passieren, wenn er sofort die Stadt verläßt. Im Hafen wartet das wöchentliche Schiff nach Konstantinopel. Orestes ab.

Kyrillos und Diplomat alleine. Man erörtert das Schicksal. Alles sehr bedauerlich. Diplomat will gehen, das Schiff fährt gleich ab. Kyrillos lädt ihn ein zu bleiben. Jetzt, da der Platz des Präfekten vakant ist. Er wird gleich seinen tüchtigen Neffen zu Pulcheria nach Konstantinopel schicken, damit er dort alles berichten kann. Der Diplomat probiert schon mal den Schreibtischstuhl. Kyrillos lächelt. Der Salon füllt sich mit fetten Prälaten und asketischen Mönchen. Von draußen Hochrufe.

Vor dem Haus der Hypatia. Schüler beladen einen Möbelwagen mit Habseligkeiten, Schriftrollen. Sie verteilen Hypatias Bücher und Schriften. Die Philosophen verlassen die Stadt. Sie reden über mögliche Reiseziele: Jerusalem, Antiochia, Byzanz, Athen, Cordoba, Rom, Bordeaux, London. Auch viele Griechen wollen die Stadt verlassen.

Vorhang.

SPURENSUCHE IN ÄGYPTEN

Zeus in Windeln

Ruhiger Flug, mieses Essen. Oben Sonne, unten Dunst. Typisch goldener Oktober. Ein Inselchen, vage. Zypern, Kreta? Hätte gerne den Berg von oben betrachtet, wo Zeus in Windeln lag.

Dann langer Küstenstreifen, aber immer noch nichts zu erkennen. Kein Pharos vor Alexandria, kein Abukir, kein kanopischer Nilarm, nichts, nichts von dem, was die berühmten Reisenden beschrieben haben. Menelaos, Denon.

Jetzt Land unter. Glitzernde Rechtecke. Vermutlich bewässerte Felder. Dörfer und kleine lehmfarbene Städte, scheinbar ohne Vegetation. Wie tot alles, wie verlassen, zerfallen.

Wer wohnt da unten? Die »aigyptioi«, wie die Griechen sie nannten? »Die Abkömmlinge der Pharaonen«, wie die Araber sie nannten? Die Leute, die irgendwann in den ersten Jahrhunderten nach Christus Christen wurden? Hypatias Mörder, die vor tausenddreihundert Jahren zum Islam konvertierten? Durch die Religionsgeschichte eine Kette von Vertierungen. Erstaunlich, wie oft die Menschen schon konvertiert sind. Sie vertieren gerne, sofern es nur den Verstand kostet. Hauptsache sie können nachbeten.

Welcome to Egypt

Der Flughafen liegt in Heliopolis, einem nordöstlichen Stadtteil von Kairo. Für die Einreise braucht man einen Reisepaß und ein Visum. Der Paß interessiert keinen, das Visum wird von den Banken am Flughafen verkauft. Ich klapperte alle fünf Banken ab, aber jede verlangte den doppelten Tarif für das Visum.

Es ist diese Willkür, die mir jede Reise vergällt. Die Informationen der Tourist-Büros, der Botschaften und der Reiseführer stimmen nicht, die Einheimischen machen, was sie wollen, und man versteht sie nicht.

In der Halle: stickig, laut, Gedränge. Männer in verbeulten Anzügen schrien mich an, versuchten mir den Koffer und die Reisetasche zu entreißen, aber ich hielt mich an meine Anweisungen.

»Geben Sie Ihren Koffer nicht aus der Hand! Nehmen Sie kein Taxi! Warten Sie auf unseren Fahrer«, hatte der Portier des »Windsor«, den ich von Stuttgart aus anrief, mir geraten. »Warum das?« – »Sie werden kein Taxi finden, das Sie in unser Hotel fährt. Sie wollen doch bei uns absteigen?« – »Wenn Ihr Hotel keine Absteige ist.« – »Monsieur! Also steigen Sie zu niemand ins Auto.« – »Warum nicht?« – »Kein Auto. Der Fahrer verkauft Sie an einen Hotelschlepper, und der bringt Sie zu einer Absteige, wo Sie den doppelten Preis zahlen.«

Vor der Halle Staub, Hitze, noch mehr Gedränge, Taxifahrer, Hotelschlepper, Gepäckträger, und alle redeten auf mich ein. Ein dunkelhäutiger Mann mit randloser Brille, Stoppelhaarschnitt und Dreitagebart hielt ein Schild hoch, auf dem mein Name stand. Er bewegte sich träge, gelangweilt, arrogant. Er war um die vierzig, etwa einssiebzig groß, dünn, trug Jeans, Turnschuhe, ein schwarzes T-Shirt.

»Welcome to Egypt«, sagte er leise, »my name is Sayed.« Sein Wagen war ein Patchwork aus diversen Automarken unterschiedlichen Alters, aber gewienert, und an seiner Windschutzscheibe hing ein Kreuz und neben dem Balkensepp ein kleiner roter Feuerlöscher. Das Ensemble überzeugte mich.

Wir bretterten über eine breite Straße voller Schlaglöcher und Klapperkisten in Staubwolken. Je ärmer das Land, desto rasanter die Autos. »Das dauert noch gut hundert Jahre, bis das hier klappt mit der Globalisierung«, dachte ich bei mir und genoß das Dasein. Kleinbusse voller Menschen, große Busse mit noch mehr Menschen, hupende Limousinen, ein rasender Autofriedhof. Dazwischen gravitätische Nobelkarossen diverser nationaler Provenienzen. In der Mitte staubige Palmen, links und rechts Paläste, davor Uniformierte, Fahnen, Spruchbänder über dem Boulevard.

Wir fuhren und fuhren, und irgendwann verließen wir plötzlich den Boulevard, bogen in die Dämmerung eines Quartiers grauer hoher Häuser ein, in eine enge Gasse voller Stoßkarren, fliegender Händler, Patchworklimousinen, vollgepackter schmächtiger Esel, einspänniger, einrädriger Pferdefuhrwerke, überquellend von riesigen schwarzen Müllsäcken aus Plastik, Männer im Kaftan, Verkaufsstände, Stühle an den Straßenrändern, auf denen Männer saßen, gemächlich dahinschlendernder älterer Herren in europäischen Anzügen, Bettler, Schuhputzer, schreiender Knaben.

Vor uns fuhr eine Zeitlang ein zerlumpter Junge auf einem Fahrrad, der ein riesiges Brett auf dem Kopf balancierte, auf dem runde Brote hoch aufgetürmt waren.

»Kairo ist eine Stadtkrake«, steht im Dumont-Reiseführer.

Ich gab Herrn Sayed die vereinbarten fünf US-Dollar und noch einen drauf und sagte: »Falls ich Sie noch mal brauchen sollte.« Er blieb cool. »Of course. I bring you everywhere. You want to go to Alexandria? You find me in the Teahouse.« Er gab mir seine Karte. Er hatte Handy und E-Mail.

Hotel Windsor, früher Nachmittag

Nackt. Halbschatten. Ein hohes geräumiges Zimmer, alte Möbel, französisches Bett, Bad mit Toilette und Dusche, alles verwohnt und muffig, aber nicht billig. Ich hängte die Anzüge in den Schrank, zog mein Bargeld aus dem schmalen Geldgürtel, stopfte es in die Abendschuhe und steckte den Schuhspanner wieder hinein. Ich zog mich aus und schaltete die Klimaanlage an. Sie war zu laut. Das Abdeckgitter fiel herab und hüllte das Zimmer in eine Staubwolke.

Ich tastete mich durch das Dunkel, schaltete die Anlage aus, zog die Talbert-Portiere vor dem Fenster zur Seite, warf den Kimono über und öffnete die Flügeltür. Vor dem Fenster ein winziger Balkon, auf dem ein klapperndes Gebläse stand, das zum Nachbarzimmer gehörte. Die Straße nicht asphaltiert, zugeparkt, auf der anderen Seite ein großes Teehaus, eine Frau, in bunte Tücher gehüllt, wie eines der Hippie-Mädels der sechziger Jahre, schwebte durch die Gasse mit ausdruckslosem Gesicht und halbgeschlossenen Augen, teilnahmslos und starr, träge und gelangweilt, ohne einen Blick für irgend etwas, wie eine versteinerte Mumie.

Ich sah auch Sayed und winkte ihm zu. Er saß da mit zwei dicken Männern und einer Wasserpfeife und schien mich nicht zu bemerken. Die Blinde hielt ihm die Hand hin. Er nahm etwas vom Tisch und gab es ihr.

Das »Windsor« ist ein nostalgisches mehrstöckiges Gebäude im britischen Stil des späten 19. Jahrhunderts, das man durch eine Metallschleuse betritt. Die Fassade stark verschmutzt, in der kleinen Halle Fotodrucke von Alpenlandschaften. Neben der unaufgeräumten Rezeption ein vergitterter Fahrstuhl. Zwei hagere Schwarze in roten Dienstjacken warteten auf Botengänge.

Der Portier ist ein parfümierter Fettsack um die dreißig. Er trägt ein elegantes rosa Seidenhemd. Er sagt spöttisch: »Bonjour, Monsieur. Do you speak English? My name is George.« Er reicht mir eine kleine fleischige Hand.

Bevor er den Schlüssel rausrückt, versucht er mir eine kleine Busfahrt nach Giza anzudrehen. »Only twentyfive pounds.« Ich sage: »I never buy souvenirs.« Er sagt: »Sie kaufen nichts. Sie schauen sich nur die Pyramiden an.« Ich bitte ihn, die Adresse des koptischen Patriarchats rauszusuchen. Er blättert in Papieren, und ich weiß nicht, ob er mich verstanden hat.

Die Metallschleuse heult wie eine Alarmsirene, ein großer, dicker Beduine im schneeweißen Kaftan betritt das Hotel, keiner beachtet ihn. Die Fahrstuhltür fliegt klappernd zu, das Telefon läutet, George fragt, ohne den Kopf zu heben:

»Was wollen Sie im Patriarchat?« – »Gespräche führen.« – »Gespräche? Worüber?« – »Die Geschichte der koptischen Kirche.« – »Fragen Sie mich, ich bin Kopte.« – »Sie sind Kopte?« – »Das ganze Hotel ist koptisch.« Ich betrachte die zwei Neger und frage: »Und der Beduine eben?« – Er sagt: »Bis auf die Dienstboten natürlich.« Ich sage: »Geben Sie mir das Patriarchat, das reicht mir.« Er: »Je ne regrete. I can't find it.« – »You find it tomorrow?« – »Peut etre. When you come back from the pyramids.«

Der alte Hotelboy in der roten Jacke schließt die Fahrstuhltür. Er sagt: »Welcome to Egypt, Mister.« Er dreht an der Kurbel. Er hat schwarzes, krauses Haar und ist etwa fünfzig. Er hat ein schönes ebenmäßiges Gesicht. Er ist freundlich. Ich gebe ihm ein Pfund. Langsam holpern die Stockwerke an uns vorbei. Eine Bar in einer dämmrigen Lobby mit Polstersesseln, ein großer Raum, in dem gebügelt wird, von Neonlampen grell beleuchtet.

Der Fahrstuhl hält hüpfend in einem großen dunklen Raum. Ein schmächtiger Page springt auf, und ein dicker Beduine kommt aus einer Ecke geschlurft. Sie öffnen mein Zimmer, sie erhalten jeder fünfzig Piaster. Meine Devise: Bei der Ankunft reichlich Tip geben, dann liegen sie dir zu Füßen.

Ich reiße mir die Sachen vom Leib, werfe mich aufs Bett, und auf einmal weiß ich, daß es mir nicht gelingen wird, auch nur einen Kopten zu finden, der davon gehört hat, daß seine Glaubenskrieger vor 1500 Jahren daran Gefallen fanden, eine berühmte griechische Philosophin namens Hypatia zu lynchen, wenn ich nicht nach Giza fahre, was ich sowieso vorhatte. Kein Mensch würde mir verzeihen, wenn ich nach Ägypten fahre, um Hypatias Mörder zu suchen, ohne die Cheops-Pyramide von innen gesehen zu haben.

Abendessen

Gemischter Salat, gebratene Täubchen mit gedünstetem Gemüse, dazu ein milder Rotwein, in einem preiswerten schlichten Lokal namens »Mohamed Bey« ohne touristischen Mumpitz. Große Räume, hohe, weiße Wände, kaum Gäste, viele Kellner, keine Belästigungen, und vor allem: keine Musik. Eine Wohltat. Ich hasse beim Essen das rhythmische Gewummer, Gezische und Geflutsche, das einem in deutschen Restaurants den Appetit verdirbt.

Anschließend Spaziergang durchs europäische Viertel bis zum Nil. Alle Geschäfte noch spät geöffnet und die Straßen voller Flaneure. Die Männer tragen zumeist sauber gebügelte Hosen und kurzärmelige Oberhemden, die Frauen langärmelige Blusen ohne Ausschnitt und Röcke bis Wadenmitte oder Hosen. Nicht wie bei uns, wo die halbe Menschheit an heißen Abenden halbnackt rumläuft. War angenehm berührt und nahm zwei Bourbon auf Eis in der Panorama-Bar im 30. Stock des »Ramsis-Hilton«. Schaute auf das endlose Glitzerding zu meinem Füßen und überlegte, wie ich den Taxifahrern entgehen wollte, die vor dem Hotel auf mich lauerten.

An einem Platz namens »Talat Harb«, wo ich den Stadtplan aufschlug, sprach mich ein höflicher junger Mann in tadellosem Englisch an: »What are you looking for?« Er fragte mich, ob mir Kairo gefalle, woher ich käme, und behauptete, einen Schwager in München zu haben. Zu spät erkannte ich, daß er mich zu einem Laden für Parfumessenzen schleppen wollte.

Er wurde aufdringlich, »come and visit my shop«, lief mehrere Blocks weit neben mir her, versuchte mich festzuhalten und ließ sich erst abwimmeln, als ich versprach, am nächsten Abend wiederzukommen und seinen Shop zu besichtigen.

Sehr ärgerlich, vor allem über mich selbst. Beim Einbiegen in die Windsor-Gasse lief ich einem Kellner in die Arme, der aus dem Teehaus kam. »Come in!« rief er, »come in!« Ich beugte mich zu Sayed hinunter und sagte: »Tell him, I come tomorrow.« Er wedelte den Kellner mit einer Handbewegung weg und fragte mit halbgeschlossenen Augen: »How are you?« – »Fein. Würden Sie mich morgen zum koptischen Patriarchat fahren?« – »Warum?« fragte er. »Ich suche einen Gelehrten, der sich in Religionsgeschichte auskennt«, sagte ich. »Ich bin eine Art Detektiv.« Er fragte: »You know where it is?« – »Nein«, sagte ich, »ich dachte, Sie wissen es.« – »Everybody knows«, sagte er. »I was kidding. Um wieviel Uhr?«

Er verfiel wieder in Lethargie, und ich kam mir komisch vor, aber vielleicht hatten sie im Patriarchat ja eine Art Gauckbehörde, die sich mit den Verbrechen der ägyptischen Kirche beschäftigte, oder sie wußten wenigstens, ob es noch Aufzeichnungen über den Fall gab, vielleicht draußen in einem der zahllosen Klöster im Wadi Natrun, wo der heilige Kyrill und seine blutrünstigen Mönche ihren Winterurlaub verbracht hatten.

Wir verabredeten uns auf neun vor dem Hotel, und ich umging die Metallschleuse.

Ich trank noch zwei Bier in der Lobby und schaute einigen Ägyptern beim Saufen zu. Sie scheinen nicht viel zu vertragen. Lektüre: Christopher Haas, »Alexandria in late antiquity«. Auf dem

Klo stand plötzlich ein dicker, stark parfümierter junger Mann neben mir. Es war der Portier George. »You still want to see our pope?« – »Not the pope, but some expert in historical matters.« – »It's not possible.« – »Why not?« – »You wouldn't find it.« – »Ich finde es«, sagte ich. »I'll take a cab.«

Warum so früh?

Bis weit nach Mitternacht der Lärm aus dem Teehaus: Stimmengewirr, das Geklapper der Brettspiele, und ewig brüllen die Autos auf dem »Boulevard des 26. Juli«, zwei Blocks entfernt. Mir träumte, ich ging mit Sayed auf einen kahlen, gelblichen Tafelberg. Auf dem Berg stand ein großes Kloster. Neben dem Portal hing eine große Messingtafel. »Sind wir hier richtig?« fragte ich. El Sayed wies mit dem Finger auf die arabische Inschrift und deklamierte: »Seine Heiligkeit der Papst von Alexandrien und Patriarch des Stuhles vom heiligen Markus.«

Er lachte. »Old bullshit!« Er zog an einem Seil. Drinnen bimmelte eine Kuhglocke. »Open the door, old bullshit!« Niemand öffnete.

Es dämmerte, als ein entsetzlicher Schrei mich aus dem Schlaf des Morgengrauens riß. Ein zweiter Schrei mischte sich ein, und das Hin und Her der Schreihälse nahm kein Ende. Offensichtlich die Muezzine von zwei verfeindeten Gotteshäusern. Ich lief gleich runter und überzeugte mich davon, daß sie tatsächlich an jedem zweiten Haus ihre Lautsprecher aufgehängt hatten. Nur die Moscheen fand ich nicht. Befinden sich vermutlich in irgendeinem Hinterhof zwischen Backstube und Spazierstockdreherei.

Die Gasse leer, bis auf die alte Frau in Hippiekleidern und Sayed mit seiner Wasserpfeife. Die Frau schwebte auf mich zu, und mich fröstelte. Sie blieb stehen, als sie mich sah, so daß ich tief in ihr Gesicht schauen konnte, und ich sah, sie war blind. Sie streckte die Hand aus, ich legte 50 Piaster hinein und trat beiseite. Die Gasse war voller Stolpersteine, doch sie ging wie von Engelsschwingen getragen und verschwand um die Ecke.

Sayed winkte mich zu sich herab. »Ich kann Sie nicht fahren heute«, sagte er halblaut, »es ist nicht erlaubt. Forbidden, you understand?« – »Aber warum?« – »Sie hätten dem dicken Portier nichts sagen dürfen.« – »Er verbietet es Ihnen?« Er schenkte mir sein abfälliges Grinsen. »It's my problem. Not yours.«

Es grummelte in meinem Darm, als ich versehentlich durch die Metallschleuse ging und den Alarm auslöste, aber niemand beachtete mich, nicht einmal der freundliche Schwarze in der roten Dienstjacke. Ich duschte, zog ein grünes, kurzärmeliges Baumwollhemd an, den weißen Zweireiher, band mir die rote Krawatte, nahm den Panamahut vom Hutständer und ging frühstücken.

Die zwei Kellner, vermutlich Äthiopier oder Somalier, in schneeweißen Jacken, ungemein höflich und gewandt. Man wird im »Windsor« jedenfalls besser bedient als in jedem deutschen Mittelklasse-Hotel. Ich nahm schwarzen Tee und etwas Zwieback. Neben mir verschlang eine US-amerikanische Familie, Vater, Mutter, Tochter, Sohn, große Mengen Ham and Eggs und andere Schweinereien. In der Ecke zwei Damen, kreolischer Typ, eventuell Mutter und Tochter, mit Rührei.

Vor mir an der Wand ein fast schwarzes glänzendes Ölbild in einem breiten, verschnörkelten Goldrand. Einige große Gipsstücke fehlten bereits, und die Leinwand hatte faustgroße Löcher. Was das Gemälde darstellt, ist nur vage zu erkennen. Ich vermute eine italienische Bergwelt mit überwucherten Ruinen. Im Vordergrund vielleicht eine Lichtung, auf der Jungfrauen, in wehende Schleier gehüllt, sich mit Silenen paaren. Ich auf, näher ran, aber weiterhin alles unklar. Keine Orgien. Auch keine bewaldeteten Hänge.

Eben winkt mir der somalische Kellner, der Bus nach Giza wartet. Er hat blendend weiße Zähne und eine hohe Stirn und eine Nase wie Klemens VII., die sein langes edles Gesicht fast habsburgisch wirken läßt. Wenn ich Geld hätte, würde ich ihn mitnehmen nach Deutschland und mir von ihm jeden Tag das Frühstück servieren lassen.

Monumente

Nackt auf dem Bett. Müde und leer. Anderer Portier unten, heißt John und trägt ein blaßgrünes Seidenhemd. Sein pietistisches Lächeln und seine perfide Begrüßung: »Bonjours, 'atten Sie einen schönen Tag? 'aben Sie den kleinen Ausflug genossen?« Dagegen die noble Würde des schwarzen Fahrstuhlführers in seinem schlecht sitzenden roten Jäckchen.

Die Stelle gesucht, wo Napoleon gesagt haben soll: »Soldaten Frankreichs! Geht nun, und denkt daran, daß 40 Jahrhunderte von der Höhe dieser Monumente auf euch niederblicken!« Wollte rauskriegen, wo er wirklich stand und wo seine Soldaten. Napoleons Ägyptenexpedition war eine wichtige Vorstufe zur Popularisierung des Hypatia-Romans.

Also Giza. Wir waren fünf in einem nagelneuen VW-Bus. Außer mir die zwei Kreolinnen, Philipp, unser Reisebegleiter, und der Fahrer, der kein Wort sagte und nirgends ausstieg. Warum er überhaupt dabei war, ist mir unklar. »If you have any wishes, just tell me«, sagte Philipp. »Ich würde gerne die Cheops besichtigen«, sagte ich. »Das geht nicht. Sie ist momentan geschlossen.« – »Dann kennen Sie vielleicht die Stelle, wo Napoleon stand?« Meine Frage schien ihn zu belustigen. »Napoleon?« sagte er. Er schien zu überlegen, ob Napoleon jemals in Giza gewesen war.

Giza ist eine riesige Stadt auf dem westlichen Nilufer, runtergekommen oder nie oben gewesen, schon halb in der Wüste, und je weiter man sich vom Fluß entfernt, desto spärlicher wird die Vegetation. Wir rasten über mehrspurige holprige Autobahnen, Brücken, vorbei an Brachland und halbfertigen Neubaugebieten, durchsetzt mit Taubenschlägen auf den Feldern, teils auch auf Hausdächern. Sie sind mehrere Meter hoch, offensichtlich aus Lehm, sehen aus wie riesige Bienenkörbe und sind gespickt mit Ästen.

Wir erreichten eine breite, aufgerissene Straße, sehr belebt, und hielten vor einem flachen Steinbau mit filigranen Balkongeländern aus Beton. Philipp stieg aus und schob die Tür beiseite. »Come and visit most famous Papyrus-Museum of Giza.« Die Damen verließen folgsam den Wagen, ich zögerte. Ein Schild neben der Tür mahnte in mehreren Sprachen: »Eintritt 20 Pfund.« Das war eindeutig zu viel. »Come and see how old Egyptians make papyrus«, schmeichelte Philipp. »You not pay.«

Die Tür öffnete sich automatisch. Ein eleganter Herr eignete sich die zwei Kreolinnen an. Ich bekam eine Studentin in einem kurzen Leinenkleid, auf dem ein Pharao prangte. Ein Mann mit Lederschürze schuf mit flinken Handbewegungen ein Stück Papyrus, etwa 20 Quadratzentimeter groß, das er mir mit einem schüchternen Blick überreichte. Ich zögerte wieder. Die Studentin sagte: »Ein Geschenk des Hauses. Möchten Sie die Ausstellung besichtigen?« Sie sprach gut deutsch und kam mir bekannt vor.

Es gab Bilder in allen Formaten. Sie hingen an den Wänden, zeigten Szenen aus dem alten Ägypten und kosteten zwischen 110 und 25 000 Pfund. Ich deutete auf ein kleines Blatt. Es kostete 110 Pfund. Die Studentin sah mich mitleidig an. »Nur eins?« sagte sie. Ich nahm zwei. Ihre Laune besserte sich kaum, aber sie führte mich zu einer Nische, wo gemalt wurde, und legte die zwei Blätter auf den Tisch.

Die Malerin war etwa achtzehn und fragte: »Für wen sind die zwei Blätter?« Ich schrieb meinen Namen auf ein Stück Papier, sie tauchte einen Bambuskiel in schwarze Tusche und malte sorgfältig einige ägyptische Bildzeichen in die leere Kartusche. Schließlich reichte sie mir ein Blatt Papier, auf dem neben den ägyptischen Zeichen die Buchstaben meines Namens zu lesen waren.

Philipp saß mit einigen jungen Männern an einem Rauchtisch und trank Tee. Hinter einem wuchtigen Schreibtisch sortierte ein reicher Mann Papiere. »Did you find something?« fragte Philipp höflich. Die Studentin brachte Tee, die Kreolinnen ließen sich einen Papyrus einwickeln, der 3600 Pfund kosten sollte. Er war so häßlich und dilettantisch gemalt wie alle anderen. Ich lieh mir von Philipp die 220 Pfund und gab sie dem reichen Schreibtisch.

Kamel gut

Unser nächster Halt war ein staubiger Dorfplatz. Flache, verlassen wirkende Häuser, aber keine Pyramiden. In einer schattigen Ecke standen ein paar Kamele. Ein großer, massiger Beduine mit verfaulten Zähnen blätterte in einem Geldbündel, das er in eine Tasche seines weißen Kaftans steckte. Er ließ ein Kamel bringen, aber ich lehnte ab. »Ich gehe lieber zu Fuß.« – »Kamel gut«, sagte der Beduine in gutem Deutsch. »Nehmen Sie ein Kamel«, sagte Philipp. »Der Tag ist heiß, und der Weg ist weit.«

Ich schüttelte den Kopf. Aus dem Augenwinkel sah ich, wie die alte Kreolin auf ein Kamel gehoben wurde. Ein zweites Kamel kniete nieder, und ihre Tochter kletterte in den Sattel. Zwei lumpige Knaben führten die Tiere davon. »Sagen Sie mir, wo es langgeht«, sagte ich und begann zu laufen. Der Herr der Kamele hinterher. »Look for my nice cars!« rief er. Er winkte zwei Einspänner herbei. »Which one you want?« Die Kutschen waren bunt bemalt, die Pferde klein und zutraulich.

Ich lief schnurstracks in die nächste schattige Gasse. Philipp zupfte mich am Ärmel. »Wo wollen Sie hin?« – »Zu den Pyramiden, die Sie mir versprochen haben!« – »Kommen Sie, ich lasse Sie hinfahren.« Er warf dem Beduinen einige Worte zu, und wir gingen zurück zum VW-Bus.

An einem weißen Kiosk auf einer belebten Straße ließ er abermals halten, und nun sah ich auch die Sphinx und die drei Pyramiden. Sie sahen so aus wie auf den bekannten Abbildungen. »Hier ist der Eingang«, sagte Philipp. »Aber gehen Sie mit niemandem mit und kaufen Sie nichts. Ich erwarte Sie in zwei Stunden dort drüben.« Er war unverändert sympathisch und wies auf ein großes rotes Coca-Cola-Schild an einem kleinen Laden. Es hing unter einem großen gelben Kodakschild. Davor standen etliche Leute in kurzen Hosen und Turnschuhen. Sie hatten alberne Hüte auf und Sandwiches und Getränkedosen in den Händen. Sie widerten mich an.

Ich zahlte und betrachtete das Billet. Es kostete 20 Pfund und zeigte eine rote Pyramide auf rotem Grund. Neben mir stand ein Mann im blauen Oberhemd. Er sah aus wie ein Aufsichtsbeamter, der seinen Beruf ernstnimmt. Das gefiel mir. Ich mag keine Dilettanten. Von einem Dichter erwarte ich gute Gedichte, von einem Kellner tadellose Bedienung und vom Aufseher eines der sieben Weltwunder das prompte Abreißen meines Billets.

Er nahm das Billet, gab es einem Mädchen Typ Discoqueen und rannte sofort los. »Wohin gehen wir?« – Er drängte zur Eile: »Kommen Sie, kommen Sie. Ich werde Sie führen. Die Cheops-Pyramide schließt in einer Stunde.« – »Sie wollen mich führen? Wohin?« – »Nicht jetzt«, sagte er und lief weiter. »Ist die Führung im Preis inbegriffen?« Er blieb abrupt stehen und sah mich an wie eine rätselvolle Krankheit.

Ich durchlief einige Untertempelanlagen und suchte dann einen Platz, der nach Napoleon aussah, um von dort aus die Anlage zu fotografieren, was schwierig war. Ein freundlicher Mann zog mich zu einer etwa zehn Meter entfernten Stelle und deutete an, daß diese Stelle eine bessere Aussicht bot. Ich gab ihm 20 Piaster. Er sah mich vorwurfsvoll an und sagte: »You must give me two pound!«

Das Gelände ist riesig, ziemlich steil, trostlos, ohne Vegetation, die reinste Wüste. Die Sonne brannte gnadenlos, der helle Sand reflektierte unerbittlich ihr Licht, und der einzige Vorteil ist, daß man sich nicht verlaufen kann, da man die Bauwerke kilometerweit sieht. Es muß, dem Plan nach, eine Menge im Boden liegen oder sich eben mal hüfthoch über den Schutt und Schotter erheben, und wahrscheinlich waren die meisten herumliegenden Brocken sensationelle Funde, mit einer langen Literaturliste, aber die vier Bauwerke sind so heftig, daß man die schiefe Ebene zwischen ihnen nur als riesige, nichtssagende Leere wahrnehmen kann.

Ich beschloß, nur die Cheops-Pyramide zu besichtigen, die im Westen liegt und am nächsten zu sein scheint, da sie am größten ist. Ich umwanderte also die Sphinx und mußte einsehen, daß sie aus großen, ebenmäßigen Steinen gemauert und danach aus dem Mauerwerk gemeißelt wurde, und vor allem, daß die westliche Seite eingestürzt ist. Das war mir neu.

Als nächstes umrundete ich die Cheops, die ebenfalls stark baufällig war. Überall klafften riesige, rechteckige Löcher. Ich ließ die Halle auf Stelzen, in der das Schiff des Königs ruht, rechts liegen, lief also an der Ostseite entlang und machte dann die ebenso lange Südflanke. Schilder verbieten das Besteigen der Steilwände. An der Westflanke kletterte ich eine jüngst erbaute Behelfstreppe hinauf, die zu einer Höhle führt, die tief in das Bauwerk hinreicht. Eine Boutiquenschönheit wie von der Calwer Straße und mehrere junge Männer standen vor der Höhle herum und tranken Tee. Ich kaufte ihnen ein Glas Tee ab und unterhielt mich mit ihnen. Der Tee war ungewöhnlich bitter.

Die Höhle, erfuhr ich, war in der Neuzeit in das Bauwerk geschlagen worden, da der eigentliche Eingang noch immer unauffindbar sei und auch nicht mehr gesucht werde. Ich stellte mir also vor, daß Napoleon vor der Höhle auf dem Podest stand, wo ich nun Tee trank und den Schatten genoß. Zuweilen kamen Touristen aus der Höhle, andere kletterten hinein, und irgendwann faßte auch mich der Forscherdrang, was ich schon bald bereuen sollte.

Das Innere ist weder eindrucksvoll noch bemerkenswert. Die Sensationen, die es vermittelt, wären leicht in irgendeinem Bergwerk zu simulieren Die Höhle mündet in einem engen, hohen schwarzen Gang, der schlecht beleuchtet ist und steil nach oben führt. Später wird der Gang so mickrig, daß man fast kriechen muß, und so eng, daß man den Gegenverkehr abwarten muß.

Ich hatte Angst, ohnmächtig zu werden oder schlapp zu machen, und blieb lange in der Grabkammer, wo eine Klimaanlage die Ausdünstungen der Bergsteiger absaugt. Der Raum muß fast unter der Spitze liegen. Er ist düster, völlig unverziert und enthält nur einen großen Sarkophag.

Eine gewisse Euphorie, wie nach einem Ritt über den Bodensee, erfaßte mich erst, als ich wieder über die riesige, kahle schiefe Ebene stolperte und mir der Schweiß in den Nacken und die Hose lief. Ich holte das Mobiltelefon hervor und rief in Stuttgart an, um der Zahntechnikerin aus dem Café im Bohnenviertel zu erzählen, daß ich soeben in einer Pyramide gewesen sei.

Ich wartete unter dem Coca-Cola-Schild und beging den Fehler, einem kleinen Mädchen 10 Piaster zu schenken. Sie trommelte ihren ganzen Kindergarten zusammen, auch die älteren Geschwister, und meine Piaster verschwanden in einer geometrischen Reihe, bis Philipp die Bagage mit einigen Handbewegungen verscheuchte.

Langes Hocken im Schatten der Sykomore auf dem Dorfplatz. Sie erinnerte mich an mein Lesebuch im vierten Schuljahr, wo die Ägypter auch immer nur faul unter einer Sykomore hockten und palaverten, während ein anderer Volksstamm, dessen Namen ich vergessen habe, mit Schwertern und Pflugscharen für Ägyptens Reichtum und Größe wirkte.

Eine Schar Beduinen hatte an einer Hauswand in der prallen Sonne einen Teppich ausgebreitet und machte Mittag. Der Herr der Kamele lief ziellos umher und zählte sein Geld. Protzte mit seinen Zahnlücken und seinen geschwollenen Füßen, die violett glänzten. Von den Kreolinnen keine Spur.

Ein Kamelreiter galoppierte herein, sprang in den Sand, und der Herr der Kamele gab ihm einige Geldscheine. Der Reiter kniete kurz nieder, küßte flüchtig seine Hand, stieg wieder auf und galoppierte davon. Einmal kam auch eine dicke Frau in Tracht auf den Platz, bekam Geld, küßte die Hand, watschelte davon. Das alles hätte aus einem Sandalenfilm sein können. Bis auf den vollgepackten Einkaufskorb auf ihrem Kopf. Der Korb war grün, aus Plastik.

Ein Knabe brachte gesüßten Tee mit Pfefferminzblättern, ich wollte zahlen. Philipp wehrte ab, zahlte aber auch nicht. Ich gab dem Knaben ein Trinkgeld. Ein Taxi hielt an, und zwei Europäer stiegen aus. Vermutlich Franzosen, jedenfalls keine Deutschen, denn sie waren korrekt angezogen. Der Herr trug einen geckenhaften Anzug mit einer geblümten Weste, die Dame, üppiger Busen, ein tailliertes violettes Kleid mit Rüsche und Spitze. Zwei Kamele knieten nieder, man begab sich in den Sattel. Die Kamele schwankten davon. Der Herr eine Zigarette im Mundwinkel, die Dame bebend. Er blickte stolz in die Runde, wie ein Junge, der einen neuen Roller hat.

Die Beduinen spuckten in die Gegend, kratzten sich oder prökelten in den Zähnen. Von unseren Kreolinnen keine Spur. Philipp sprach mit dem großen Dicken und kehrte zurück. »Sie müßten längst hier sein.«

Wir hatten es uns, während wir auf die Kreolinnen warteten, auf einer alten Holzbank bequem gemacht. Ein paar Knaben und Alte sahen uns zu, und wieder fiel mir die Abwesenheit weiblicher Lebewesen auf. Philipp meinte, daß es sehr angenehm sei, auf einem Kamel bis Sakkara nahe Memphis zu reiten und am selben Tag zurückzukehren, und ich berichtete schon wieder, warum ich in Ägypten sei, warum mich die Kopten interessierten, erzählte von Hypatia und ihrer schrecklichen Ermordung und von meinen Versuchen, jemand von der koptischen Akademie zu treffen, der den Fall studiert hatte.

Philipp war nicht ungebildet, aber ideologisch verzogen. Es sei völlig ausgeschlossen, daß Christen jemals Andersdenkende verfolgt hätten. Perser, Griechen, Juden, Römer, Christen, Islamisten – sie alle hätten die Ägypter verfolgt mit Feuer und Schwert und bis aufs Blut gepeinigt.

»Für jeden Tag des Jahres kann die koptische Kirche zehntausend Märtyrer aufbieten«, sprach er mit leiser, eindringlicher Stimme. Meine Versuche, wenigstens den Apostel Markus in den Bereich des Glaubens zu verweisen, wies er zurück. »Das habe ich nie anders gelernt.«

Wir besichtigten dann noch das koptische Viertel, das die Ägypter Alt-Kairo nennen. Auch hier spielen sich die zwei hauptsächlichen menschlichen Kräfte in die Hände: Die Mächte der Zerstörung und des Wiederaufbaus. Die Architektur der koptischen Kultstätten ist nicht islamisch, ein Pope ist anders gekleidet als ein

Imam, der Pope spricht altägyptisch, und seine Frauen tragen keine Kopftücher. Andere Unterschiede zwischen Muslimen und Christen waren nicht zu erkennen.

Am Horizont ein langgestreckter Tafelberg ohne Bebauung oder Vegetation, und Philipp hatte auch hierfür eine Erklärung. Der Berg befand sich ursprünglich an anderer Stelle. Als die Araber in Fusta, einer Zeltstadt nahe Alt-Kairo, die erste Moschee aus Stein bauen ließen, diskutierten ein Emir und ein Bischof über die zukünftige Konfession des Landes. Der Bischof sprach: »Ihr könnt uns nicht zwingen, zum Islam zu konvertieren. Unser Glaube ist stärker.« Der Emir fragte: »Wie stark?« Der Bischof sagte: »Siehst Du den Berg dort?« – »Was ist mit ihm?« – »Mein Glaube kann ihn versetzen.«

Zum Dank für das Beispiel schlossen die Araber mit den ägyptischen Christen einen Vertrag, der ihnen Religionsfreiheit gewährte. »Was soll das?« sagte ich. »Warum erzählen Sie mir diese Märchen? Werden Sie dafür bezahlt?« – »Listen«, sagte Philipp. »Wir Kopten brauchten niemals Gewalt anzuwenden. Es wäre für den heiligen Kyrill ein leichtes gewesen, ihre heidnische Philosophin zu bekehren, wenn er gewollt hätte. Er brauchte sie nicht ermorden zu lassen.«

Ich beschloß, ihm seine 220 Pfund nicht zurückzugeben, und fuhr mit der U-Bahn zum Platz der Oper, keine fünf Minuten vom »Windsor«. Im Wagen lärmten Kinder in blauen Schuluniformen. Ein Ire, der neben mir stand, empfahl mir ein Bierlokal am »Ezbekiya-Garten«.

Als ich den Schacht verließ, sah ich wieder die Blinde. Sie stand plötzlich vor mir, schaute mich an mit den großen, ägyptischen Augen, wie man sie von den römischen Mumienporträts kennt, und war nicht blind und nicht geistesgestört. Sie war behängt mit langen billigen Ketten, gehüllt in wehende bunte Tücher, lief barfuß und hatte einen Ring in der Nase. In Berlin oder Köln wäre sie nicht einmal aufgefallen. Vielleicht war sie aus Schwäbisch-Gmünd.

Im Postamt

Ich schreibe dies im Saal der Hauptpost, um diese Seiten gleich nach Deutschland zu schicken, zum Zeichen, daß ich völlig normal bin. Jemand liest meine Aufzeichnungen, denn der Portier George, der beim Frühstück neben mir saß, fragte anzüglich: »Nun, glauben Sie noch immer, die Kopten hätte eine griechische Philosophin umgebracht?«

Ich lief sofort ins Direktionszimmer und bat, ein Fax nach Deutschland absetzen zu dürfen. »Wem wollen Sie schreiben?« – »Meiner Familie. Daß ich noch lebe.«

Sie waren zu dritt, drei Herren in korrekten Straßenanzügen. Einer saß in einem Ledersessel, die anderen zwei hinter gewaltigen Schreibtischen, die voller Papier lagen. Einer mit Spitzbart wirkte englisch, der andere mehr wie ein Levantiner. Der Raum war düster, und das Mobiliar alt und stilecht. 19. Jahrhundert. An der Decke summte ein Miefquirler.

»Sie sind Schriftsteller?« fragte der alte Herr im Ledersessel. Er lächelte, und ich wußte schlagartig, daß er wußte, daß ich wußte, woher er das wußte. Der Levantiner mit den Augenbrauen wies auf das Faxgerät. »Bitte bedienen Sie sich.«

Das Postamt liegt an einem höchst verkehrsreichen Platz zwischen Hotel und Basar und erinnert innen an die großstädtischen Passagen des 19. Jahrhunderts. Man sitzt an alten, dunklen Tischen aus gutem Holz wie in einer feinen englischen Bibliothek.

Vor dem Haus standen die üblichen Soldaten der Fremdenpolizei, die man überall sieht. Sie dienen angeblich dem Schutz der Touristen vor Attentaten der Moslembrüder. Meistens stehen sie herum, plaudern mit Mädchen, spielen mit ihren Maschinenpistolen oder langweilen sich. Sie tragen weiße Kampfanzüge, sind allesamt jung und sehen recht harmlos und unerfahren aus. Wahrscheinlich würden sie mehr Schaden anrichten als die Attentäter.

Ägypten ist angenehm. Es ist immer warm und regnet nie, man braucht also keinen Mantel und Schirm, es sind ständig viele Menschen auf der Straße, so daß man immer jemand nach dem Weg fragen kann, und es gibt keine Sprachprobleme, da alle etwas Englisch können, und man erst, wenn man nicht an der gewünschten Stelle steht, merkt, daß sie einen nicht verstanden haben.

Lange geschlafen. Der übliche Kellner kam aus der Teestube gerannt, als ich vors Hotel trat, und ich erwartete schon sein buckelndes »Please come in«, aber er schob mir einen Zettel in die Hand. »Don't go to the city of the death. El Sayed.« Ich gab ihm 50 und schaute mich um. Sayed saß vor dem Teehaus hinter seiner Wasserpfeife und schien mich nicht zu bemerken.

Der kleine Schuhputzer neben der Hoteltür winkte mich heran. Er ist etwa vierzehn, hat ein verkrüppeltes Bein, große, offene Hautwunden an den Unterarmen, trägt einen bodenlangen, ungemein versifften Kaftan und starrt vor Dreck am ganzen Körper.

Ich stellte den Fuß auf seine Kiste und sagte: »How much?« Er hob drei Finger. Ich schüttelte den Kopf und hob den Daumen. Er schüttelte den Kopf. Ich nahm den Fuß von der Kiste. Er sagte etwas Unverständliches, das wie ein Schimpfwort klang. Der alte Schuhputzer neben ihm lachte. Ich stellte den Fuß wieder auf die Kiste und dachte über den Zettel nach. Er machte keinen Sinn. Ich kannte keine Totenstadt, außer der in Alexandria, wo die Mörder Hypatias hausten, und die stand nicht auf meinem Programm. Eher schon die Klöster im Wadi Natrum aus der guten, alten Hypatia-Zeit.

Ging zum Opernplatz, nahm ein Taxi und ließ mich zur Zitadelle bringen. Der Fahrer schien mich nicht zu verstehen und raste los. Am »Midan Salah el Din« genannten Platz wollte ich aussteigen. Er wollte mich nicht aus dem Wagen lassen. Schließlich gelang es mir, die Tür zu öffnen. Entlohnte ihn ohne Trinkgeld und ging zum »Bab el Azad« genannten Tor, wo sich herausstellte, daß sie den Eingang nach oben auf den Berg zum »Bab el Gebel« verlegt hatten. Vielleicht war es das, was mir der Taxler hatte sagen wollen. »Schadet ihm gar nichts«, zeterte ich inwendig, »wenn ich jetzt am Rand einer vierspurigen Autobahn namens ›Shari Salah Salem‹ bei brüllender Hitze auf den Berg wandern muß. Was kann er kein Englisch.«

Die Bauwerke auf der Zitadelle waren dann doch sehr schön, und man hat eine herrliche Aussicht über die islamische Altstadt und südwärts bis zu den Pyramiden von Sakkara, aber es lag der übliche dicke Dunst über dem Niltal. Alles unscharf. Auch die fünftausend Minarette.

Lief umher und suchte die Stelle, wo Muhammed Ali bis auf einen alle mamelukischen Bonzen ermorden ließ. Mit dem Massenmord beginnt bekanntlich die Wiederentdeckung des antiken Alexandria der Zeit Hypatias. Wandte mich an einen der Aufseher vor der Moschee. Er hörte mir aufmerksam zu und winkte mich hinein. Ließ Ali die Mameluken in einem Gotteshaus abschlachten, in dem er selber mal ruhen wollte? Nichts deutete darauf hin.

Ein Mann am Eingang vermietete lange Kimonos aus hauchdünnem grellgrünem Synthetik für die mangelhaft bekleideten Touristen, die dadurch noch peinlicher aussahen. Der deutsche Zoll sollte bei der Ausreise alle unziemlichen Kleidungsstücke, vor allem kurze Hosen und Kniestrümpfe, beschlagnahmen, um das deutsche Ansehen im Ausland zu schützen.

Das Gotteshaus ist dekoriert wie ein Lampenladen für Anlageberater, ungemein glänzend, stinkt jedoch nach Fußschweiß, da die christlichen Besucher sich nicht die Füße waschen. Ich bewunderte einen Deutschen. Seine Fußballerbeine, die Fettwampe zwischen der formlosen Turnhose und dem zu kurzen Unterhemd, und als Krönung, der lächerliche grüne Kittel, der weit offen stand.

Wandte mich also wieder an den Oberaufseher und fragte noch einmal nach der Stelle, wo Muhammed Ali bis auf einen alle mamelukischen Machthaber ermorden ließ. Er nickte verständnisvoll, hob die Hand zur schwarzrotgoldenen Kuppel und sagte strahlend: »Yes Sir, Muhammed Ali!« Ich insistierte: »Mamlucks, Mamlucks!« – »Oh, them Mamlucks!« sagte er. Drehte sich um, wies mit erhobenem Arm auf einige Minarette und Kuppeln, die in der Ferne im Dunst verschwammen, und bellte trocken: »Mamlucks.« Dort mußten sie irgendwo liegen, im Mausoleum der Mameluken.

Der steinerne Gast

Den Rest des Tages irrte ich durch die Gassen der islamischen Altstadt, die im Osten und Norden von einer tausendjährigen Mauer begrenzt wird, die schon Flaubert beschrieben hat, so daß man sich nicht grundsätzlich verlaufen kann. Am Dreck in den Gassen hat sich seither wenig geändert, und ich verfluchte meinen Spleen, zum weißen Anzug weiße Slipper zu tragen. Besonders lästig sind die Verkäufer und Schlepper im Basar von »Khan el Khalili«. Sobald man etwas langsamer geht oder gar die Auslagen betrachtet, wird man ein Opfer der ortsüblichen Gastfreundlichkeit.

Die Ägypter betteln nicht. Sie sind stets zu Diensten und stolz auf ihre Leistungen, die meistens darin bestehen, daß sie einem etwas zeigen, was man selber sieht, oder bei einer Verrichtung helfen, für die man keine Hilfe benötigt. Der Ladenbesitzer eilt also herbei, winkt einem der Teeburschen, die ständig mit einem kleinen Tablett voller Gläser durch die Gassen wuseln, versucht, einen in den Laden zu ziehen und läßt sich nicht abschütteln.

Unmöglich, jemand nach dem Weg zu fragen. Er wird sich sofort als Führer anbieten, drei Gassen weiter behaupten, es gehe dort entlang, und ein Trinkgeld fordern. Oder man landet mit ihm vor irgendeinem Laden für Schmuck oder Parfumessenzen. Ein ganzes Volk betätigt sich hier als Animateur, sobald es einen Touristen wittert.

Einen kleinen, wendigen Alten, der sich in anfänglichem Deutsch nach meinem Wohin erkundigte, fragte ich nach dem koptischen Patriarchat, das ich immer noch am nördlichen Rand des islamischen Ghettos vermutete. Er schleppte mich in eine Gewürzgasse, die so stark duftete, daß mir fast schlecht wurde. Dort zerrte er mich in ein dunkles Geschäft.

Einige hundert Schachteln lagern in Regalen bis unter die Decke, offene Kisten und Säcke stehen herum, in einer Ecke saß ein alter Mann in einem riesigen Polstersessel teilnahmslos herum. Ich mußte meine Nase in hundert Schachteln stecken, während der kleine Alte mir mitteilte, daß wir anschließend einen berühmten Laden für besonders schöne Spazierstöcke besuchen würden.

Vermutlich würde ich eine ganze Gasse voller Spazierstöcke finden, so wie es eine Gasse der Hutmacher gibt, eine Gasse der Manschettenknöpfe und eine der Einstecktücher. Es gibt für alles eine Gasse. Eine Gasse der Goldschmiede, der Silberschmiede, der Geflügelzüchter, in der es nach Hühnermist stinkt und nur Käfige herumstehen voller Hühner, Tauben und anderer schmackhafter Vogelarten.

Es gibt auch eine Gasse der Fan-Artikel der deutschen Bundesligavereine und eine der Autoteile – Motorhauben, Heckspoiler, Türen –, und wenn man sich die Zeit nimmt, kann man zusehen, wie binnen eines Tages aus den Resten von sechs Limousinen, sagen wir eines Mercedes, FIAT, Chrysler, VW, Peugeot und Toyota, ein siebtes, bislang unbekanntes kreolisches Fahrzeug entsteht. Ich hielt lange Ausschau nach Überresten meiner Autos der letzten 45 Jahre.

Im erwähnten Gewürzladen kaufte ich, um wegzukommen, hundert Gramm dunkelviolette Malvenblüten, die wunderbar dufteten.

Der Verkäufer holte eine Schaufel und begann zu wiegen. Als er bei drei Kilo war, das ist etwa ein Kopfkissenbezug voll, versuchte ich, wegzulaufen. Der kleine Alte hielt mich zurück. Wir einigten uns auf 500 Gramm, und der Mann im Sessel erwachte kurz aus seiner Apathie und zählte mein Kleingeld.

Ich zahle immer mit Kleingeld, da sie nie rausgeben können. Das ist vor allem lästig, wenn man 20 Piaster Bakschisch geben muß und nur eine Fünf-Pfund-Note hat. Die Ägypter können nicht wechseln.

Es ist also nicht einfach, in Kairo spazieren zu gehen. Beliebte Anreden lauten: »Welcome to Egypt, Mister«, »What you looking for?«, »Do you speak English?«, »Hello, Mister! Visit my shop, Mister« oder einfach nur: »Hello, Mister, where you come from?« Nicht reagieren gilt als Beleidigung. Einer flippte regelrecht aus, als ich nicht reagierte. »Ich sagte«, rief er mir zu, »›Willkommen in Ägypten!‹ Sind Sie etwa Amerikaner?« – »Nein, Japaner.«

Er stutzte, er lachte, er drehte sich um die eigene Achse und rief in die Menge: »He, Leute, er ist Japaner!« Dann zu mir: »Sind Sie wirklich aus Japan?« – »Was denken Sie?« – »He, Leute, er ist wirklich aus Japan! Sagen Sie etwas auf japanisch, Mister.« Ich nannte ihn einen »Hirohito harakiri sushi sake sayonara«, und nun lachten alle.

Drei Mal lief ich in ein Lokal, um den Nachstellungen zu entgehen. Recht angenehm ist die Terrasse des Teahouse »Senussi« an der Hussein-Moschee, die angeblich von islamischen Fanatikern frequentiert wird, was mich nicht stört. Die Deutschen sind auch Fanatiker, haben nur einen anderen Glauben, für den sie bereit sind, andere abzuschlachten.

Ich flüchtete auch ins »Café Nagib Mahfus«, ein folkloristisches verkitschtes Nepplokal im orientalischen Stil, in dem man für mindestens 15 Pfund verzehren muß. Eine schöne Jemenitin bietet Tattoos an, das Necessaire des lokaleigenen Schuhputzers ist eine kunsthandwerkliche Antiquität, er selbst kostümiert wie ein saudischer Prinz, die Kellner tragen mamelukische Kostüme, reiche Säcke befummeln üppige ägyptische Schönheiten, und an der Wand hängt ein großes Portrait des Nobelpreisträgers sowie kolorierte Zeichnungen der Midaq-Gasse von dazumal im folkloristischen Stil.

Am einfachsten und angenehmsten ist das Teehaus »Fishawi« in einer engen, dämmerigen Gasse, in dem offensichtlich die Boheme verkehrt und etliche Lustknaben mir schöne Augen machten. Es war hier, wo ich mir auch eine Taktik zurechtlegte gegen die ständigen Belästigungen auf der Straße, die sich inzwischen bewährt hat.

Ich reagiere nicht, ich bleibe nicht stehen, wenn Menschen in der Nähe sind, ich schaue in kein Gesicht, ich sehe mir nichts an, ich bemühe mich, nichts wahrzunehmen, ich gehe durch die Gassen mit ausdruckslosem Gesicht und halbgeschlossenen Augen, teilnahmslos und starr, träge und gelangweilt, ohne einen Blick für irgend etwas, wie eine versteinerte Mumie.

So kam ich weit im Norden, es dämmerte bereits, zum Mausoleum des Sultans Faraq Barquq, bestieg die Aussichtsplattform, Eintritt sechs Pfund, und dann sah ich sie: die vielen kleinen Häuschen auf der nördlichen Seite der alten Stadtmauer, unbefestigte Gäßchen, Abfallberge, spielende Kinder im Dreck, Frauen, die entlang der aufgerissenen Straße unter der Mauer aus den Hydranten Wasser zapfen, sich die großen Ballons auf die Köpfe hieven und in ihre Spielzeugstadt zurückkehren.

Der Führer erzählte von der im Mittelalter berühmten Rechtsschule des Sultans, der Schönheit seiner Frauen, schwärmte von Johannes und Christiane, die die Moschee nach dem Erdbeben 1992 besucht und viel Geld für den Wiederaufbau gespendet hätten. »Sie sind Deutscher, nicht wahr? Sie kennen doch Johannes und Christiane. Sind so gute Menschen.«

Ich hörte kaum hin. Erst auf dem Rückweg ins Hotel begriff ich, daß er den deutschen Bundespräsidenten und seine Frau gemeint hatte. Ich wies auf die Spielzeugstadt. »Und was ist das?« Er schüttelte sich angewidert. »Ein alter Friedhof, Mausoleen.« – »Leben da Menschen?« – »O ja, viele Menschen, arme Leute.« – »Sie leben da? Mit den Toten?« – »Nicht mit den Toten. Die Menschen leben oben, die Toten im Keller.« – »Und was sind sie? Muslime?« – »Muslime, Kopten, wer hier lebt, ist gar nichts.«

Es war faszinierend. Zum zweiten Mal an diesem Tag stand ich an einem Platz, den ich aus meinem Hypatia-Roman kannte. Erst die Zitadelle und nun eine bewohnte Totenstadt. Aber woher wußte El Sayed, daß ich hierher kommen würde?

Zwischenfall in der Hotelbar

Abendessen im irgendwie wienerischen »Café Rich« im europäischen Viertel, sehr stilvoll, keine Musik, angenehme Bedienung, modeste Preise, sehr zu empfehlen. Die Galerie der ägyptischen Autoren des 20. Jahrhunderts an den Wänden, fünfzig große, feingerahmte Fotos, zeigt 49 Herren und eine Dame, also wie bei uns. Einige sehen aus wie Douglas Fairbanks junior, andere wie Peter Weller als William Lee alias Burroughs in »Naked Lunch« von David Cronenberg. An der Stirnwand, übergroß, abermals Nagib Machfus, Dichterfürst.

Der elegante Wirt erkannte mich sofort als Anwärter auf einen Platz in seiner Walhalla, da ich, wie stets, wenn ich im Ausland ausgehe, mein Lederstöckchen dabei hatte, sprang auf und geleitete mich an einen kleinen Tisch. Ein Mensch am Nachbartisch erhob sich und begrüßte mich. Es war der kultivierte alte Herr aus dem Ledersessel im Büro des »Windsor«. Mir war klar, daß man sich auch in einer 20-Millionen-Megapolis nicht verfehlen kann. Die Community der Eingeweihten ist überall winzig.

Ihm gehört das Hotel »Lotus« mit der Jugendstilfassade gegenüber dem »Café Rich«. Er holte einen Zeitungsausschnitt aus der Brieftasche – eine Rezension der französischen Ausgabe einer ägyptischen Anthologie, in der er mit drei Gedichten vertreten ist.

Ich nahm als Vorspeise Hummus und Tahina, als Hauptgang ein Wiener Schnitzel, dazu Salat und zum Nachtisch eine Creme Caramel. Alles gut, das Schnitzel bestens. Versprach dem Eigner des »Lotus« eine Ausgabe meiner Gedichte im Stil der »Black Mountain Poets« und erhielt dafür das Bändchen mit seinen drei Gedichten, die mich an die »Parnassiens« erinnerten.

Rückweg: Versuchte dem Parfum-Schlepper am »Talat Harb« zu entgehen. Er hatte diesmal einen Onkel in Heilbronn und ließ auch nicht ab, als ich behauptete, weder Geld noch Kreditkarte dabei zu haben. »Sie sollen nichts kaufen, nur anschauen.« Ich hatte keine Lust, hinter seinen Trick zu kommen, und versprach, ihn morgen zu besuchen.

In der Lobby des »Windsor« setzten sich zwei junge Männer an meinen Tisch. Der Kellner brachte eine Flasche Glenfiddich, und sie begannen sofort, das Zeug in sich reinzuschütten. Nach dem dritten Schnaps wußte ich, daß der eine Schriftsteller war und der andere Filmproduzent. Nach dem vierten schrieb der Schriftsteller Drehbücher, und der Produzent wollte alle meine Romane haben, da er am liebsten westeuropäische Vorlagen verfilmt. Er schimpfte auf die jungen ägyptischen Autoren – kein soziales Engagement, keine politischen Interessen, keine formalen Experimente. Nur seichter Smalltalk und Lifestyle und flottes Erzählen.

Nach dem siebten Whisky ergab es sich, daß meine Religionszugehörigkeit erfragt werden mußte. Ich blieb kühl und verschlossen. »Katholik?« – »Entsetzlich.« – »Christ im allgemeinen.« – »Wo denken Sie hin?« – »Was sind Sie dann?« – »Raten Sie.« – »Jude sind Sie nicht.« – »Warum nicht Jude?« – »Sie sind Jude? Sind Sie wirklich Jude?« – »Wer weiß? Spielt das vielleicht eine Rolle?«

Sie redeten eine Weile miteinander und begannen, mich zu vergessen. Ich versuchte zu lesen. Plötzlich sprang der Drehbuchautor auf, rief etwas zu einer Gruppe, die in einer anderen Ecke der geräumigen Lobby saß, offensichtlich Geschäftsleute, Basaris, Rechtsanwälte, Börsenmakler, und begann mit ihnen zu streiten. Gebrüll erfüllte den Raum, einer der Männer stand auf, sie wurden handgreiflich. Nun rannte der Filmproduzent zu den Raufbolden, und eine größere Schlägerei lag in der Luft.

Zwei Kellner und der Barmann schlichen näher, trauten sich aber nicht, dazwischenzugehen. Von der Tür her eilte der dicke Georg herbei. Er gab einige Befehle, trennte mit zwei Handbewegungen die Streithähne und schob die beiden Whisky-Trinker zum Ausgang. Ruhe kehrte ein. Der Kellner kam zu mir und entschuldigte sich für den Vorfall. Später kam auch Philipp, entschuldigte sich ebenfalls, spendierte mir ein Bier und fragte, ob ich dem Portier schon seine 220 Pfund gegeben hätte. Ich bejahte, wahrheitswidrig. Noch später kamen Autor und Produzent zurück, schütteten weiter Whisky in sich hinein, unterhielten sich ungezwungen und beachteten mich nicht. Ich las wieder Christopher Haas' »Alexandria in late antiquity«.

Bin jetzt etwas ratlos und werde morgen erst einmal nach Alexandria reisen. Vorfall in der Lobby doch etwas besorgniserregend, nachdem ich heute morgen feststellte, daß jemand meine Papiere durchsucht hatte. George bot an, Fahrkarten zu besorgen, und reservierte mir ein Zimmer mit Blick aufs Meer im »Hotel Triomphe«.

DIE FLUCHT

Auf dem Kaisarion

Früher abend: Aufgewacht, naßgeschwitzt, Wasser getrunken, im Bad abgetrocknet, Fieber gemessen. 39,2°. Ins Bett gewankt. Wenigstens keine Bauchschmerzen mehr.

Vorgestern

Schlimme Bauchschmerzen. Kein Fieber mehr. Benommen. Nichts gegessen. Viel geschlafen.

Sonntag, 8. Oktober 2000

14 Uhr, kurz aus dem Fenster geschaut. Meer noch da. Auch die Müllberge auf den flachen Häusern links. Viel zu hell draußen. Noch immer sterbenskrank. Unten warf sich der Hotelschlepper

wieder mal vor ein Taxi. War sein Verhalten echt, oder hatte er die Aufgabe, mich zu überwachen, und spielte den Schlepper nur, um nicht aufzufallen? Heftige Krämpfe im Abdomen. Fragte mich, ob er mich vielleicht hatte vergiften lassen. Zimmermädchen bringt drei Flaschen Mineralwasser. Rasch wieder ins Bett.

Die Wahrheit über den Sechstagekrieg

Kurz vor Mittag: Geduscht, rasiert, sorgfältig angezogen. Ohne Frühstück zum Zeitungskiosk neben dem Hotel. Bild und FAZ gekauft. Danach ins »Triomphe«, Tasche holen, Rechnung bezahlen. Der Portier wollte kein Geld, und wir einigten uns auf die Hälfte. Unten der Wegelagerer sah mich mitleidig an. Von Sayed keine Spur. War wohl eine Hallu. In der Hotelhalle fast umgekippt. Zu einem der kitschigen Sessel gewankt. Mit zwei Flaschen Wasser und einer Tüte Salzstangen wieder ins Bett. Im Fernseher ein Krieg zwischen Israel und Ägypten. Die Ägypter gewinnen fortgesetzt. Die Israelis fliehen wie die Hasen. Zwischendurch mehrfach eingeschlafen.

Rashomon

Leichte Besserung, aber noch immer im Bett und beim kleinsten Bissen heftige Darmkrämpfe. Erzeugt die Begegnung mit außereuropäischen Kulturen psychosomatische Krankheiten? Kulturschock? Ist der Eurozentrismus eine Präventivmaßnahme des Immunsystems? Bin ich vergiftet worden? Bin Laden? Oder ein Attentat der Kopten, die verhindern wollen, daß ich den Mord an Hypatia aufkläre? Bin ich hysterisch?

Rückblick auf die Abfahrt von Kairo und Ankunft in Alexandria:

Sayed erhob sich, als ich aus dem »Windsor« trat, aber George gab ihm ein Zeichen und winkte ein anderes Taxi. Warum wollte George nicht, daß El Sayed mich zum Bahnhof brachte?

Sieben Uhr dreißig: Kairo fast leer und gespenstisch leise um diese Morgenstunde, kaum Gold im Munde, nur einige Taxis und Eselskarren. Die Geschäfte geschlossen.

Ramsis-Station, viel Betrieb. Der Bahnhof ist überraschend klein für eine 20-Millionen-Stadt. Eine Menge Leute wollten meine Tasche tragen.

Ich holte die Fahrkarte raus und betrachtete sie. Bahnsteig, Wagen, Platznummer – es war alles leicht zu erkennen. Ein sympathischer, aber schlecht gekleideter Hungerleider um die 50 sah mir über die Schulter und sagte nur: »Follow me.« Er ging zu meinem Zug, und ich mußte notgedrungen hinter ihm her. Das Bismarcksche Schuldrecht erschien mir plötzlich in neuem Licht. Kann es sein, daß die Tatsache, daß jemand vor mir hergeht und dort stehen bleibt, wo auch ich stehenbleiben werde, bereits eine Dienstleistung darstellt, die vergütet werden muß?

An meinem Abteil machte er eine einladende Handbewegung. Ich wollte einsteigen, aber er versperrte mir die Stufen. Ich gab ihm 50 Piaster. Er blieb stehen. Ich gab ihm noch 50, und er machte die Mücke, aber klar: Ein Pfund war ihm zu wenig. Im Wagen stand ein Mann im grauen Kittel und streckte die Hand aus, und ich begriff, daß er mich nur reinlassen würde, wenn ich ihm die Reisetasche gab. Er warf meine Tasche ins Gepäcknetz und deutete auf meinen Platz. Wortlos, unfreundlich. Ich setzte mich. Er hielt die Stellung. Ich verstand ihn. Er brauchte nichts zu sagen. Ich gab ihm ebenfalls ein Pfund. Wieder sagte er nichts, aber immer noch verstand ich ihn. Es ist erstaunlich, mit wie wenigen Worten man sich im Ausland verständigen kann. Ich gab ihm noch 50 Piaster, er sah mich böse an und ging.

Die amerikanische Familie aus dem »Windsor« kam herein. Der Kittelmann warf ihr Gepäck ins Netz, erhielt seinen Lohn, bedankte sich freundlich und ging. Ich hätte gerne gewußt, warum er mit ihnen zufrieden war und mit mir gar nicht. Wartete auf die Kreolinnen, die mal wieder nicht beikamen. Der Zug fuhr trotzdem.

Die Fahrt von Kairo nach Alexandria führt durch fruchtbares Gebiet, von Kanälen durchzogen. Große Neubausiedlungen, alte vergammelte Ortschaften, und dazwischen Felder, auf denen gebückte Handarbeit stattfand. Büffel, Esel, nur selten zuweilen ein kleiner Traktor. Himmel so blau wie fern und alles voller Sonne. Neben der Bahnstrecke ein breiter schmutziger Kanal. Angler zu beiden Seiten. Parallel zum Kanal eine geschotterte Straße. Fußgänger, Schubkarrenschieber, Radwanderer. Keine Autos.

Eine schlanke junge Frau in einem langen weißen Kleid mit viel Tüll und Spitzen, die auf einem geschmückten Eselchen reitet. Sie trägt einen großen, weißen Hut mit breiter Krempe, von dem ein weißer Schleier herabhängt, der ihren Kopf umweht und bis auf die Schultern reicht. Ein Junge mit einer Gerte läuft hinterher und treibt den Esel an. Wie die bekannte Szene im Wald aus »Rashomon«, und ich bin der Räuber.

Ich bewunderte vor allem die Mülldeponien auf den Dächern. Hausmüll, zerschlagenes Mobiliar, Kleintierkäfige, Heu, Taubenhäuser und Satelliten-Schüsseln, so hoch wie ein Stockwerk. Die Straßen, unbefestigt, ebenfalls voller Müll, viele Brandstellen, gelegentlich ein paar verstaubte Büsche oder ein mißratener Baum. Viele Kinder, die Kleinen fast nackt. Kaum verschleierte Frauen. Kaum Männer.

Fragte einen älteren Herrn im graugrünen Uniformhemd wegen der Müllberge auf den Dächern. Er meinte, sie dienten zum Schutz gegen die Hitze im Sommer. Soll man das glauben? Fragte ihn auch nach Religionen, aber es interessierte ihn nicht. Er sei Sozialist, meinte er. Schimpfte auf das Dreiklassenrecht. Es ekele ihn, wenn er die gutgekleideten, satten Fahrgäste in diesem Zug sehe, die nie zu stehen oder sich zu drängeln brauchten.

Es gibt drei Sorten Züge, und ich sah etliche auf der Strecke. Einfache, überfüllte, die an jedem Misthaufen halten, um uns vorbeizulassen, gute, jedoch nicht klimatisierte, und den Luxuszug, in dem ich reise. Er ist für unsere Verhältnisse immer noch einfach, verwohnt, aber sauber und klimatisiert. Mehrfach Kellner mit Getränken und Sandwiches. Es ist ein teurer Zug, mit Platzkarte, nur erster Klasse. Hält auf den rund 250 km ein Dutzend Mal.

Ich stieg aus zu früh, erkannte meinen Fehler zu spät und war sofort umringt. Nebendran eine S-Bahn, die ich nicht nahm, aus Furcht vor Verwicklungen. Die Leute im Bahnhof verstanden nicht, warum ich kein Taxi nehmen wollte. Ließ mich nach Alex fahren und kam auf diese Weise zu einer Sightseeing-Tour durch die östlichen Stadtviertel am Meer, die zum Teil nur während der Badesaison bewohnt werden.

Hotel Cecil

Beim Einbiegen in die Gasse hinterm »Cecil« warf sich ein Mann vor mein Taxi. Ich stieg aus und sah, daß der Wegelagerer bereits meine Tasche aus dem Kofferraum genommen hatte. Wir stritten ein wenig um das Gepäckstück, dann, während ich den Taxler bezahlte, eroberte er abermals meine Tasche und lief in ein Haus. Ich hinterher, entriß ihm seine Beute und stürmte wieder raus und gegenüber rein. Neben der Tür das Schild: »Hotel Triomphe – fünfter Stock«. Da wollte ich hin, da hatte George mir ein Zimmer reserviert mit Blick aufs Meer.

Er hinterher. Ich erwischte den Fahrstuhl, kein Fahrstuhlführer, sondern einer von diesen braunen Kästen, die man selber bedienen darf, mit großen Spiegeln und Sitzbänken, in einem rundum offenen Schacht. Er zwängte sich durch den Türspalt und giftete mich an. Eine Dame stand in die Ecke gedrückt und schien sich zu fürchten. Ihr Gesicht spiegelte sich in den Spiegeln an den Seiten des Fahrstuhls.

Es gelang mir, die Tür zu öffnen und den Wegelagerer aus dem Transportgerät zu werfen. Er drohte mit der Faust und rief Schimpfworte, während wir nach oben ruckelten. Auf englisch sagte ich: »Haben Sie verstanden, was er will?« – »Ich weiß es«, sagte die Dame in einwandfreiem Englisch. »Er sagt, das ›Triomphe‹ ist nichts für Sie.« – »Was meint er damit?« – »He's a little bit silly.« – So you know him?« – »Everybody knows him. He's the king of all…« Sie gebrauchte ein unverständliches Wort.

Der Fahrstuhl hielt in einem hellen, offenen Raum, einer Art Halle, die von hohen Säulen gegliedert wird. Sie erinnerte mich an alte mexikanische Hotelhallen in Provinzkäffern. Es war alles sauber und gepflegt, auch das große Zimmer mit eigenem Bad, und es blieb immer noch unklar, warum der Mann mich daran hindern wollte, hier einzuziehen. Ich setzte mich aufs Bett, ich sah unters Bett, ich ging auf den kleinen Balkon und sah am Ende der Gasse ein Stück vom blauen Meer. Eine milde Brise bestrich meine beleidigte Nase. Das Klima von Alex ist tatsächlich angenehmer als das in Kairo.

Ich sah hinunter auf die Gasse, ich sah den Wegelagerer, ich trat etwas zurück. Er sprach mit einem Dünnen, der ihm Geld gab. Der Dünne hielt den Kopf schief und lächelte zynisch. Ich erschrak. El Sayed? Sayed konnte unmöglich in Alexandria sein. Aber warum nicht? Mit dem Auto brauchte er nicht länger als ich mit dem Zug.

Ich ging auf den Gang, ich ging einmal durch die ganze Etage immer rechts rum, vorbei an offenen Türen. Ich sah in viele aufgeräumte, helle, wohnliche Zimmer, die offensichtlich unbewohnt waren, ich durchquerte zwei kleine Salons mit leichten Polstermöbeln, in denen freundliche Dienstboten saßen, die bei meinem Erscheinen aufsprangen, ich gelangte wieder zur Rezeption und erkundigte mich nach einem preiswerten Lokal. »Am liebsten ein Künstlerlokal.« Der Portier empfahl mir das »Elite«, »in front of Santa Lucia«. – »Santa Lucia?« – »Best place in Alexandria.« Schon recht.

Ich ging ins »Elite«, nahm als Vorspeise kalten Polyp, sauer angemacht mit Kräutern, einen »Loup de Mer« mit Salat, zum Nachtisch Eis mit Früchten. Ich ging zurück zur »Corniche« und schaute hinaus aufs Meer. Es war ein ganz normales Meer, und hatte nur eine Besonderheit: Es roch nicht. Es war blau, gekräuselt, mit leichter Brandung, wie ein Meer, aber es roch nicht. Überall auf der Welt riecht das Meer nach Meer. Nur nicht am alten, königlichen Hafen von Alexandria, wo Cäsar es mit Kleopatra trieb.

Ich stand in etwa an der Stelle, wo Hypatia verbrannt wurde. Rechts hinter mir standen damals die zwei Obelisken, die heute im New Yorker Central-Park und am Themse-Ufer stehen. Aber das Meer hatte keinen Geruch.

Mir wurde schlecht. Ich nahm einen Kaffee und einen Brandy im »Metropol«, einem Luxushotel mit Blick auf die Bucht. Links eine Art Tempel. An der Stelle könnte das Kaisarion gestanden haben, wo Hypatia mit Scherben zerfleischt wurde. Ich ging hin. Das Gebäude der Handelskammer. Eine merkwürdige Metamorphose. Nebendran das »Cecil«, reicht vom Tempel bis an die »Corniche«. Ich quälte mich an der Fassade lang.

Das »Cecil« ist ein First-Class-Hotel im maurischen Stil aus der Gründerzeit, sehr gepflegt. Es sollte »Hotel Hypatia« heißen. Ein livrierter Hoteldiener öffnet die Türen der heranrollenden Nobelkarossen. Die Herren sehen aus wie Diplomaten und Generalbevollmächtigte. Livrierte Pagen tragen die Hutschachteln rein, und die Damen sind nichts fürs Bett und trotzdem strohdumm. Bloß zickig. Als Mann kann man nur schwul sein oder mit dem Personal fraternisieren. Die Wagen halten unter einer großen Markise. Das Hotel wirbt mit der Literaturgeschichte und fehlt deshalb in keinem Stadtführer.

Nur durch das »Cecil« erinnert die Stadt entfernt an Nizza, die »Corniche«, an der es liegt, an die »Promenade des Anglais« mit dem »Hotel Negresco«, das es auch in Alex gibt. Ich trat wieder ans Ufer, um mir noch etwas die Beine zu vertreten. Hier erstreckte sich kilometerweit bis zur Insel Pharos der alte königliche Hafen mit den Palästen der Ptolemäer. Ich war kaum da, als ein Dutzend Fiaker anrollte und Jagd auf mich machte. In der Ferne die helle Zitadelle, massig, irgendwie staufisch, die Reste des Leuchtturms. Im Osten eine Mole weit ins Meer hinaus, bestückt mit ein paar Steinbaracken, wo einst das Prunkzelt der griechischen Pharaonen stand.

Ich sah alles vor und hinter mir: Ein wenig stadteinwärts stand das Museion, in dem Hypatia angeblich Professorin war, die Bibliothek, vor der sie angeblich überfallen worden war. Neben mir im niedrigen Wasser hatte Vivant Denon sich die Hosenbeine naß gemacht auf der Flucht vor der achten Plage, den Kötern. Es ging mir wie ihm. Ich wußte, was hier alles gestanden hatte, aber es war weg. Völlig weg, und diese Promenade mit dieser Bucht, so schön wie der Golf von Neapel, erschien mir so trostlos und gottverlassen.

Mir wurde immer schlechter. Ich ging ins »Cecil«, hielt mich an der Rezeption fest und nahm ein Zimmer mit Blick aufs Meer. Es war genau fünf Mal so teuer wie mein Zimmer im »Triomphe«. Nobel geht die Welt zugrunde. Wenn ich im »Triomphe« den Löffel abgab, hatte ich keine Aussicht auf Nachruhm. Nur im »Cecil«. »Deutscher Nachfahre von Beau Brummel im Bett von Virginia Woolf gestorben. Tod eines Dandies. Der Snob mit der Klatsche.«

Während ich wartete, weil der Portier erst meine Kreditkarte überprüfen mußte, brachte ein Mädchen ein aromatisches Getränk, das ich nicht kannte. Ich betrachtete die längliche Messingtafel mit den Namen berühmter Dichter, die hier genächtigt hatten. Laurence Durell, Ernest Hemingway, Gore Vidal, Marcel Proust. Keine Frauen. Dann starb ich eben im Bett von Vidal.

Die Halle ist hell getäfelt. Zuviel Stil. Ich hab's lieber nüchtern. Stil habe ich selber.

Es dunkelte schon, als ich aufwachte, naßgeschwitzt, 39,2 Fieber, einfaches Delirium. Gesang aus dem Nachbarhaus. »Domani è un altro giorno.« Wie kam ich nach Rom?

Das Mosaik

Zu Fuß. In einem kleinen Fenster lagen drei verdreckte Frechdachse, pflaumten mich an und verschwanden. Ich schaute in eine düstere kleine Backstube, in der ein halbes Dutzend Männer zugange war. Versuchte, ein paar Zwiebackstangen zu kaufen, was ziemlich lange dauerte, da sie mich nicht verstanden. Die Gesellen grinsten und keiften. Ihre weißen Zähne leuchteten in der Dämmerung. Ergatterte schließlich für 20 Piaster ein Bündel Stangen. Sie lachten glücklich, als ich eine Stange herausnahm und hineinbiß.

Absurde Vorstellung: Ein Farbiger kommt in eine Stuttgarter Bäckerei, kann kein deutsch. Man einigt sich auf zwei Laugenbrezen. Wie er den Brezen aus der Tüte nimmt und reinbeißt, lachen die Verkäuferinnen sich scheckig.

Das Museum ist ein hübscher klassizistischer Bau aus dem ganz späten 19. Jahrhundert, die Säle um zwei begrünte Innenhöfe angeordnet, aber mit dem Grün klappt es nie so richtig. Bewunderte lange einen Stier aus schwarzem Diorit, Gott Serapis darstellend, gefunden im Schutt des Serapeions, eine Darstellung also, die Hypatia ständig vor Augen hatte, wenn sie dort exzerpierte. Wenigstens etwas.

Als nächstes Serapis in Menschengestalt, riesig, vermutlich aus einem Baumstamm gehauen, jedoch leider nicht in Alex gefunden, sondern in Fayum. Eselsbrücke: Sehr ähnliche Figuren saßen auch in Alex in den Atrien der öffentlichen Bauwerke. Hoffentlich.

Bewunderte ausführlich etliche Damen griechischer und römischer Bauart, teils nur Köpfe, teils Büsten, teils Statuen, auf der Suche nach einer Hypatia. Auch ein Mosaik kam in Frage, etwa 4 m^2 groß, viereckig, eine Portraitbüste in einem Kreis. Die Dame hatte die großen Augen, die ich ägyptische Augen nenne, weil man sie von den sogenannten Mumienportraits kennt, obwohl sie aus römischer Zeit stammen. Sie war nicht mehr ganz jung und recht kräftig gebaut, aber vornehm gekleidet und erinnerte mich stark an die gemeuchelte Philosophin.

Das Mosaik baumelte an einem Flaschenzug im hinteren Atrium und sollte gerade in den Boden eingelassen werden. Bauarbeiter hantierten wortlos und mit bedächtigen Gesten, nervöse Herren gaben Befehle, eine kleine Asiatin lief aufgeregt umher. Ich ließ mich von einer Dame unterrichten. Die Asiatin hatte das Mosaik aus vielen tausend Steinchen in zweijähriger Arbeit zusammengesetzt. Dies war ihr großer Tag.

Ich entschied mich für eine Frauenstatue in einer Nische des Atriums. Hypatia hat eine Gesichtshälfte eingebüßt, also einen Teil ihres Martyriums bereits hinter sich. Neben ihr ein Philosoph, Himation über dem Chiton, Schriftrolle klaro, auf ihrer anderen Seite, kopflos, sitzend, aus rotem Porphyr, Kaiser Diokletian. Eine historisch nicht stimmige Gruppierung also.

Ich wandte den Kopf, um die zwei Gesichter Hypatias zu vergleichen. Das Mosaik schwebte jetzt etwa zwei Meter über dem Boden. Zwei Arbeiter trugen mit Glättkellen den Fliesenkleber auf den blitzblank gefegten Estrich. Die Putzfrau hielt noch Handfeger und Kehrblech in den Händen. Die Spannung der etwa 20 Personen im Raum übertrug sich auf Atome und Moleküle.

Ein lauter Schrei. Die zwei Arbeiter sprangen beiseite wie die Hasen, in der Luft hakenschlagend. Ein Herr schlug die Hände überm Kopf zusammen, die Asiatin starrte mit ebenfalls ägyptischen Augen auf den Flaschenzug. Das Mosaik rauschte herab, schlug laut auf, zerbröselte wieder. Viele winzige Steinchen flogen durch den Raum, erreichten unbedeckte Körperteile, schmerzend. Eine ferne Stimme rief laut: »Bravo!«

Am anderen Ende des Portikus, der vom hinteren Atrium zur Eingangshalle führt, stand plötzlich George, der Portier aus dem »Windsor«. Er trug jedenfalls dieses elegante rosa Oberhemd, diese elegante, gut gebügelte dunkelgraue Hose aus reinstem Kammgarn, fett wie George. Er hatte der renovierten Heidin den abermaligen Zerfall gewünscht, das war klar, er klatschte, er hatte »bravo« gerufen, er lief zum Ausgang und verschwand.

Ich drängelte mich durch die entsetzten Archäologen, stolperte fast über die Asiatin, die auf dem Boden lag, laut schluchzend.

Im Serapeion von Alexandria

Ich sah George über den stillen, leeren Platz laufen, der von Eukalyptusbäumen gesäumt wird, wehrte einen Taxifahrer ab, der nicht verstand, warum ich lieber rannte, statt zu fahren, sah George in eine Seitengasse laufen und folgte ihm. Mehrfach, als wir schon den riesigen Basar von Rhakotis erreicht hatten, glaubte ich, ihn verloren zu haben. Mir war schlecht, das Herz klopfte bis zum Hals, ich hatte Seitenstechen, ich lief durch die Gasse der lebenden Hühner, der zusammengesetzten Autos, der schmiedeeisernen Töpfe und Pfannen, der Gürtelschneider, der Kaftanschneider, der Hülsenfrüchte, der Trockenfrüchte, und die Düfte des Orients wechselten schneller, als ich riechen konnte.

Rufe drangen an mein Ohr: »Where you come from?« – »Where you're going?« – »Welcome in Egypt!« – »Visit my shop, Mister!« – »Do you speak English!« Mehrstöckige schmutzige Häuser, bereit, einzustürzen, flogen an mir vorbei, Gesichter, Esel, verschleierte und unverschleierte Frauen, zwei Soldaten der Touristenpolizei in schneeweißen Kampfanzügen mit Maschinenpistolen. Sie hielten Händchen, blickten sich verliebt an und schwebten auf einer Wolke der Wollust. Vorbei ist vorbei.

Am Rand eines belebten Platzes mußte ich verschnaufen. Ich sah den fetten George vor einem hohen Eisenzaun. Eine zerlumpte Alte zupfte an meinem Ärmel. George sprach mit einer Uniformmütze. Ich lief durch das Chaos der Busse und Sammeltaxis. George war weg.

»Wo ist er hingelaufen?« fragte ich, schwer atmend. Die Uniformmütze deutete auf eine Art Park. Ich war auf dem Sprung, er hielt mich fest und deutete auf den Kassenschalter. Ich zahlte, ich rannte los. Ein Gartenweg von einer Hecke gesäumt, Säulenstümpfe am Wegrand, kleine Palmen, festgetretener Lehmboden, ein paar kümmerliche Rabatten, links ein Trümmerberg.

Ich lief den Weg hinauf, ich stand auf dem trostlosen Hügel ohne Baum und Strauch. Ich schaute mich um. Eine kleine Grabungszone von einer hohen Mauer umgeben. Neben der Mauer ein dunkelgrauer, langgestreckter Wohnblock, vielleicht sechziger Jahre, die Fassade zerlöchert, die Balkonverkleidungen aufgebrochen, offensichtlich bewohnt, eine Betonwüste. Eine urbane Brache drinnen wie draußen.

Ich sah zwei kleine Sphinxen, runde, gemauerte Schächte, eine hohe Siegessäule gegen den hellblauen Himmel, und begriff. Ich stand auf den Trümmern des »Serapeions«, des Tempels des Gottes Serapis, einem Topos meines Romans. Ich drehte mich abermals, und für einen Moment sah ich nun auch George wieder. Er tauchte kurz hinter einer Sphinx auf und war sofort wieder verschwunden.

Ich lief über das Trümmerfeld und stand vor einem Treppchen, das nach unten führt. Auf einem notdürftigen Schildchen stand: »Zur Bibliothek der Hypatia«. Der erste materielle Hinweis, daß irgendwer in Ägypten von dem Mord gehört hatte. Ich lief die ausgetretene Treppe hinunter, ein Stück in den unbeleuchteten Gang hinein. Ganz hinten glänzte das rosa Hemd des Portiers, sein feistes Gesicht.

Ich spürte eine Bewegung hinter mir, ich fuhr herum und sah eben noch, wie die Gittertür zufiel, ich sprang hin, rüttelte, sie war verschlossen. Ich wandte mich ins Dunkel, kein Hemd, kein Gesicht. Ich setzte mich auf einen Steinsockel, an die Wand gelehnt, ich war erschöpft und verwirrt, ich schlief ein.

Jemand legte die Hand auf meine Schulter, es dämmerte schon, ich folgte ihm nach draußen. Erst dort erkannte ich den Parkwächter. Er brachte mich zum Ausgang, er rief ein Taxi. Wieder fuhren wir endlos lange durch überfüllte Basargassen, oft nur im Schritttempo. Er fuhr nicht ganz bis zum Cecil. »Wieviel?« – »Wie üblich.« – Die Stimme kam mir bekannt vor. »Wieviel?« Er drehte sich um. »Zehn Pfund.« Es war Sayed. In meinem Kopf vibrierte es. Wie ein Stromschlag. Ich gab ihm zwölf und schleppte mich ins Hotel. Ich beschloß, daß ich alles nur geträumt hätte.

Im TV siegte die ägyptische Armee noch immer über die israelische. Martialische Bilder, sterbende Israelis, Ägypter, die in feindliche Schützengräben sprangen, auf Panzern saßen und Fahnen schwenkten, wohlformierte Luftgeschwader, abstürzende Juden, jubelnde Ägypter vor den Fernsehern in den Teehäusern und Kinder in Schuluniformen, singend, glühende Augen.

Etwas geschwächt, zumeist im Café mit Blick auf Meer am Ramlah-Platz, Endstation der Straßenbahn nach Abukir. Empfing etliche feurige Blicke aus der unverhüllten Damenwelt und eindeutige nonverbale Angebote hübscher Pennäler, die ich jedoch mangels Ortskenntnis vorsichtshalber ignorierte. »Können hätte er schon wollen, aber dürfen hat er sich nicht getraut.« Auf dem Bahnhof eine große Reklame für »Lipton Pure Indian Tea«.

In mehreren Läden wegen Stadtführer und Stadtplan. Es gibt nichts dergleichen, eine Großstadt mit mehr Einwohnern als Berlin, die keinen Stadtplan hat, aber schöne alte Buchhandlungen, wie früher, in denen die Bücher jahrzehntelang auf die Frau ihres Lebens warten. Heimatliche Gefühle. Auf der Suche nach der verlorenen Hypatia.

Eine Stunde irrte ich über den weitläufigen »Midan Saad Zaglul« (Midan = Platz), an dem das »Cecil« liegt. Der Reiseführer: »Wahrscheinlich stand hier einst das Cäsarium, jener Tempel, den Cleopatra ihrem Liebhaber Antonius bauen ließ.« Und wo meine Hypatia zerstückelt wurde.

Wanderte auch an der Bucht entlang ostwärts und stand unerwartet vor einem rätselhaften Gebäude, genau an der Stelle, wo, laut Strabo die berühmte Bibliothek war. Dicht an der Corniche liegt, höchst modern, ein riesiger Kegelschnitt, wächst aus dem Kalkschotter im Winkel von 20 Grad, schätzungsweise, erhebt sich landeinwärts bis zur Höhe eines mehrstöckigen Hauses, eine glitzernde Kreisfläche aus Stahl und Glas, durch vertikale und horizontale Linien gegliedert. Viele Dreiecke sind ausgespart, Fenster vermutlich, so daß viele große, straffe Segel auf der Schnittfläche liegen.

Ich umrundete das von zwei kleinen Pyramiden flankierte Bauwerk, betrachtete die zahllosen Symbole, die in die steinerne Verkleidung der rückwärtigen Fassade eingelassen sind, wehrte einige Kutscher und Taxler ab, fotografierte ein wenig, fragte nicht.

Hypatia hat, der Legende zufolge, auch an der Berechnung von Kegelschnitten gearbeitet. Es mußte sich um die neue Bibliothek von Alexandria handeln. Der Zentralbau ihr zu Ehren in Form eines Kegelschnitts, ein guter Einfall, keine Frage, eine durchdachte Architektur, die gute Figur machen würde, in London, Paris, in Frankfurt und neuerdings vielleicht sogar in Berlin. In Alex, dieser Stadt ohne Geschichte, eine bezugslose Größe. Wer sich nicht erinnert, hat keine Zukunft.

Abendessen im »Santa Lucia«, wirklich gut. Leider war bis in die Morgenstunden alles wieder draußen. Systematische Vergiftung. George, du unerbittlicher Kopte!

Freitagsgebet

Mit der Straßenbahn über das »Heptastadion« zum Leuchtturm auf der Insel Pharos, die schon Homer kannte. Die Straßenbahn ist spottbillig, ruckelt und zuckelt, hat offene Fenster und keine Türen, einen richtigen Schaffner, der durch den Wagen geht und die Billets verkauft, und zuerst fühlte ich mich an meine Kindheit erinnert, als die Straßenbahnen in Kassel genauso aussahen.

Stieg in den zweiten Wagen ein, in dem einige Paare saßen, und hatte sofort eine Menge Ärger, den ich nicht verstand. Männer und auch der Schaffner versuchten, mich aus dem Wagen zu werfen. Der Zug blieb schließlich stehen, ich gab nach, stieg aus und begriff auch nicht, warum einige Herren im ersten Wagen mich aufforderten, bei ihnen einzusteigen. Verfuhr mich, da keiner begriff, wohin ich wollte, obwohl ein Herr englisch sprach. Ihm verdanke ich die Einsicht, daß Männer ohne weibliche Begleitung nur den ersten Wagen benutzen dürfen, Frauen mit und ohne Männer nur den zweiten (als ob verheiratete Männer ungefährlich wären).

Der sieben Stadien und deshalb ein Heptastadion lange Damm, der nach Pharos führt, hat sich in den letzten zweitausend Jahren, zu einer mehrere Kilometer breiten Halbinsel ausgewachsen. Die Insel Pharos ist keine mehr, und der Leuchtturm ist jetzt eine normannische, staufische Burg, also weitgehend fensterlos, etwa so groß wie Castello del Monte, gepflegt, sturmerprobt und sehr langweilig, und heißt: Fort Kait Bey. In der riesigen Hafenbucht, die er bewacht, kein einziges Boot. Zwei gepflegte Mädchen in weißen Kleidchen spielten Festkleben im heißen Asphalt auf dem Dach der Kasematten. Dachte an Hans Albers: »Wir rochen nachts im Bett nach Teer.«

Ein weißer Touristenpolizist hinderte mich daran, das Fort zu umrunden, aber ein freundlicher Herr wußte Rat. »Kaufen Sie für drei Pfund eine Angelerlaubnis an der Kasse des Forts.« – »Aber ich habe keine Angel.« – »Die brauchen Sie nicht.«

Lief lange drin und draußen ungestört herum und genoß die Skyline von Alex, genoß es, mal wieder am Wasser zu sein, und die Bibliothek am anderen Ufer machte einen guten Eindruck, nun aber nicht mehr als Kegelschnitt, sondern als riesige fliegende Untertasse, die sich schräg in den Kalkfelsen gebohrt hat. Stand ich da, wo Hypatia das Gewimmel der Schiffe betrachtet hatte, als es noch wimmelte?

Rückweg zu Fuß und endlich doch noch ein Hauch von Meer: Ein unerträglicher Gestank nach verfaultem Fisch verpestete das Heptastadion, kilometerweit. Schmutzige Männer standen barfuß auf dem pitschnassen Asphalt an schmutzigen, flachen Stoßkarren, auf denen sich undefinierte Nahrungsmittel in Dosen und Töpfen befanden, hielten Brotstücke in schmutzigen Händen und tunkten sie in Soßen und Breis, pellten Eier, leckten sich die Finger, winkten mir zu:

»Komm Junge, iß was.«

Ich überlegte. Vielleicht hatte ich nur zu viele Bakterien gegessen, und vielleicht verschwand mein ständiger Durchfall, wenn ich noch mehr Bakterien aß. Dann enge Gassen, Souks, malerisches Ägypten, Düfte, Teehäuser, hundert Moscheen, und ich vergaß meinen Hunger, weil plötzlich das ohrenbetäubende Geheul der Muezzine einsetzte.

Kyrills Predigt

Von Turm zu Turm pflanzte es sich fort, eine Beleidigung für jedes Ohr, und ich bewegte mich praktisch unter einem dröhnenden Baldachin der entsetzlichsten Kakophonien, kaum weniger schlimm als der Terror einer deutschen Diskothek und die Muezzine keinen Deut besser als irgendein Stuttgarter DJ. Typisch Freitag, der dreizehnte.

Ich wollte zur Terbana-Moschee, für deren Errichtung antike Säulen verwendet wurden, um auf diese Weise wenigstens etwas Hypatia-Architektur zu schnuppern, schaffte es aber nur bis zur Moschee des Heiligen Abou el Abbas, ein protziges, potthäßliches Konglomerat aus dem Jahre 1945, wo ein Imam soeben begann, den üblichen Freitagsquatsch über ein Dutzend Lautsprecher in die Menge zu geifern, also kein Durchkommen mehr.

An einem Seiteneingang stand ein Geistlicher, der mit beiden Händen Almosen verteilte, und es herrschte ein Gedränge wie bei der Einführung der D-Mark in Ostberlin. Auf einem eingezäunten Platz nahebei plauderten die Frauen, spielten ihre Kinder Himmel und Erde. Die Männer hockten im weiten Umkreis auf den Straßen und Plätzen, auch die Fahrbahnen versperrt, zumeist auf alten Pappstücken, hinter sich eine Baugrube oder einen überquellenden Müllsack, vor sich eine große Pfütze oder ein Autowrack, und wohin ich mich zu flüchten versuchte, überall prasselten die Worte des Imam auf mich hernieder wie Hagelkörner.

Gezwungen auszuharren, hörte ich genauer hin und erkannte schon bald den Sinn seiner Rede. Sie war klar strukturiert. Er begann esoterisch, emphatisch, mysteriös, rutschte ins Raunen, wurde sanft, sachlich, legte einen Zahn zu, etwas lauter und schneller, wiederholte einzelne kurze Floskeln, begann die Worte einzeln zu betonen, ging über zum Stakkato, wurde rhythmischer, schärfer, härter, einpeitschender, wiederholte einzelne Worte und Rufe, begann zu brüllen, seine Stimme wurde schrill, kippte fast über, brach abrupt ab, flüsterte einige zusammenhängende Sätze, brüllte wieder stakkatohaft, genauso wie er zuvor abgebrochen hatte, wiederholte ein paar Mal den Wechsel, machte eine kleine Pause und legte eine neue Platte auf mit anderen rhetorischen Mustern.

Es war faszinierend. So hatten die großen attischen Redner die Volksversammlungen aufgeheizt und aufgeputscht, in die Kriege gehetzt oder gegen ihre innenpolitischen Gegner gewettert, so daß ihre Hinrichtung unvermeidlich wurde.

Ich verstand kein Wort, begriff jedoch genau, was er sagte. Er hielt seinen sprachlosen Zuhörern eine Situation vor Augen, er beschrieb sie, er variierte die Beschreibung, er schimpfte auf die Situation, er wiederholte seine Beschimpfungen, er sprach über jene, die ihm nicht folgen mochten, er spottete über sie, er machte ihnen Vorwürfe, er attackierte sie, verurteilte sie, rief ihnen seine Verleumdungen hinterher, er wandte sich an die noch Unentschlossenen, er umschmeichelte sie, er redete ihnen gut zu, er lobte sie, er feierte sie, er zog mit ihnen in die Schlacht, er kämpfte mit ihnen, litt mit ihnen, beschrieb den Feind, verspottete ihn, schrie ihm seine Verachtung ins Gesicht, besiegte ihn, machte ihn fertig, verstümmelte seine Leiche, warf sie den Geiern vor, feierte mit den Gefährten, lebte still und zufrieden mit ihnen im Paradies, erblickte am Horizont ein neues Übel und begann von vorne.

Es war klar, was ich da hörte. Die Reden des heiligen Kyrill, mit denen er den christlichen Mob aufhetzte, die ungläubige Philosophin zu ergreifen, zu lynchen, ihr Haus zu verwüsten, ihre Anhänger zu verfolgen, ihr Andenken aus den Annalen zu löschen, wachsam zu sein.

Der Mord an der Heidin Hypatia konnte sich in jedem Augenblick wiederholen.

Wieder daheim

Der Fahrstuhlführer kam mir entgegen: »Welcome back to Kairo, Sir. Glad to see you. Have you had a nice travel to Alexandria?« Außer ihm war niemand an der Rezeption. Ich gab ihm die Tasche und sagte: »I'm tired.« Er: »Have a sleep.« Er holte meinen Koffer aus dem Abstellraum, fuhr mich in den dritten Stock und sagte: »Same room as last time.« Ich gab ihm fünf Pfund. Er nahm sie, aber ich merkte, es war ihm zuviel. Der Page und der dicke Beduine schlossen die Tür auf.

Ich packte den Koffer aus, zog die schwere dunkle Portiere vorm Fenster zurück, öffnete die Flügeltür und schaute hinaus. Sayed schaute auf und gab mir ein Zeichen. Mir war noch immer sauschlecht, aber ich fühlte mich irgendwie geborgen. Der Brotverkäufer an der Ecke sortierte mit dreckigen Fingern seine Ringbrote, die zwei Schuhputzer, der Alte und sein Eleve, saßen vorm Hotel und wienerten an ihren Schuhbergen, die Männer, deren Schuhe geputzt wurden, saßen in Socken an den winzigen runden Tischen und hatten die Füße auf einem Stück Pappe stehen, die blinde Hippie-Frau blieb bei jedem stehen, streckte die Hand aus, wortlos, und schwebte weiter wie eine steinerne Mumie. Lastwagenfahrer, die an den Tischen nicht vorbeikamen, brüllten sich den Weg frei, und in der Teestube hantierte der Pfeifenputzer mit seinen unzählbaren Wasserpfeifen.

Nicht im Serapeion von Sakkara

Gestern mit Sayed in Sakkara. Wir hielten auf dem großen Parkplatz, und ich bat ihn, mich zum Serapeion zu fahren, das abseits liegt, aber er weigerte sich und rückte schließlich damit raus: »Ich hasse Friedhöfe, sie bringen Unglück.«

Ich hatte ihn schon seit Tagen in Verdacht, abergläubisch zu sein. Wir sprachen über die Unsitte der islamischen Ägypterinnen, Kopftücher zu tragen und ich fragte ihn, ob seine verstorbene Frau ein Kopftuch getragen habe oder ob seine Töchter später einmal Kopftücher tragen müßten. »Irgend etwas Phantasievolles, meinetwegen«, sagte er, »aber eine Frau sollte die Arme bedecken und das Haar.« – »Warum das, bist du Mohammedaner?« – »Haare sind etwas sehr Sinnliches. Es ist nicht gut, die Männer zu erregen. Die ägyptischen Männer können sich nicht beherrschen, wenn sie sexuell erregt sind.«

Ich überlegte, ob Hypatias Tötung ein Sexualmord war, und fragte: »Warum die Arme?« – »Damit man die Haare in den Achselhöhlen nicht sieht. Die Achselhöhlen sind erregender als der Schamhügel.« Darüber hatte ich noch nicht nachgedacht.

Ich lief eine knappe halbe Stunde durch die Wüste unter einer vollen Sonne, in brutaler Hitze. Im Serapeion von Sakkara wurden die heiligen Stiere beigesetzt, die den Gott Serapis darstellten, der auch in Alex verehrt wurde, weil er u.a. für die jährliche Nilschwelle sorgte, von der auch die Stadt Hypatias abhing.

Ich lief einmal drumherum und schleppte mich dann zu einem verwahrlosten kleinen Lokal in der Nähe, schüttete eine Menge

Mineralwasser in mich hinein und fragte, warum das Serapeion geschlossen sei. »Wegen Überschwemmung.« Die Kellnerin kramte ein Zeitungsfoto hervor. Es zeigte ein weitläufiges unterirdisches Grab voller riesiger Katafalke und Sarkophage, die zur Hälfte im Wasser standen, Männer in Taucheranzügen planschten herum.

Es war nicht rauszukriegen, warum ein Grab unter der Wüste unter Wasser stand, denn es regnete nie und kein Brunnen weit und breit.

Ich umrundete die Djosser-Pyramide, füllte etwas Sand in eine kleine Plastiktüte und wollte schon zum Parkplatz zurück, als ein dürrer Beduine mich doch noch erwischte. Er nannte sich Hassan und versprach, eine Menge verschlossener Mastabas kostenlos zu öffnen, schwärmte von nie gesehenen Schätzen und versicherte nach langen Verhandlungen, keinesfalls mehr als 15 Pfund zu fordern.

Auf einer hohen Sanddüne stand, gegen das grelle Licht gelehnt, wie ein Schattenriß, ein Kamel, auf dem ein Mann saß. Die Sonne stand fast senkrecht, und die Ebene besaß so ohne Schatten keine Entfernungen. Hier und da wagten sich einzelne Touristen in unsichere Distanz zu den wenigen herausragenden Bauten. Sie standen nah oder fern und schienen zu fotografieren. Über dem Niltal im Osten lag ein feiner goldener Dunst, nach Westen lange niedrige Mauerstücke im samtweichen Sand. Es war Zeit, mal eine Expedition zu wagen, also ging ich mit Hassan.

Er wies auf ein leeres, langes, schmales, fast rechteckiges Becken und sagte nachdrücklich: »Grabmal von Prunkschiff von König Djosser.« Er winkte einen Schließer herbei, ließ ihn diese und jene Mastaba aufschließen, hieß mich eintreten, legte den Zeigefinger auf die Lippen und ermahnte mich: »Verboten. Nicht andere Touristen sagen.« Mal lag keine Nebengattin mehr drin, mal keine Prinzessin. Mastabas sind Gräber für Familienangehörige und hohe Höflinge.

Der Mann mit dem Schlüssel wechselte mit den Sehenswürdigkeiten. Wir krochen durch enge Löcher in unterirdische Gräber oder betrachteten sie durch ein Loch von oben, und jedesmal ermahnte Hassan mich, dem Mann mit dem Schlüssel einen Obolus zu entrichten, und schon bald hatten die Schließer so viel erhalten, wie er bekommen sollte.

Ich wollte gehen, aber die Wüste lag noch vor uns. Hassan zog mich in einen überdachten Gang, ohne Zeugen, und flüsterte mir ins Ohr, ob ich eine unterirdische Anlage sehen wolle, die streng verboten sei. Ich dachte an Rommel, El Alamein, Lord Kitchener, Tut-ench-Amun und Nofretete und wollte es wagen. Wir gingen etwa einen Kilometer durch die Wüste. Mehrfach bückte er sich, hob eine billige kleine Perle oder ein winziges Goldplättchen auf, zeigte es mir, sprach von den unentdeckten Schätzen unter unseren Füßen und steckte die Fundstücke wieder ein.

Wir erreichten einen Stacheldrahtverhau, ein Schließer öffnete, ich sah in eine große Grube, in der eine Art Bunker lag, der durch eine große Holztür betreten wurde, und sah dann tatsächlich eine ausgedehnte, vormals unterirdische Mastaba, vorwiegend ohne Dach, mit vielen großen Reliefs an den Wänden, zum Teil koloriert, ein Atrium, Innenräume, eine Art Thronsaal.

Hassan sprach von einem bedeutenden Minister oder König, erzählte was von Nofretete, breitete die Arme aus und spielte Flugzeug, ich tippte auf Luftaufnahmen, er nannte Namen in seiner gutturalen, schwer verständlichen Sprache, ich verstand mal »Horem Heb«, mal »Harem Hab«, die Namen sagten mir nichts, aber die Reliefs, die ich schon aus den europäischen Museen kannte, gefielen mir, und ich verstand nur nicht, wie Reliefs aus einer Mastaba, die man eben erst entdeckt hatte, schon in London hängen konnten, er ermahnte mich mehrfach, niemand von diesen Schätzen zu erzählen und trieb am Ende der langen Besichtigung den Preis des Schließers in astronomische Höhen.

Wir verbrachten dann noch eine halbe Stunde in einem schattigen Gang beim Untertempel, fotografierten uns gegenseitig und diskutierten über sein Honorar. Ich will hier keine Zahl nennen, um mich nicht lächerlich zu machen. Der Betrag war erträglich, da ich seit einer Woche fast nichts gegessen hatte.

Die Ruhe vor dem Sturm

Ich hatte den Tag im ägyptischen Museum verbracht und mich vor den Besuchermassen geekelt – sie trotten alle an denselben Stellen herum, versperren einem die Sicht, verpesten die Luft, anstatt sich auch mal was Unbekanntes anzuschauen –, ich hatte beim Italiener im Nil-Hilton zu Abend gegessen, gleich neben dem Teehaus mit den hundert Wasserpfeifen, eine schöner als die andere, und anschließend zwei Whisky auf Eis im 30. Stock des Ramsis-Hilton genommen.

Ich war zum »Windsor« geschlendert, kein Parfum-Schlepper am Talat Harb hatte mich belästigt, ich hatte kaum Bauchweh, das Essen war noch drin, ich hatte vorm Teehaus Platz genommen, und nebendran saßen keine deutschen Archäologiestudenten mit ihrem Professor, die so taten, als wären sie hier zu Hause, als von rechts die blinde Hippiefrau heranschwebte. Sie streckte die Hand aus, Sayed nahm eine Münze vom Tisch und gab sie ihr, und als sie weiterging, sagte er plötzlich:

»Ich kenne einen Mann, der ein Buch hat, in dem alles drinsteht über deine Philosophin. Die Christen haben sie ermordet.« Ich fragte: »Was für ein Mann? Ein Moslem oder ein Christ?« – »Ein Grieche«, sagte er. »Er glaubt an die alten Götter.« – »Und wo finde ich diesen Mann?« Er sah mich an wie ein Verschwörer, der ein gefährliches Geheimnis preisgibt. »Follow the woman«, sagte er.

»Sie wird dich zu ihm führen.« – »Die Blinde?« – »Sie ist nicht blind. Sie ist seine Frau.«

»O.K.«, sagte ich und gab ihm meine Visitenkarte. »George soll diese Nummer anrufen, wenn ich bis morgen früh nicht zurück bin.«

Ich war plötzlich wieder so psychotisch wie vor meiner Reise nach Alex und ziemlich sicher, daß Sayed mit den Kopten unter einer Decke steckte. Warum hatten George und er mich in Alex observiert?

Ich stand auf und ging um die Ecke. Die Blinde lief vor mir her, aber sie hatte jetzt einen festen Schritt und bettelte nicht mehr. Sie lief am Ezbekiya-Park vorbei, tauchte in ein Gewirr enger Gassen, und mein Gefühl sagte mir, daß wir uns vom Nil entfernten. Mir schien, wir liefen durch einen Teil des islamischen Ghettos, den ich noch nicht kannte. Es ging jetzt recht flott, ich immer in sicherem Abstand, um jederzeit abhauen zu können, und nach einer guten halben Stunde, vielleicht auch mehr, tauchte vor uns die mittelalterliche Stadtmauer auf.

Wir waren also irgendwo im Norden des Bazarviertels.

Wir durchquerten ein Stadttor, vor uns erstreckte sich ein ödes Quartier, ohne Vegetation, mit winzigen Häuschen, und auf einmal begriff ich. Die Frau hatte mich zur Totenstadt am »Bab el Nasr«, am Tor eines der 99 Namen Gottes geführt.

Sie überquerte die verwüstete Straße, blieb kurz stehen und mir schien, sie gab mir ein Zeichen, ihr zu folgen. Staub trieb mir der Wind in die Augen, es roch brenzlig, der Himmel über der Stadt glühte vom Schein der tausend Feuer der Wohnungslosen.

In der Totenstadt

Die Gasse, in die ich ihr folgte, war eine Baustelle, notdürftig beleuchtet, voller Küchenabfälle und anderem Müll. Die Häuser waren baufällig, kleine Mausoleen, und die meisten waren einmal schön gewesen. Sie waren unterschiedlich, aber fast immer führte eine schmale Treppe zu einer großen Tür, über der eine Inschrift angebracht war. Ein wenig Licht drang aus einem der hohen schmalen Fenster links und rechts der Haustür.

Es war totenstill, doch die Gasse wirkte erstaunlich harmlos, und ich empfand keine Furcht, und es hätte mich nicht gewundert, wenn in der nächsten Seitengasse ein Teehaus aufgetaucht wäre, mit Schuhputzern, flinken Kellnern, Brettspielern, einem emsigen Pfeifenputzer und einem schmutzigen Brett voller Kringelbrote.

Die Blinde lief immer noch weit vor mir. Ihre Kleider und Tücher wehten, und ihr sonst so unwirklicher Gang wirkte diesseitig, leicht und heiter, als tanzte sie. Sie blieb stehen, drehte sich kurz zu mir um und betrat eines der Grabmale.

Ich folgte ihr. Die Tür war verschlossen und auch die zwei Fensterläden. Durch einen Riß im Holz fiel Licht. Ich nahm einen Stein, trug ihn an die Hauswand, stieg hinauf und linste hinein.

Das Grab bestand aus einem Raum und war spärlich möbliert, aber nicht unwohnlich. An der Seite stand ein kleiner Kochherd, an der anderen Wand ein Doppelbett, in der Mitte ein kleiner Tisch mit vier Stühlen. Die Kleidung der Bewohner hing an den Wänden. Von der Decke baumelte eine schwache Glühbirne. Die Wohnung unterschied sich nicht wesentlich von den »Bassi«, wie ich sie noch in den siebziger Jahren in Santa Lucia in Neapel gesehen hatte.

Ein bartloser alter Mann mit einem feinen Gelehrtenkopf und einer kleinen Brille mit Goldrand saß am Tisch und las. Er hielt das dicke Buch so, daß ich die Schrift auf dem Einband sehen konnte. Es waren griechische Buchstaben. Ich spürte ein Kribbeln unter der Schädeldecke.

War der Mann ein Grieche? Ein Überlebender der Massaker der Spätantike, der den Lynchmorden der Christen entgangen war? Wurden die letzten Altgläubigen heute als Bewohner der Totenstädte geduldet? Was war das für ein Buch? Hielt er es hoch, damit ich es sah? Sollte ich klopfen und eintreten? War er der Zeuge, von dem El Sayed gesprochen hatte?

Die Blinde saß bei ihm am Tisch. Sie hatte ihre flatternden Tücher unter einer dicken Wolljacke versteckt und trug jetzt dicke Strümpfe. Sie hatte ein hübsches, unschuldiges Gesicht und wirkte plötzlich sehr viel jünger. Mit flinken Fingern sortierte sie die Münzen und kleinen Geldscheine, die auf dem Tisch lagen. Sie zählte ihre Tageseinnahmen. Sie schaute zum Fenster. Unwillkürlich schrak ich zurück.

Ein kräftiger Schlag traf mich auf den Hinterkopf. Bevor ich mich umdrehen konnte, verlor ich das Bewußtsein. Ich lag am Rand der Straße vor der Stadtmauer, als ich wieder zu mir kam. Mehr noch als die scharfkantigen Steine in meinem Rücken schmerzte mein Schädel. Sayed kniete neben mir und preßte ein feuchtes Tuch auf meine Stirn.

»How are you?« fragte er. »I want to go home«, murmelte ich, »would you please bring me to the airport?« – »Have you got a ticket?« fragte er. »I'll get one«, sagte ich. »I take any plane that's leaving immediately.«

Die Beisetzung der letzten Zähne

Er half mir auf die Beine, klopfte den braunen Staub von meinem dunklen Abendanzug und führte mich zu seinem Taxi. Der Gedanke, daß man mich vermutlich ausgeraubt hatte, kam mir erst, als ich das Windsor betrat, um die Rechnung zu zahlen und meine Reisetasche zu holen. Mein Bewußtsein war trübe, und der rundliche Raum zwischen Georges Kopf und seinem Krokogürtel war mehr eine Aureole als ein dicker Bauch in einem zitronengelben Seidenhemd.

»Haben Sie ein Staubbad genommen, Monsieur Chotjewitz?« fragte er spöttisch. »Ich dachte, Ihr Flugzeug geht erst nächste Woche.«

Er führte mich ins Direktionszimmer und blieb gleichgültig, als er mein Erstaunen sah. Ich griff in die Brusttasche. Es war alles noch da. Brieftasche, Kreditkarten, Ausweise, Brillen, Notizbuch, Kalender, Taschenmesser, Kohletabletten und Elektrolyte, Kotztüte, Papiertaschentücher und sogar meine zwei kleinen Amulettsteine, die ich seit Jahrzehnten in der Tasche habe.

»Sie zahlen mit Karte?« fragte George. »Das macht 5% Aufschlag.« Ich runzelte die Stirn, zahlte, ohne die Rechnung zu prüfen, und wollte gehen. Er stand irgendwie ungünstig und sah mich vorwurfsvoll an. »No tip for Mr. George?« Ich dachte an die 220 Pfund, die ich Philipp schuldete und griff in die Tasche. Sogar das Papiergeld war noch da. »Only twenty?« sagte er und schaute auf die Läppchen in meiner Hand. Ich hatte mir so ziemlich als erstes einen größeren Posten kleine Banknoten besorgt, was nicht ganz einfach war. Ich fummelte noch mal 20 Pfund raus.

Über endlose, leere Boulevards Richtung Heliopolis. Der Flugplatz wie eine verlassene Raumstation auf einem unwirtlichen Planeten in einem anderen Sonnensystem. Ich zahlte Sayed 50 mehr als vereinbart. Ich hatte keine Ahnung, welche Rolle er in dem Horrortrip gespielt hatte, aber irgendwie fühlte ich, daß er mich nie verraten hatte und selber Hilfe brauchte. Wir umarmten uns zum Abschied, und er klammerte sich an mich. Ich mußte etwas sagen: »Komm nach Deutschland, ich beschaff dir einen Job.« Ich wußte, er hatte lange in Rom gelebt, als Computerspezialist gearbeitet und Mathematik unterrichtet, aber ich wußte auch, daß er Kairo nicht verlassen würde, seiner zwei kleinen Kinder wegen.

Ich nahm eine Maschine nach Lissabon morgens um vier. Von dort würde ich weiterkommen. Es war kurz vor zwei. Ich sah durch die Glaswände auf das unbelebte Rollfeld. Es gab keine Bar, kein gar nichts. Ich verdrückte mich in eine Ecke. Die Gefahr war noch nicht vorbei, und ich wußte noch nicht einmal, worin sie bestand. Es war aberwitzig zu glauben, daß sie etwas mit dem Fall Hypatia zu tun hatte.

Zu Hause füllte ich den Sand in ein Marmeladenglas und steckte alle Zähne hinein, die mir in den letzten sechs Jahren ausgefallen sind und die bisher in einem Briefumschlag lagen. Ein gutes Dutzend. Ich pappte einen Zettel dran und schrieb drauf: »Sand von der ältesten Steinpyramide der Welt und meine letzten Zähne.«

An Sankt Martin war auch die Diarrhoe beendet, der Bauch beruhigte sich, die Benommenheit im Kopf wich der üblichen Novemberdepression, die Zwangsvorstellungen verwandelten sich in Glücksmomente, die Erinnerungen schimmerten golden, und Sayed kriegte eine E-Mail: *April in Alexandria*.

Anmerkungen

1 *Hypatia: Or, The History of a most beautiful, most vertuous, most learned, and every way accomplish'd lady; who was torn to pieces by the clergy of Alexandria, to gratify the pride, emulation, and cruelty of their archbishop, commonly but undeservedly stil'd St. Cyril.* London, Printed in the year 1720
2 *Hypatia, or New Foes with an old Face,* London 1853
3 Pater Bernardus Merker, O.S.Aug., *Die historischen Quellen zu Kingsley's Roman »Hypatia«,* Diss. Würzburg 1908, Seite 11f
4 Fritz Mauthner, *Hypatia,* Stuttgart 1892
5 Gore Vidal, *Julian,* deutsch von Philip Weiler, Köln 1965
6 Stefand Andres, *Die Versuchung des Synesios,* München 1971
7 ders., *Der Tod der Hypatia,* München 1970
8 Dominique Vivant Denon, *Mit Napoleon in Ägypten,* Tübingen 1978
9 Michael Pfrommer, *Alexandria. Im Schatten der Pyramiden,* Mainz 1999
10 Arnulf Zittelmann, *Hypatia,* Weinheim und Basel 1988
11 Wolfgang Alexander Meyer, *Hypatia von Alexandria, Ein Beitrag zur Geschichte des Neuplatonismus,* Heidelberg 1886
12 Stephan Wolf, *Hypatia, die Philosophin von Alexandrien,* Wien 1879
13 Augustine Fitzgerald, *The Letters of Synesius of Cyrene,* Oxford/London 1926
14 Richard Hoche, Hypatia, die Tochter Theons, *Philologus Bd. 15,* 1860
15 Johannes Irmscher, Poetische Literatur, in Friedhelm Winkelmann und Wolfram Brandes, *Quellen zur Geschichte des frühen Byzanz (4.–9. Jahrhundert),* Amsterdam 1990
16 Mignè PG 66/PG 67
17 Wolfgang Hagl, *Arcadius Apis Imperator, Synesios von Kyrene und sein Beitrag zum Herrscherideal der Spätantike,* Stuttgart 1997
18 Michael Deakin, *The Primary Sources for the Life and Work of Hypatia of Alexandria,* Clayton (Australien) 1998 (http://www.polyamory.org/~howard/Hypatia/primary-sources.html)
19 *Pauly's Real-Encyclopädie der Classischen Altertumswissenschaft,* herausgegeben von Georg Wissowa, Stuttgart 1894
20 *Das Leben des Philosophen Isidoros von Damaskios aus Damaskos.* Wiederhergestellt, übersetzt und erklärt von Rudolf Asmus, Leipzig 1911
21 Robert Henry Charles, *The Chronicle of John, Beeing a History of Egypt before and during the Arab Conquest,* Amsterdam undatiert

22 Christopher Haas, *Alexandria in Late Antiquity. Topography and Social Conflict.* The Johns Hopkins University Press. Baltimore and London 1997
23 Hermann Bengtson, *Griechische Geschichte,* München 1965
24 Günter Grimm, *Alexandria. Die erste Königsstadt der hellenistischen Welt,* Mainz 1998
25 Homer, *Odyssee, IV 354f,* Frankfurt/Main 1990
26 *Strabons Erdbeschreibung in siebenzehn Büchern nach berichtigtem griechischen Texte unter Begleitung kritischer erklärender Anmerkungen,* verdeutscht von Christoph Gottlieb Groskurd, Doctor der Philosophie und vormals Lehrer am Gymnasium zu Stralsund, Berlin und Stettin 1831
27 Achille Adriani, *Repertorio d'Arte dell'Egitto Greco-Romano,* Serie C, Volume 1-2, Palermo 1966
28 Marit Rullmann, *Philosophinnen,* Zürich/Dortmund 1993 u.a.
29 Luciano Canfora, *Ach, Aristoteles!,* Hamburg 2000
30 Horst Blanck, *Scriptoria e Biblioteche nel Mondo Classico in La Città e la Parola Scritta a cura di Carlo Bertelli,* Mailand 1997
31 Aulus Gellius, *Attische Nächte,* Leipzig 1875
32 Luciano Canfora, *Die verschwundene Bibliothek,* Hamburg 1998
33 Lewis Thomas, *In defence of Saint Cyril and the Alexandrian Clergy from the aspersions of Mr. Toland,* London 1721
34 Henry Fielding , *Eine Reise von dieser Welt in die nächste,* Berlin 1991
35 John Toland, *Letters to Serena,* London 1704
36 Mathurin Veyssière de la Croze, *Abbildung des indianischen Christenstaates,* Halle 1727
37 Jakob Brucker, *Historia Critica Philosophiae,* 1742–44
38 Johann Christian Wernsdorf, *Dissertatio accademica de Hypatia philosopha Alexandrina,* Wittenberg 1747
39 Edward Gibbon, *The Decline and Fall of the Roman Empire,* London 1776–88 (deutsch zuletzt bei Eichborn in Frankfurt/Main, aber grauenhaft verstümmelt: dem Herausgeber sollte man die Ohren abschneiden)
40 Annemarie Maeger, *Hypatia Die Dreigestaltige Philosophin Kirchenvater Heilige,* Hamburg 1992, und *Hypatia II,* Hamburg 1995
41 Maria Dzielska, *Hypatia z Aleksandrii,* Krakau 1993
42 Hans-Günter Semsek, *Ägypten,* Köln 2000
43 www.geometry.net/Hypatia.html
44 http://search.netscape.com/google.tmpl?search=Hypatia
45 yahoo/Science/Mathematics
46 Howard A. Landmann, Books on Hypatia of Alexandria, http://www.polyamory.org/~howard/Hypatia/books.html 01.04.00

47 http://www.vegetarismus.ch/info/19.htm
48 Karlheinz Deschner, *Kriminalgeschichte des Christentums,* Band 2/ Die Spätantike, Hamburg 1988
49 Otto Seeck, *Geschichte des Untergangs der antiken Welt,* Stuttgart 1920
50 Jamblichos, *Pythagoras,* Zürich 1963
51 Margaret Alic, *Hypatias Töchter,* Zürich 1991
52 Sabine Bauer, Hypatia von Alexandria, http://www.tO.or.at/ ~tissa/sophia/hypatia.html, 2000
53 Maria Nühlen, Aspasia von Milet, in Ursula I. Meyer, *PhilosophinnenLexikon,* Aachen 1994
54 Diogenes Laertios, *Leben und Lehre der Philosophen,* aus dem Griechischen von Fritz Jürß, Stuttgart 1998
55 http://www-history.mcs.st-andrews.ac.uk/history/PictDisplay/Hypatia.html
56 *Alexandria, Cosmology, Philosophy, Myth and Culture,* Edited by David Fideler, Band 2, Grand Rapids (Michigan), 1993
57 Adolf Lippold, *Theodosius der Große und seine Zeit,* München 1980
58 Jacques Moreau, *La Persécution du Christanisme dans l'Empire Romain,* Paris 1956
59 Karl Johannes Neumann, *Der römische Staat und die allgemeine Kirche bis auf Diocletian,* Leipzig 1890
60 Alfred Heuss, *Römische Geschichte,* Paderborn 1998
61 Richard Heinrich, Entstehungsgeschichte des neuzeitlichen Platonismus, http://heihobel.phl.univie.ac.at/per/rh/ellvau/renphil/c203214.htm
62 Wilhelm Windelband, *Lehrbuch der Geschichte der Philosophie,* Tübingen 1957
63 Karl Jaspers, *Die großen Philosophen,* München 1957
64 *Theologische Realenzyklopädie,* Band XIV, Häresie II, Berlin-New York 1985
65 Volker Biallas, Volkers theologischer Salbentiegel in http://homepage.ruhr-uni-bochum.de/Volker.Biallass/trinität.htm
66 Franz Dodel, *Das Sitzen der Wüstenväter, Eine Untersuchung anhand der Apophthegmata Patrum,* Freiburg (Schweiz) 1997
67 Karl Heussi, *Der Ursprung des Mönchtums,* Tübingen 1936
68 Heinrich Bacht, *Das Vermächtnis des Ursprungs,* Studien zum frühen Mönchtum, Band I und II, Würzburg 1972
69 E. Wypszycka, Le Monachisme Egyptien et les Villes, in *Travaux et Memoires* 12, 1994
70 F. Thelemon, *Paiens et Chretiens au IVe siècle: L'apport de l'»Histoire ecclesiastique« de Rufin d'Aquilèe,* Paris 1981

Lesen Sie weiter ...

Spannendes, Unterhaltendes,
Biographisches bei eva

Jacques Attali
Wege durch das Labyrinth
Aus dem Französischen übersetzt
von Michaela Messner
Gebunden mit Schutzumschlag, 220 Seiten

David Bret
Callas
Aus dem Englischen übersetzt
von Götz Burghardt
Mit einem Vorwort von Montserrat Caballé
mit zahlreichen Abbildungen
Gebunden mit Schutzumschlag, 462 Seiten

David Bret
Meine Freundin Marlene
Aus dem Englischen übersetzt
von Michael Haupt
mit zahlreichen Abbildungen
Gebunden mit Schutzumschlag,
312 Seiten

György Dalos
Der Gast aus der Zukunft
Anna Achmatowa und Sir Isaiah Berlin –
Eine Liebesgeschichte
mit zahlreichen Abbildungen
Gebunden mit Schutzumschlag,
235 Seiten

György Dalos
Olga – Pasternaks letzte Liebe
Fast ein Roman
Gebunden mit Schutzumschlag,
220 Seiten

György Dalos
Die Reise nach Sachalin
Auf den Spuren von Anton Tschechow
mit zahlreichen Abbildungen
Gebunden mit Schutzumschlag, 286 Seiten

Ursula El-Akramy
Transit Moskau
Margarete Steffin und Maria Osten
mit zahlreichen Abbildungen
Gebunden mit Schutzumschlag, 408 Seiten

Ursula El-Akramy
Die Schwestern Berend
Geschichte einer Berliner Familie
mit zahlreichen Abbildungen
Gebunden mit Schutzumschlag, 368 Seiten

Tania Förster
Dora Maar
Picassos Weinende
mit zahlreichen Abbildungen
Gebunden mit Schutzumschlag, 191 Seiten

Remi Hess
Der Walzer
Geschichte eines Skandals
Aus dem Französischen übersetzt
von Antoinette Gittinger
mit zahlreichen Abbildungen
Gebunden mit Schutzumschlag,
384 Seiten

Kater Caesar

… für Liebhaber

Arthur Asa Berger

Morgenstunde. Mr. Bloom steht auf oder
Anleitungen für kluge Männer
Aus dem Amerikanischen von Karin Diemerling
Mit Vignetten vom Autor, 251 Seiten

Wiebke Buckow

Kartoffeln
Anleitungen zum Umgang mit einer Delikatesse
Mit Abbildungen, 96 Seiten

Zwei Vignetten aus:
Die Welt der Vornamen

Luciano Canfora

Ach, Aristoteles!
Anleitungen zum Umgang mit Philosophen
Mit Abbildungen, 150 Seiten

MFK Fisher

Austern zum Beispiel
Anleitungen zum Umgang mit einer Delikatesse
Aus dem Amerikanischen von Gabriele Dietze
und Gert Grözinger
Mit Vignetten von Florian Zietz, 80 Seiten

Anna Maria Ihlau

Ich, Caesar
Geschichten eines weit gereisten Katers
Mit Vignetten von Yvonne Kuschel, 120 Seiten

Alfons Kaiser (Hg.)

Die Welt der Vornamen
Anleitungen aus 22 Ländern, Namen zu verstehen
Mit Vignetten von Beck, 143 Seiten

Paul Lafargue

Das Recht auf Faulheit
Mit einem Nachwort von Iring Fetscher, 80 Seiten

Lewis Lapham

Die Agonie des Mammon

Die Herrscher des Geldes tagen in Davos und erklären sich die Welt, 116 Seiten

Albert Memmi

Anleitungen zum Glücklichsein

Aus dem Französischen von Regina Keil u.a., 141 Seiten

Jürgen Miermeister

Berlin,

Anleitungen zum Umgang mit einer Riesin, 104 Seiten

Bernd Mollenhauer

Vermischtes aus dem Reich der Toten

Ein Trostbüchlein

Mit einem Totentanz von Beck, 130 Seiten

Gaston Salvatore

Anleitungen zum Umgang mit schönen Frauen

160 Seiten

Alexander Theroux

Anleitungen eine Farbe zu lesen (6 Bde.)

Blau · Gelb · Rot · Orange · Purpurn · Grün

Aus dem Amerikanischen von Michael Bischoff, Sebastian Wohlfeil und Michael Schmidt, je 120 Seiten

Charlotte Ueckert

Orte des Glücks

Von Bomarzo über den Monte Verità zum Wörlitzer Englischen Garten, 190 Seiten

Howard Zinn

Marx in Soho

Dramolett für eine Stimme

Aus dem Amerikanischen von Heide Sommer

84 Seiten

Alle Bände schön gebunden, Leinen mit Lesebändchen

Noch mehr Bücher finden Sie unter
www.europaeische-verlagsanstalt.de